Gütersloher Taschenbücher
772

W0233778

Michael Krupp

Der Talmud

Eine Einführung in die Grundschrift des Judentums
mit ausgewählten Texten

Gütersloher Verlagshaus

Originalausgabe

Die Deutsche Bibliothek – CIP-Einheitsaufnahme

Krupp, Michael:
Der Talmud: eine Einführung in die Grundschrift
des Judentums mit ausgewählten Texten / von Michael Krupp. –
Orig.-Ausg. – Gütersloh: Gütersloher Verl.-Haus, 1995
(Gütersloher Taschenbücher; 772)
ISBN 3-579-00772-6
NE: GT

ISBN 3-579-00772-6

© Gütersloher Verlagshaus, Gütersloh 1995

Umschlaggestaltung: unter Verwendung einer jüdischen Buchmalerei, Spanien
13./14. Jahrhundert © Archiv für Kunst und Geschichte, Berlin
Satzherstellung: ICS Communikations-Service GmbH, Bergisch Gladbach
Druck und Bindung: Clausen & Bosse, Leck
Gedruckt auf chlorfrei gebleichtem Werkdruckpapier
Printed in Germany

Inhalt

Zwei Vorbemerkungen

Die Entstehung des Christentums aus dem Judentum

Daß Juden und Christen zusammengehören, ist die Erkenntnis einiger Theologen im theologischen Neuansatz nach dem 2. Weltkrieg und dem Holocaust. Daß das Christentum als jüdische Sekte seinen Weg in die Weltgeschichte antrat, ist schon länger bekannt, hat aber die Christen den Juden nicht näher gebracht. Im Gegenteil, Christen leiteten daraus ab, daß das Judentum jetzt, nach Erscheinen des Christentums, seine Rolle, Gottes Anwalt in der Welt zu sein, verloren habe und nun das Christentum das wahre Israel sei.

Juden waren die ersten, die Christen darauf hinwiesen, daß Israel seinen Platz in der Heilsgeschichte Gottes nicht verloren habe. Sie taten es von den Verfolgungen an in der Antike und im Mittelalter bis zum Holocaust als Blutzeugen für diese Wahrheit und waren in diesen finsteren Zeiten bis auf wenige christliche Ausnahmen die einzigen Zeugen für die Einzigkeit Gottes in einer barbarischen und götzendienerischen Welt. In diesen Zeiten sah es so aus, als seien nur die Juden das Volk Gottes. Trotzdem gab es immer wieder Juden, die der Meinung waren, daß auch Christen, ebenso wie Moslems, der verlängerte Arm der Heilsgeschichte Gottes in dieser Welt seien, die mit der Berufung Abrahams angefangen hatte.

Der jüdische Religionsphilosoph Martin Buber sprach von den zwei Heilswegen Gottes, dem für die Christen und dem für die Juden. Das war vor dem Holocaust. Nach dem Holocaust war es klar, daß es nur einen Heilsweg Gottes gibt, den Heilsweg Israels, zu dem auch die Christen – trotz Holocaust und nach ernsthafter Buße – eingeladen sind.

Christen und Juden haben die Heilige Schrift gemeinsam, die Bibel, oder, um es genauer zu sagen, die Hebräische Bibel, wie manche Christen heute das Alte oder das Erste Testament nennen. So einfach ist das jedoch nicht. Denn die Hebräische Bibel mit ihrer jüdischen Interpretation ist ein anderes Buch als das Alte Testament mit seiner christlichen Auslegung. Sie haben aber den Buchstaben gemeinsam und damit auch eine Hoffnung, einander vielleicht einmal verstehen zu können.

Das aber scheint noch in der Ferne zu liegen. Vielleicht wird dies erst der kommende Messias bewerkstelligen, der schließlich für beide, Christen und Juden, noch nicht gekommen oder noch nicht wiedergekommen ist. Orthodoxe jüdische Stimmen jedenfalls stellen das Recht der Christen in Frage, ihre Bibel zu usurpieren, und sprechen auch hier von einem christlichen Diebstahl. Wenn Christen davon reden, daß erst das Neue Testament den Zugang zum Alten eröffnet, geben sie wenig auf das gemeinsame Erbe von Christen und Juden. Wie wäre es, einmal das Neue Testament im Geiste und Lichte der Hebräischen Bibel zu lesen?

Die Interpretation desselben Buches ist bei Christen und Juden unterschiedliche Wege gegangen. Die autoritative Auslegung derselben Bibel ist für Christen das Neue Testament. Im Judentum nimmt diese Stellung der Talmud und die talmudische Literatur ein.

Demnach ist doch wohl das, was Christen und Juden trennt, wenn sie schon den Buchstaben der Schrift gemeinsam haben, dieses Neue Testament und der Talmud. Welchen Wert also soll es für Christen haben, den Talmud zu studieren? Vielleicht wird das nach der Lektüre dieses Büchleins klarer sein. Für den Anfang könnte derselbe rein intellektuelle Reiz genügen, der auch einen Juden dazu anregt, eine Talmudseite in ihrer ganzen Tücke, Spitzfindigkeit, Lebensweisheit und Menschlichkeit verstehen zu wollen.

Was ist der Talmud?

Wenn man vom Talmud schlechthin spricht, meint man immer den babylonischen und nicht den palästinischen Talmud, der im Land Israel entstanden ist. Der babylonische Talmud ist viel umfangreicher als sein palästinischer Bruder. Er umfaßt in der klassischen Talmudausgabe von Wilna, die seit Erscheinen vor 100 Jahren schon mehr als fünfzigmal nachgedruckt wurde, 20 dicke, schwere Folianten. Der palästinische Talmud, oder der Jeruschalmi, wie Juden ihn nennen, besteht in seiner klassischen Ausgabe, wie er zum ersten Mal von dem christlichen Verleger Bombergi 1523 in Venedig gedruckt und 1860 in Krotoschin nachgedruckt wurde, nur aus einem Band.

Der babylonische Talmud ist ein skurriles, zugleich aber auch ein faszinierendes Buch, wenn es erst einmal gelungen ist, sich von seiner spröden Hülle nicht abschrecken zu lassen, mehr und mehr in sein Inneres vorzudringen und einen Teil davon zu verstehen. Orthodoxe Juden fangen mit 10 Jahren an, ihn zu studieren, und beginnen mit 20 Jahren, ihn zu verstehen. Aber das Verstehen hört nie auf. Es bleiben immer unbekannte Seiten zurück, die sich erst dem unentwegten Liebhaber erschließen.

Der Talmud ist tatsächlich ein Buch für Liebhaber und ist auch von solchen Leuten verfaßt worden. Die jüdischen Gelehrten in Babylonien hatten wohl auch wenig anderes im Leben. Also haben sie alle Liebe, alle Kunst und all ihre Lebensweisheit in dieses Buch gesteckt. Der Talmud ist das einzige Stück Literatur der babylonischen Juden. Von daher mußte alles in diesem Buch untergebracht werden, was ihnen lieb und wert geworden war: Theologie und Gesetzeskunde, Geschichte, Wissenschaften, Glauben und Aberglauben, Erbauliches, Märchen und Wundergeschichten. So ist der Talmud schließlich eine, wenn auch sicher unvollendete, Nationalenzyklopädie des jüdischen Volkes in der Verbannung geworden. Mehrere Jahrhunderte lang haben viele Gelehrte an diesem Buch gearbeitet. Sie haben es in den Gelehrtenhäusern studiert und diskutiert und alles darin untergebracht, was ihnen akzeptabel erschien, aber auch das, was ihnen nicht einleuchtete – letzteres sozusagen als abschreckendes Beispiel oder aus dem Grundsatz, daß man die Meinung der Minderheit oder eines einzelnen auch respektieren soll. Der Talmud ist ernst, wenn es um ernste Dinge geht, zum Beispiel den richtigen Lebensweg vorzuschreiben, und er ist verzwickt, heiter und phantasievoll, wenn es ums Grübeln und um die Freiheit im Denken geht. Diese Mischung macht den Talmud für den Verständigen so liebenswert.

Vorwort

Dieses Buch ist die Frucht einer dreißigjährigen Beschäftigung mit dem Talmud. Seit meiner ersten Einführung in dieses Gebiet durch Jonah Fraenkel, der damals noch Assistent an der Hebräischen Universität Jerusalem war, im Jahr 1964, hat mich das Thema nicht losgelassen. Ich bin nicht nur dem Thema, sondern auch meinem Lehrer, der inzwischen Professor für rabbinische hebräische Literatur geworden war, treu geblieben und habe Jahr für Jahr an seinem Oberseminar teilgenommen. Zahlreiche der im Textteil übersetzten Erzählungen sind in diesen Seminaren behandelt worden, und Fraenkels Interpretationen sind in meine Auslegung derart eingeflossen, daß es für mich nicht immer einfach zu entscheiden ist, was von ihm stammt und wogegen er vielleicht Einwände erheben würde. Auf alle Fälle liegt die Verantwortung für alles ausschließlich bei mir.

Auch bei diesem Buch haben mir meine derzeitigen Studenten und Assistenten durch kritisches Lesen und konstruktive Verbesserungsvorschläge geholfen. Stellvertretend seien hier Gabriele Zander, Lothar Triebel, Andrea Thiemann und Annette Sommer genannt. Ihnen sowie meiner Frau Danièle und meiner Mutter Hella sei für die Mitarbeit gedankt, dem Verlag für die Aufnahme in die »Gütersloher Taschenbücher«

Jerusalem, im Frühjahr 1995   *Michael Krupp*

Einleitung

Die verschiedenen Richtungen im Judentum zur Zeit Jesu und der Sieg der Pharisäer

Der Talmud ist das Buch des pharisäischen Judentums, des Judentums, das sich durch alle Stürme und Anfechtungen der Zeit erhalten hat. Bis auf wenige Ausnahmen – eigentlich sind dies nur die Karäer und die äthiopischen Juden – ist jedes Judentum pharisäisch oder rabbinisch, also das Judentum, das den Talmud zur Grundlage hat. Sogar die modernen Richtungen im Judentum, das konservative und das Reform-Judentum, sind Abspaltungen vom orthodoxen, das heißt dem pharisäischen Judentum.

Hier hat das Christentum dem Judentum gegenüber etwas gutzumachen. Wenn es den Pharisäismus mit Heuchelei und Scheinheiligkeit gleichsetzte, entstellte und verfälschte es damit das gesamte Judentum. Hieraus folgte dann auch die Verteufelung des Talmud und die Angriffe gegen ihn, und zwar von Menschen, die in der modernen Zeit nicht unbedingt christlich zu nennen sind, die aber das christliche Gift des Antijudaismus in den modernen, pseudowissenschaftlich begründeten, rassistischen Antisemitismus umzugießen verstanden.

Um dies zu verstehen, ist es notwendig, einen kurzen Blick in die Entstehungsgeschichte des Talmud und damit in die Frühgeschichte des Judentums zu werfen. Nach langen Jahren der Fremdherrschaft und dem Versuch, das Judentum völlig zu assimilieren, war es zu einer Erweckungsbewegung gekommen, die bewußt an die Urzeit der Volkswerdung anknüpfte und die die religiöse Eigenständigkeit durch die politische Unabhängigkeit mit der Waffe in der Hand durchzusetzen versuchte. Dies ist die Zeit der Makkabäer oder Hasmonäer, eine Zeit, die für fromme Juden heute noch den Makel der nationalen Selbstüberhebung hat, so daß sie nach Einschätzung eines Teiles des orthodoxen Judentums vieles gemeinsam zu haben scheint mit den Zeiten der vorstaatlichen und staatlichen Entwicklung des modernen Israel. Von Christen ist diese Zeit der Hasmonäer demgegenüber eher positiv beurteilt worden. Die Kirche, nicht die Synagoge, hat die verschiedenen Bücher, die diesen Kampf beschreiben, in den Apokryphen

in griechischer Sprache erhalten. Die Zeit der Hasmonäer galt für
Christen als Zeit der jüdischen Helden, die mit Recht an die Zeit
der biblischen Helden anknüpfte. Ohne die Hasmonäer hätte es
auch kein Christentum gegeben, denn der Kampf um die eigentlichen Werte des Judentums, 150 Jahre vor der Geburt Christi, hat
das Judentum physisch erhalten und es so erst ermöglicht, daß der
Heiland der Christen geboren wurde.

Als der auch Palästina beherrschende Staat der hellenistischen
Seleukiden, einer der Nachfolgerstaaten des Reichs, das Alexander der Große geschaffen hatte, zu Beginn des zweiten vorchristlichen Jahrhunderts daranging, seine Macht durch die Einführung
einer Einheitsreligion zu festigen, gab es ein Land, das nicht bereit
war, sich diesem Diktat zu beugen, das Land der Juden. Den
Juden war es gelungen, nach der Rückkehr aus dem babylonischen
Exil im Jahr 530 vor der Zeitrechnung, gegen den Widerstand der
Nachbarn und unter großen Opfern Jerusalem wieder aufzubauen
und zu bevölkern und auch den zerstörten Tempel wieder aufzurichten. Im Besinnen auf das, was gewesen war, und in reuiger
Buße über die Abgöttereien ihrer Väter, die sie für den Untergang
des ersten Tempels verantwortlich machten, richteten sie wieder
den wahren Gottesdienst des Einen Gottes auf, ordneten die
Gebote Gottes nach der Tora und schufen so die Fundamente zu
dem, was später Judentum genannt wurde. Es entstand so ein
halbautonomes Reich, das die nötige Anerkennung der Selbstän-
digkeit auch in religiösen Angelegenheiten durch die jeweils über
sie regierende Großmacht einschloß.

All dies wollten die Seleukiden, die heidnischen Griechen, jetzt
nicht mehr anerkennen. Sie entweihten den heiligen Tempel in
Jerusalem mit der Aufrichtung eines Götzenbildes, des Gottes
Zeus, dem »Greuel«, der Figur des neuen Einheitsgottes der
griechischen Großmacht. Dies mitzumachen waren die Juden nicht
bereit. Zwar gab es eine kleine Minderheit im Volk, die unter
Aufgabe der eigenen Religion im Trend der modernen Zeit willig
war, in der neuen Kultur der Griechen unterzugehen, die breite
Masse jedoch wehrte sich. Unter der Führung eines alten Priester-
geschlechts, der Familie der Hasmonäer, die aus der nahe Jerusalem gelegenen Stadt Modi'in stammte, erhob sich das Volk gegen
die griechische Oberherrschaft und erreichte in einem jahrzehnte-
langen Krieg nach vielen Opfern endlich die politische Selbstän-

digkeit, die es dann auch ermöglichte, die religiöse zu garantieren. Den Ehrennamen »Makkabäer« erhielten die Hasmonäer durch einen ihrer frühen Helden, Judas, der den Beinamen Makkabäer, »Hammer«, führte.

Zu dem Sieg der Hasmonäer war es vor allem durch den Opfermut der einfachen Bevölkerung gekommen, die sich die »Frommen« nannten. Dies waren Leute, die bereit waren, eher den Märtyrertod zu sterben, als fremde Götter anzubeten. Beredtes Zeugnis von der Haltung dieser Menschen ist die Geschichte von der Mutter und ihren sieben Söhnen, die im zweiten Makkabäerbuch aufgezeichnet ist, in der ein Sohn nach dem anderen eher bereit ist, den grausamsten Tod auf sich zu nehmen, als dem König zu opfern.

Nach dem Sieg der Makkabäer, aber auch schon während der Kämpfe, kam es zu Spannungen und zu ersten Aufspaltungen unter den »Frommen«. Die genauen Ereignisse bei der Bildung dieser Gruppen sind nicht mehr zu klären. Sicher ist aber, daß in dieser Zeit die drei großen Bewegungen im Judentum entstanden, die das Judentum bis zur Tempelzerstörung und somit auch zu Lebzeiten Jesu bestimmen sollten.

Es waren dies die Gruppe der Pharisäer, der Sadduzäer und der Essener, wobei die pharisäische Bewegung die bedeutendste war. Die kleinste Partei war die der Sadduzäer. Sie waren eine aristokratische Schicht priesterlicher Abstammung, die den Tempel beherrschten und damit auch die Staatsgeschäfte während der meisten Zeit vor der Tempelzerstörung ausübten. Die Pharisäer waren eher daran interessiert, sich aus dem politischen Kalkül herauszuhalten, und achteten mehr auf die Durchdringung des Volkes mit religiösen Werten. Die Essener waren eine Abspaltung von den Sadduzäern.[1] Sie waren die radikalste unter den Gruppen. Eine Kerngruppe unter ihnen zog es vor, die Verführungen dieser Welt und die Korruption im Tempelkult ganz zu meiden und in die Wüste zu ziehen, um hier ein ideales Leben in Reinheit und ohne Berührung mit allem Weltlichen zu führen, in Vorbereitung auf das für die nächste Zukunft erwartete Ende der Welt. Waren Sadduzäer und Pharisäer an der Einheit und am Wohl des ganzen

---

1. Vgl. Michael Krupp (Hg.), Qumran-Texte zum Streit um Jesus und das Urchristentum. Gütersloh 1993 (GTB 1304), besonders S. 120 ff.

Volkes interessiert, so erklärten die Essener alle, die sich ihnen nicht anschlossen, zu Abtrünnigen und sahen nur sich selbst als den Rest des »wahren Israels«, ähnlich wie das frühe Christentum.

Der Rabbi aus Nazareth, Jesus, war gewiß ein Mann des Volkes. Er ist deshalb der breiten Bewegung der Pharisäer zuzurechnen, die eine wahre Volkspartei war. Auch die Pharisäer waren in verschiedene Gruppen aufgespalten, zur Zeit Jesu besonders in die beiden Schulen Hillels und Schammais, wobei Jesus sich in seinen Entscheidungen und in seiner Menschenliebe als wahrer Hillelit ausweist. So wichtig die Person Jesus von Nazareth auch für die Weltgeschichte und besonders für die Geschichte des Christentums ist, für das Judentum seiner Zeit hatte sie nicht dieselbe Bedeutung, jedenfalls nicht langfristig. Dies hängt damit zusammen, daß das Judentum den Anspruch der Jünger, der vermutlich auch der Anspruch Jesu selber war, daß nämlich der Mann aus Nazareth der erwartete Messias gewesen sei, nicht akzeptiert hat, vor allem, weil das äußere Zeichen der Messiasherrschaft, das Ende von Leid und Unrecht, nicht zu erkennen war. In dieser Ablehnung waren sich alle drei Parteien einig, obwohl das frühe Christentum in allen vereinzelt auch Anhänger gehabt hat.

Die nationale Unabhängigkeit war mit dem Bruderzwist der letzten Hasmonäer ab der Mitte des ersten vorchristlichen Jahrhunderts langsam verlorengegangen. Die Großmacht Rom streckte ihre Finger nach dem kleinen Judäa aus. Mit der Machtübernahme durch Herodes 37 v. Chr. war ein zum Judentum übergetretener idumäischer Herrscher mit römischer Unterstützung an die Macht gekommen, der durch eine römische Provinzialverwaltung abgelöst wurde, die im Laufe der Jahrzehnte immer bedrückender und antijüdischer wurde, und ihren ersten Höhepunkt in der Gewaltherrschaft des römischen Prokurators Pontius Pilatus erreichte, der schließlich Jesus mit Beteiligung der sadduzäischen Oberschicht kreuzigen ließ.

Gegen Ende der Zeit des Zweiten Tempels spitzte sich der nationale Konflikt zu. Innerhalb der pharisäischen Bewegung mit möglichem Zuzug aus den anderen Parteiungen war ein Lager von Eiferern entstanden, die mit dem Dolch in der Hand die Unabhängigkeit von der römischen Fremdherrschaft erkämpfen wollten. Diese Leute nannten sich Sikarier, Dolchmänner, oder Zeloten, Eiferer.

Es kam zu einer großen Aufstandsbewegung im Jahre 66 n. d. Ztr., die fünf Jahre später zum Untergang des Zweiten Tempels führte. Das Ausmaß dieser Katastrophe kann man sich nicht groß genug vorstellen. Es war mindestens so groß wie das der Zerstörung des Ersten Tempels durch die Babylonier. Wie man auch zur Zeit des Ersten Tempels fest überzeugt war, daß eine solche Katastrophe gar nicht möglich sein könne, da Gott sein Haus niemals preisgeben würde, so war dieser Glaube im Aufstand gegen Rom noch stärker. Daß der Erste Tempel zerstört worden war, hatten die Rabbinen akzeptiert, hatten doch die Väter in einem ständigen Abfall von Gott in einem fort gesündigt und waren fremden Göttern nachgelaufen. Jetzt aber war sich Israel einer solchen Schuld nicht bewußt. So dauerte es eine geraume Zeit, bis es den Rabbinen gelang, die Katastrophe geistig zu verarbeiten. Den Grund für die Tempelzerstörung glaubten die Rabbinen schließlich im Haß unter den Juden selbst zu sehen, und in der Nichtbereitschaft, sich gegenseitig zu verzeihen.[2]

Hatten damals die Babylonier die Oberschicht des Volkes mitgenommen und in Babylonien angesiedelt, so führten jetzt die Römer Abertausende in die Verbannung und verkauften sie als Sklaven in allen Teilen des römischen Reiches. In der dekadenten Welt der römischen Antike wurden junge Frauen und Mädchen ebenso wie junge Männer an Freudenhäuser verkauft. Der Talmud wird nicht müde, die Tragik schöner Priester- und Hoherpriesterkinder in ihrem harten Schicksal auszumalen. Tausende suchten eher den Tod, als in Schmach und Schande umzukommen.

Eine Folge der Katastrophe war auch, mit einer Ausnahme,[3] der Untergang aller jüdischer Parteiungen. Daß es den Pharisäern als einziger Gruppe gelang, sich über die Katastrophe hinwegzuretten und einen neuen Anfang für das jüdische Volk zu ermöglichen, ein Leben ohne Tempel, und später auch ohne eigenes Land, ist das Verdienst einiger hervorragender Männer, die die Katastrophe herannahen sahen und sich rechtzeitig darauf vorbereiteten. Nach

---

2. Vgl. Michael Krupp, Die Geschichte der Juden im Land Israel. Vom Ende des Zweiten Tempels bis zum Zionismus. Gütersloh 1993, S. 39 ff.
3. Wenn man von den Judenchristen als jüdischer Gruppe in dieser Zeit reden will, müßte man von zwei Ausnahmen sprechen.

einer Legende, die der Talmud erzählt,[4] gelang es Rabban
Jochanan ben Sakkai, einem der größten Gelehrten dieser Zeit,
sich aus der belagerten Stadt Jerusalem heraustragen zu lassen und
zu den Römern zu kommen. Durch die Voraussage kommender
Ereignisse, insbesondere der baldigen Kaiserkrönung des bela-
gernden römischen Oberkommandeurs Vespasian, gewann er dessen Gunst und die Erlaubnis, ein Lehrhaus in Javne, an der Küste
des Mittelmeers, 60 km vom zerstörten Jerusalem entfernt, zu
eröffnen. Hier, in Javne, wurde das Judentum neu begründet. Hier
wurde der Kanon der Bibel festgelegt, die jüdische Gebetsordnung
bestimmt und der Grundstein zur jüdischen Lebensform nach der
Zerstörung gelegt. Hier sind auch die Fundamente für den späteren Talmud geschaffen worden.

Die Mischna – Grundstock des Talmud

Der erste große Versuch, nach der Zerstörung des Tempels und
nach zwei verlorenen Kriegen um die staatliche Unabhängigkeit
die Eigenart und die Besonderheit des jüdischen Lebensweges zu
definieren und umfassend festzuhalten, bestand in der Kodifizie-
rung aller Traditionen in einem Buch, das den Namen »Mischna«,
Lehre, erhielt. In ähnlicher Weise wie das Neue Testament das
entstehende Christentum vom Volk des Alten Testaments, der
Hebräischen Bibel, abgrenzt, definiert die Mischna das Judentum
in neuer Weise gegenüber allen anderen Strömungen im Judentum, gegenüber denen der Pharisäismus sich jetzt nach dem Untergang des Tempels meint abgrenzen zu müssen.

Das Wort »Mischna« kommt von *schana*, lernen, lehren durch
Wiederholen. Es ist dem Schulbetrieb entnommen, in dem durch
Auswendiglernen gelernt wird. Der Lehrer spricht einen Satz vor,
und die Schüler wiederholen ihn so lange, bis sie ihn beherrschen.
So wurde zuerst die Bibel auswendig gelernt. Erst wenn der Text
im Kopf fest verankert war, begann man, den Inhalt zu analysie-
ren. Die Mischnalehrer heißen nach rabbinischer Terminologie
Tannaiten. Dieses Wort ist von der aramäischen Wurzel des Wor-

---

4. Vergleiche Michael Krupp, Die Geschichte der Juden im Land Israel,
   a.a.O., S. 44 f.

tes Mischna gebildet. Tannaiten sind also alle Mischnalehrer, die vom Ende der Zeit des Zweiten Tempel bis zum Jahr 200, dem Abschluß der Mischna, gelebt haben. Die anschließenden Generationen, die Lehrer des Talmud, heißen *Amoräer*, von *amar*, sagen, gebildet. Ihre Zeit heißt gegenüber der Mischnazeit, der tannaitischen Zeit, die amoräische Zeit. Aber auch in der amoräischen Zeit gab es noch Tannaiten. Hier hat aber dasselbe Wort eine ganz andere Bedeutung. Sie waren die Gelehrten, die die Mischna auswendig im Kopfe haben mußten, weil sie als mündliche Lehre nicht aufgeschrieben werden durfte. Diese Tannaiten hatten im Lehrhaus ihre Funktion, indem sie den Talmudgelehrten mit dem Text der Mischna dienten, den sie bis in seine Varianten hinein beherrschten. Sie waren aber auch Lehrer an der Grundschule, um den zehn- bis fünfzehnjährigen Schülern, die inzwischen die Bibel gelernt hatten, die Mischna beizubringen. Da diese Lernmethode mechanisch war, wurden diese Tannaiten von den Gelehrten häufig verachtet. So heißt es im Traktat Sota: »Der Magier murmelt und weiß nicht, was er sagt, der Tannait lehrt und weiß nicht, was er sagt.«[5]

Die Mischna ist nicht nur ein Codex, der die religiösen Gesetze des Judentums enthält, sondern zugleich auch ein Buch, das alle Bereiche des Lebens umfaßt. Allerdings ist sie auch nicht vergleichbar mit unserem bürgerlichen Gesetzbuch, obwohl auch bürgerliches Recht in ihr enthalten ist. Sie ist ein Buch, das das ganze Leben regeln will, das im Judentum als eine Einheit verstanden wird.

Profanes und Heiliges bestimmen den Ablauf des jüdischen Lebens in gleicher Weise. Die Mischna enthält aber noch mehr als das, so zahlreiches historisches Material aus der Zeit des Zweiten Tempels, der Zeit des Neuen Testaments, wie die Beschreibung des Tempelgebäudes oder des Opferdienstes, alles Dinge, die zur Zeit der Redaktion der Mischna keine praktische Bedeutung mehr für das tägliche Leben hatten, da der Tempel nicht mehr bestand. Man wollte auf diese Weise zu jedem Zeitpunkt für den Augenblick gerüstet sein, in dem der Tempel wieder aufgebaut werden würde. In der Mischna finden sich schließlich auch Weisheitsliteratur, Anweisungen zu rechtem moralischen Verhalten und Erbauliches.

Die Mischna versteht sich als die mündliche Lehre, die die

---

5. bSota 22b.

schriftliche Lehre verständlich machen will. Nach rabbinischem Verständnis gibt es die »schriftliche Tora«, die Moses auf dem Berg Sinai von Gott mitgeteilt wurde. Diese schriftliche Tora enthielt zugleich aber auch implizit die »mündliche Tora«, die nicht aufgeschrieben wurde, die aber die schriftliche erklärt, sie für jede Zeit neu und autoritativ auslegt, und die von Geschlecht zu Geschlecht überliefert wird. Erst die mündliche Tora macht die schriftliche Tora verständlich und ermöglicht Leben in der Tora. Es gibt keine schriftliche Tora ohne die mündliche. Sie sind eine Einheit. Man kann deshalb auch nicht sagen, die schriftliche ist wichtiger als die mündliche, genauso wie das Gegenteil falsch wäre. Beide haben dieselbe Autorität vom Sinai her, so wie es in den Sprüchen der Väter heißt:[6]

> Moses hat die Tora auf dem Sinai empfangen und sie Josua überliefert und Josua den Ältesten und die Ältesten den Propheten, und die Propheten haben sie den Männern der großen Versammlung überliefert. Diese sprachen drei Dinge aus: Seid vorsichtig beim Richtspruch, stellt viele Schüler auf und macht einen Zaun um die Tora.

Diesen Zaun um die Tora, der davor bewahren will, die Tora unbewußt oder leichtfertig zu übertreten, will die mündliche Tora und auch die Mischna darstellen. So ist die Mischna in einer bestimmten Zeit für ihre Generation die kanonisierte mündliche Lehre. Sie wird dann selbst zum Gegenstand der Erörterung und Diskussion, weil die mündliche Lehre weiter mit den Problemen einer neuen Zeit wachsen und sich verändern muß. So entstehen die beiden Talmude, der jerusalemische in Palästina, oder besser nach jüdischer Sprachregelung im »Land Israel«, und in Babylonien der babylonische Talmud. Beide, aber besonders der babylonische, sind mehr als nur ein Kommentar zur Mischna, sie sind eine Weiterentwicklung der mündlichen Lehre mit derselben Autorität. Genauso haben die darauf aufbauenden Kompendien bis in die Neuzeit hinein immer wieder den Versuch gemacht, die schriftliche Lehre für die Gegenwart zu erschließen.

---

6. Mischna Avot 1,1.

Führt die Mischna sich selbst auf Moses zurück, so sind doch die ersten Anfänge der Mischnaüberlieferung und die erste Zusammenstellung dieses Materials zu praktischen Zwecken im Dunkeln. Traditionell führt man sie auf die Zeit der »Männer der großen Synagoge«, das heißt auf die Übergangszeit zwischen persischer und hellenistischer Herrschaft in Palästina, zurück. Auch Einflüsse jüdischer Schriftauslegung aus Babylonien sind wahrscheinlich von Bedeutung gewesen, stammt doch Hillel der Alte[7] selbst aus Babylonien. Hillel wirkte in der Zeit Herodes des Großen kurz vor Christi Geburt. Auf ihn werden die ersten hermeneutischen Regeln der Schriftauslegung zurückgeführt. Mit Hillel erreicht eine gewisse Schriftgelehrsamkeit, die versucht, die Bibel für praktische Entscheidungen fruchtbar zu machen, ihren ersten Höhepunkt. Er ist es auch, dem es gelingt, im Geiste der Intention der Schrift auch gegen den Buchstaben zu entscheiden, so wie es das Beispiel des Prosbul veranschaulicht.[8]

Gegen Ende des zweiten Tempels gab es bereits ein ausgedehntes Gebäude von Gesetzesentscheidungen zu allen Bereichen des Lebens. Es ist aber schwer zu sagen, inwieweit dieses Material gesammelt, in welcher Form es geordnet und inwieweit es generell anerkannt war. All das, was wir aus späteren Quellen wissen, macht es wahrscheinlich, daß die Unterschiede zwischen den beiden Schulen, Hillel und Schammai, groß waren, aber auch innerhalb der Schulen dürfte es keine einheitliche Form der Überlieferung gegeben haben. Wahrscheinlich gab es eine Kette von verschiedenen Traditionen, wobei Gruppen von Gesetzesentscheidungen weniger nach inhaltlichen, als nach mnemotechnischen

---

7. Vgl. S. 30 ff.
8. Prosbul ist ein Gerichtsdokument, das besagt, daß eine Schuld, die im Siebentjahr nach biblischer Anordnung verfallen würde, nicht verfällt. Diese Gesetzesentscheidung hatte Hillel getroffen, weil der Zustand der einfachen Leute unerträglich geworden war. Niemand war mehr bereit, den Armen vor dem Siebentjahr zu leihen, weil man wußte, daß dieses Geld verloren war. Das biblische Gesetz war aber geschaffen worden, um den Armen zu helfen. Jetzt stellte es sich heraus, daß es ihnen schadete. Um die Intention der Schrift zu retten, änderte Hillel den Buchstaben. Vgl. S. 140 ff.

Gesichtspunkten, das heißt nach dem Prinzip von Gedächtnisstüt-
zen, zusammengestellt worden waren. Beispiele im Textmaterial[9]
werden dies verständlich machen.

In der Zeit nach der Tempelzerstörung war – wie bereits oben
angemerkt – von den drei großen Bewegungen, die sich in den
Jahren des Zweiten Tempels gebildet hatten, als einzige das Phari-
säertum mit seinen verschiedenen Schulen übriggeblieben. Die
Lehrform der Mischna, die dann zu der uns bekannten Form der
Mischna geführt hat, ist erst in der Zeit der Konsolidierungsphase
von Javne, in den 60 Jahren der Entwicklung und des Aufbaus von
der Tempelzerstörung bis zum Bar-Kochba-Krieg, anzusetzen.
Das gesamte überlieferte Material wird in den Lehrhäusern nach
inhaltlichen Gesichtspunkten zusammengestellt, geordnet, ausgewählt und durch neue Entscheidungen aufgrund praktischer
Gerichtsfälle oder theoretischer Erörterungen angereichert. In der
Zeit des Rabban Gamliel von Javne (90 n. d. Ztr.) und Rabbi
Akibas (135 n. d. Ztr.) dürfte also das Gerüst unserer Mischna
bereits vorhanden gewesen sein, wobei immer noch davon ausgegangen werden muß, daß damals jedes Lehrhaus seine eigene
Mischnasammlung hatte.
    Diese Mehrgleisigkeit hält auch in der Blütezeit der Mischnabil-
dung, in der Generation nach dem Bar-Kochba-Aufstand (150–
200 n. d. Ztr.), an. Es handelt sich um die Generation zwischen
Rabbi Akiba und Rabbi Jehuda ha-Nassi, dem Endredaktor der
Mischna. Diese Zeit ist besonders reich an hervorragenden
Gelehrten, so daß die Scharfsinnigkeit der Argumentation ein
bisher noch nicht erreichtes Niveau erlangte. Diese Generation
diskutierte noch einmal das gesamte Material und ordnete es neu.
So gehören auch die meisten der in der Mischna genannten Gelehrten eben dieser Generation an. Besonders häufig werden die fünf
Hauptschüler Rabbi Akibas erwähnt, deren Lehre im wesentlichen
auf der Mischna ihres Lehrers Rabbi Akiba fußt. Der bedeutendste unter ihnen ist Rabbi Meir. Seine Mischnasammlung wird dann
die Vorlage für die Endredaktion des Patriarchen Rabbi Jehuda
ha-Nassi, der in der rabbinischen Literatur meist nur »Rabbi«, in
späterer Zeit »der Heilige« genannt wird. Er ist leiblicher Nach-

---

9. Vgl. S. 125 ff.

komme des großen Hillel in der siebenten Generation. Die Fertigstellung der Redaktion der Mischna wird von der Forschung ziemlich genau mit dem Jahr 200 n. d. Ztr. angegeben.

Umstritten ist in der Wissenschaft, wie groß der Eigenbeitrag von Rabbi Jehuda ha-Nassi war. Viele der Stellen in unserer Mischna, die ihn als Autoren anführen, scheinen Nachtrag einer späteren Zeit zu sein. Dies würde der Regel entsprechen, daß man seine eigene Meinung nicht in seine Lehrsammlung mit aufnahm. Das tat erst die Generation danach.

Es scheint deutlich zu sein, daß Rabbi Jehuda sehr sorgfältig und achtsam mit seinen Quellen umgegangen ist. Er hat versucht, alte Überlieferungen, die er übernahm, nicht auseinanderzureißen, auch wenn nur wenig Material einer solchen Quelle zum behandelten Problem paßte. An den vielen Doppelüberlieferungen und den Texten außerhalb der Mischna kann man ablesen, daß Rabbi das Material häufig unverändert übernahm, auch wenn es manchmal von seiner eigenen Meinung abwich.

Andererseits zeigt ein Vergleich mit der Tosefta aber auch, daß Rabbi in der Auswahl seines Materials sehr sorgfältig und kritisch war. Wenn er auch die Quelle, die er übernahm, wenig veränderte, so ist seine redaktorische Arbeit besonders beim Ausscheiden von Material erkenntlich, das er für selbstverständlich hielt und seiner Meinung nach aus der übernommenen Mischna erschlossen werden konnte oder das ihm zu speziell oder zu kontrovers erschien. Die Mischna ist meistens viel gradliniger in der Gedankenführung, für die Praxis besser geordnet und verwendbarer als die Tosefta. Häufig fehlt in der Mischna der ausführliche Gang der Diskussion, der in der Tosefta zu finden ist. In der Mischna ist dagegen nur das Ergebnis festgehalten. Andererseits enthält auch die Mischna an wichtigen Stellen zahlreiche Kontroversen, wohl um ein Abweichen von der akzeptierten Meinung von vornherein oder bei erneuten Diskussionen abzuwehren.

Zusammenfassend kann man sagen, daß die Mischna ein bewußt zusammengestelltes Werk ist, das sich bemüht, alle Bereiche des profanen Lebens, des Kultus, der religiösen Verpflichtungen, des mitmenschlichen Zusammenlebens in der eigenen Gemeinschaft und gegenüber der fremden Umwelt zu regeln. Die bewußte

Auswahl des Materials kam einer gewissen Kanonisierung gleich. Zum ersten Mal gelang es, einen einheitlichen Codex für das gesamte Judentum der Antike zusammenzustellen, der von allen Parteiungen anerkannt wurde. In der siebten Generation nach Hillel war es Rabbi Jehuda ha-Nassi geglückt, durch seine Mischna das Volk zu einen. Die nichtpharisäischen Parteiungen im Judentum waren durch die nationalen Katastrophen untergegangen. Die innerparteilichen Gegensätze zwischen den Schulen Hillel und Schammai waren endlich überwunden worden, indem sich im großen und ganzen die Hilleliten durchgesetzt hatten. Der Abgrenzungsprozeß nach außen hin gegenüber jüdischen Sektierern, Samaritanern und Fremden war abgeschlossen.[10]

Die Mischna gliedert sich in sechs Hauptbücher, die man *Sedarim*, Ordnungen, nennt. Jede dieser Ordnungen ist in Traktate unterteilt, jeder Traktat in Kapitel und jedes Kapitel in Paragraphen, im Hebräischen Mischnajot oder innerhalb der Mischna im Jeruschalmi[11] Halachot genannt. Diese Einteilung ist alt, wenn auch unter den einzelnen Rezensionen (siehe unten) abweichend. Mit den sechs Ordnungen wird versucht, eine grobe Inhaltseinteilung innerhalb der Gesamtstoffmenge zu erreichen. Am Anfang der gesamten Mischna, außerhalb des Schemas der sechs Ordnungen, steht der Traktat Berachot, Segenssprüche, der besonders wichtig für das Studium des synagogalen Gottesdienstes ist.

Die erste Ordnung heißt »Zera'im«, Saaten. Hier werden alle Gebote, die mit der Landwirtschaft im Land Israel und mit der besonderen, bereits in der Bibel zu findenden, kultischen und gesellschaftlichen Gesetzgebung zusammenhängen, dargestellt.

---

10. Zum Erstaunen mancher Christen kommen Jesus und das Christentum expressis verbis in der Mischna noch nicht vor, sondern erst in der talmudischen Literatur. Das Christentum war in den beiden ersten nachchristlichen Jahrhunderten nur eine untergeordnete Größe in der Bevölkerungsstruktur Palästinas und sicher nicht Hauptproblem bei der Selbstfindung des rabbinischen Judentums. Der Glaubensgegensatz zwischen frühem Christentum und damaligem Judentum bedeutete darüber hinaus keine Schwierigkeit für das Judentum, das bewußt Glaubensgrundsätze der rechten Lebenshaltung hintanstellte. Theologie im christlichen Sinne ist in der Mischna so gut wie nicht enthalten.

11. »Jeruschalmi« wird der jerusalemische oder palästinische Talmud genannt, vgl. S. 64 ff.

Der Name der zweiten Ordnung, »Moed«, Festkalender, spricht für sich selbst.

In der dritten Ordnung »Naschim«, Frauen, werden alle Probleme geregelt, die Mann und Frau, Eheschließung, Familie und Scheidung betreffen. Hinzu kommen noch einige andere Themen, die nicht direkt mit der Hauptüberschrift in Zusammenhang stehen.

Die vierte Ordnung, »Neziqin«, Schäden, enthält das bürgerliche und das Straf-Recht mit einigen Anhängen, die schwer im Gesamtsystem der Mischna überhaupt unterzubringen sind wie der ethische Traktat »Sprüche der Väter«.

Die fünfte Ordnung, »Kodaschim«, heilige Dinge, behandelt vorrangig Probleme, die mit dem Tempel sowie seinen Opfern und Abgaben zu tun haben.

Die sechste Ordnung, »Toharot«, reine Dinge, regelt das komplizierte Gefüge von rein und unrein im jüdischen Altertum.

Zu den beiden letzten Ordnungen fehlt ein Kommentar im Jerusalemer Talmud, zur ersten und letzten Ordnung gibt es mit Ausnahme eines Traktates keinen babylonischen Talmud. Die Abfolge der Traktate innerhalb der sechs Ordnungen ist rein äußerlich bestimmt, nämlich nach der Anzahl der Kapitel. Die Länge eines Traktates ist aber natürlich auch ein Indiz für die Wichtigkeit oder die Komplexität der Materie und damit mehr als ein äußeres Kriterium allein. Auch in den Fällen, wo sich eine inhaltliche Abfolge von Traktaten nahegelegt hätte − z. B. die Reihenfolge: Eheschließung − Scheidung[12] in Naschim oder die Anordnung gemäß des Festzyklus in Moed − herrscht das Prinzip »Priorität nach Umfang der Traktate« vor. Im übrigen ist die Reihenfolge der Traktate untereinander innerhalb einer Ordnung bis zur Drucklegung nicht ganz einheitlich, besonders bei Traktaten mit gleicher Kapitelzahl.

Strittig ist in der Forschung, ob Rabbi seine Mischna, die für die

---

12. Eine populäre, aber sicher nicht richtige Erklärung für die Reihenfolge Ehescheidung/Eheschließung ist, daß man erst wissen muß, wie man aus einer Sache herauskommt, bevor man sich auf sie einläßt. Der Grund für die Reihenfolge ist natürlich, daß der Traktat Gittin, Ehescheidung, 9 Kapitel und der Traktat Kidduschin, Eheschließung, 4 Kapitel hat. An der Kapitelzahl ist auf alle Fälle abzulesen, daß es tatsächlich weit komplizierter zu sein scheint, aus einer Ehe heraus- als hineinzukommen.

nachfolgenden Geschlechter dann zu unserer Mischna wurde, schriftlich niedergelegt oder nur mündlich redigiert hat. Man kann sich nur schwer vorstellen, daß ein solch ausgedehntes Werk wie die Mischna, das ungefähr den Umfang der Hebräischen Bibel hat, nur mündlich überliefert sein soll. Auf alle Fälle finden wir, wie schon oben erwähnt, noch in den nächsten Generationen in Babylonien einen besonderen Berufsstand von Leuten, die – wie die Mischnalehrer selbst – »Tannaiten« heißen und deren Aufgabe es war, auf Anfrage die ganze Mischna mündlich parat zu haben.

In der Forschung ist ebenso offen, inwieweit die Redaktion Rabbis als abgeschlossen zu gelten hat. Gesichert scheint zu sein, daß Rabbi die Mischna im Laufe seines Lebens noch überarbeitet hat. Auf alle Fälle sind auch nach seinem Tode von der nächsten Generation – wie bereits erwähnt – Änderungen vorgenommen und Hinzufügungen gemacht worden. Schon die Talmude diskutieren die verschiedenen Lesarten. Es lassen sich deutlich zwei Hauptrezensionen unterscheiden: der Mischnatext, wie er in Palästina anerkannt war, und der Mischnatext, wie er in Babylonien gelehrt wurde. Zu erklären ist das dadurch, daß sofort nach Abschluß der Redaktionsarbeit die Mischna nach Babylonien kam, dort studiert wurde und als Grundlage des im Entstehen begriffenen Talmuds diente. Im Land Israel selbst aber wurde die Mischna vom Lehrhaus Rabbis noch einmal überarbeitet, und diese überarbeitete, spätere Form wurde die Grundlage des im Land Israel entstehenden Talmuds. Da die gesamte Mischna in beiden Talmuden enthalten ist, soweit die einzelnen Traktate in den Talmuden behandelt werden, findet sich der palästinische Text am ehesten im Jeruschalmi, der babylonische im babylonischen Talmud. Aber in beiden Talmuden handelt es sich um einen Mischtext. Auch die Handschriften, die nur die Mischna enthalten, stellen bereits einen Mischtext dar, sind aber doch generell eher als palästinisch einzuschätzen. Am besten erhalten sind beide Texte in den entsprechenden Genizafragmenten[13] von Talmud und Mischna.

---

13. «Geniza» heißt ein Ort in der Synagoge, an dem man unbrauchbar gewordene Schriften ablegt, die dann später, wenn der Raum voll ist, auf dem Friedhof beerdigt werden. Geniza in engerem Sinne ist ein im vorigen Jahrhundert entdeckter Raum in der Ibn Esra Synagoge in Altkairo, der so groß war, daß er 1000 Jahre lang, bis zu einer Renovierung des Gebäudes

Fragt man sich nun, welche Rezension eigentlich in den gedruckten Mischnaausgaben enthalten ist, so muß man feststellen, daß auch der Druck Mischform ist. Alle späteren Ausgaben gehen auf den Druck Neapel 1492 zurück, der vermutlich der Erstdruck der gesamten Mischna ist. Jedenfalls ist kein vollständiges Exemplar aus früherer Zeit erhalten. Es gibt lediglich ein Fragment aus Spanien, das vielleicht älter ist, vermutlich aber niemals die ganze Mischna umfaßt hat. Der Druck Neapel enthält den Text der Mischna zusammen mit dem ins Hebräische übersetzten Kommentar des Maimonides. Dieser Kommentar, ursprünglich in Arabisch geschrieben, ist das Erstlingswerk des großen jüdischen Philosophen und Schriftgelehrten, das er als Jugendlicher auf der Flucht von Spanien über Marokko nach Ägypten geschrieben hat. Wie Maimonides selber in der Einleitung zu diesem Werk schreibt, standen ihm nicht immer geeignete Mischnahandschriften zur Verfügung, manchmal sei er gezwungen gewesen, den Mischnatext aus dem Gedächtnis zu ergänzen. Eine Nachprüfung ergibt, daß dieser Text, der manchmal mehr dem babylonischen, manchmal mehr dem palästinischen Texttypus entspricht, ein besonders unzuverlässiger Mischtext ist. Dieser eklektische Text wurde nun noch einmal sehr stark verändert und neu geordnet in der Zeit, in der der arabische Kommentar ins Hebräische übersetzt wurde. Diese Übersetzung war eine Gemeinschaftsarbeit von Gelehrten, die im 13. Jahrhundert im christlichen Spanien und der Provence lebten.

---

im Jahr 1896, nicht geleert wurde. Dieser günstige Umstand, der es mit sich brachte, daß derart altes Material nicht der Vernichtung anheimfiel, hat der Forschung Hunderttausende von Fragmenten beschert, die zum Teil sehr alt sind. Völlig verlorengeglaubte Bücher sind auf diese Weise entdeckt worden, wie die hebräische Fassung des Ben Sirach Buches, die man später in Fragmenten bei Ausgrabungen bei der Massada fand, tausend Jahre älter als das Material aus der Kairoer Geniza. Aber auch weitere Schriften, die in Qumran gefunden wurden, sind in der Kairoer Geniza ans Tageslicht gekommen, 60 Jahre vor der Entdeckung der Schriftrollen vom Toten Meer. Vergleiche mein Buch, Qumran-Texte, a. a. O., S. 78 f. In diesem Zusammenhang interessieren besonders die Zehntausende Mischna und Talmudfragmente, die zu Hunderten von Handschriften gehören. Die frühsten stammen aus dem 8. oder 9. Jahrhundert und sind einige Jahrhunderte älter als das Gros der vollständigen Handschriften, von denen ja auch nur wenige überlebt haben.

Sie fanden Handschriften mit einem verkürzten Mischnatext vor
und waren so gezwungen, den Mischnatext neu zusammenzustellen. Auch die Übersetzer des Kommentars schreiben in ihrem
Vorwort, daß sie Mühe hatten, Mischnatexte zu finden, und
manchmal ebenso gezwungen waren, aus dem Kopf zu zitieren.
Dieser Text, die Mischna mit dem hebräischen Maimonides-Kom-
mentar, ist nun der Text, der in Neapel 1492 gedruckt wurde.
Gerade dieser Text stellt also die größte Vermischung aller Rezensionen dar und ist am wenigsten geeignet, den Text der ursprünglichen verschiedenen Rezensionen zu repräsentieren. Dieser ver-
derbte Text des Erstdruckes ist nun durch die christliche Zensur ab
der Mitte des 16. Jahrhunderts noch weiter entstellt worden. So
wurden z. B. alle Stellen, in denen die verschiedenen hebräischen
Worte für Fremde, Nichtjuden oder Samaritaner vorkommen, von
der christlichen Zensur in den Begriff »Stern- und Sternbilder-
Anbeter« umgewandelt. Anfang dieses Jahrhunderts, als die Zensur annulliert wurde, am spätesten im erweiterten Rußland, dem
Land der großen Musterausgaben der rabbinischen Literatur einschließlich der Mischna und des Talmud — versuchte man, diese
Zensurstellen wieder rückgängig zu machen, häufig jedoch ohne
Hinzuziehung älterer Drucke, geschweige denn von Handschrif-
ten.

Solange keine wissenschaftliche Gesamtausgabe erscheint, wird
man sich wie mit den meisten Büchern der rabbinischen Literatur
einschließlich der beiden Talmude mit dieser Situation abzufinden
haben. Allerdings gibt es Faksimileausgaben der drei vollständigen
Mischnahandschriften, die sich erhalten haben, die aber wohl nur
dem Wissenschaftler weiterhelfen werden. Bei der Übersetzung
der Texte im Hauptteil dieses Buches werde ich auf wesentliche
Unterschiede zwischen Handschriften und Druck aufmerksam
machen.

Die Tosefta — Schwester der Mischna

Es ist unmöglich, die Mischna zu behandeln, und nicht zum Schluß
wenigstens kurz auf ihre Schwester, die Tosefta, einzugehen.
Tosefta ist Aramäisch und meint soviel wie Zufügung. So haben
die Alten die Tosefta verstanden, als eine Zufügung zur Mischna.

Bei näherer Prüfung ist aber deutlich, daß es sich bei der Tosefta um mehr als das handelt.

Die Tosefta hat gegenüber der Mischna durchaus ein Eigenleben. Sie ist wie die Mischna Traditionsliteratur, das heißt, sie ist durch Jahrhunderte hindurch gewachsen. Jede Schule, die die Mischna im Lehrbetrieb ordnete, war auch mit der Aufstellung einer Tosefta beschäftigt. Alles, was man aus der Masse des Traditionsmaterials ausschied, brachte man in der Tosefta unter. Die Tosefta ist somit vergleichbar mit einem geordneten und nie geleerten Abfalleimer bei der Aufstellung der Mischna. Hin und wieder fehlt bei der Durchsicht der Tosefta der rote Faden, den man dann aus der Mischna entnehmen muß. In einigen Fällen ist es aber genau umgekehrt.

An der Tosefta scheint auch noch nach Abschluß der Mischna gearbeitet worden zu sein. In dieser Zeit ist die Tosefta sicher noch einmal verändert worden. An einigen Stellen ist dann die Tosefta gegenüber der Mischna wirklich ein Zusatzwerk und ist ohne Mischna nicht zu verstehen.

Die Tosefta ist weit ausführlicher als die Mischna, sie bringt meistens den vollständigeren Gedankengang und die ausführlichere Diskussion, während in der Mischna, wie oben schon bemerkt, nur das Endergebnis festgehalten worden ist. Die Tosefta enthält aber auch viele Partien, die in der Mischna überhaupt nicht vorkommen, vermutlich weil die Redaktoren der Mischna sie als nebensächlich angesehen haben. Hier erscheint von besonderer Wichtigkeit die Wiedergabe historischer Ereignisse, von denen sich in der Mischna nur wenig erhalten hat. Manche Partien sind aber sowohl in der Mischna als in der Tosefta vorhanden, wobei es sich nur um geringfügige Abweichungen handelt. Hier sieht es so aus, als wollten die Redaktoren auch die Varianten zur Mischna retten.

Zusammenfassend ist zu sagen, daß die Tosefta dasselbe Aufbauschema, ja meistens dieselbe Reihenfolge auch innerhalb der Traktate, wie die Mischna aufweist. An den Stellen, wo die Tosefta in ihrer Ordnung von der Mischna abweicht, ist die Tosefta häufig ursprünglicher. Da die Tosefta so viel an zusätzlichem Material aufgenommen hat, ist sie an die drei- bis viermal so umfangreich wie die Mischna. Für den Wissenschaftler ist die Tosefta durch alle diese Kennzeichen mindestens so wichtig wie die Mischna und eine reiche Quelle für Geschichte und Denken des frühen Judentums.

In der späteren Tradition wurde die Tosefta aber wenig geachtet. So hat sie ein ähnliches Schicksal wie der jerusalemische Talmud erlebt (siehe unten). Nur eine einzige Handschrift der ganzen Tosefta hat sich erhalten, die Handschrift Wien, die im 13. Jahrhundert in Spanien entstanden ist. Glücklicherweise handelt es sich um eine sehr gute und sorgfältig hergestellte Handschrift, die viele besondere Charaktereigenschaften der Tosefta in Sprache und Inhalt bewahrt hat. Eine unvollständige Handschrift ist die Erfurter Handschrift, die in Deutschland oder Italien im 12. Jahrhundert entstanden ist. Nach dem 1. Kapitel des Traktates Zevachim bricht die Handschrift ab, entweder weil hier die Vorlage endete oder der Schreiber verhindert wurde, seine Arbeit zu beenden. So enthält die Erfurter Handschrift nur zwei Drittel des Gesamtwerkes. Daneben gibt es noch eine Handschrift in London, die aber nur einen kleinen Teil der Tosefta enthält.[14]

Der Tosefta war es nicht beschieden, als gesondertes Werk zusammen mit den anderen Hauptwerken der rabbinischen Literatur im 15. bzw. 16. Jahrhundert gedruckt zu werden. Sie erschien, in die einzelnen Traktate aufgeteilt, als Anhang zum Kommentar des Alfasi über den Talmud. Dieser Text ist aber besonders wichtig, da seine Vorlage keine der beiden Haupthandschriften, Wien und Erfurt, war. Als gesondertes Werk, das seitdem immer wieder nachgedruckt wurde, erschien die Tosefta erst im 19. Jahrhundert.[15] Der große Talmudist Saul Lieberman hatte damit begonnen, eine wissenschaftliche Ausgabe der Tosefta zu veröffentlichen, die bis zu seinem Tode bis zur Hälfte gediehen war.[16] Eine deutsche Übersetzung wurde 1912 von O. Holzmann und anderen begonnen, bisher ist aber nur ein Bruchteil der Traktate erschienen.

---

14. Ausführlich zu den Handschriften der gesamten talmudischen Literatur vgl. meine Beiträge dazu in dem Standardwerk: The Literatur of the Sages, ed. Shmuel Safrai. In: Compendia Rerum Judaicarum ad Novum Testamentum. Assen/Maastrich und Philadelphia, 1987.
15. Herausgegeben von M. S. Zuckermandel, Pasewalk 1880.
16. New York 1955–1973.

Die wichtigsten Mischnalehrer

Die Mischnalehrer oder Tannaiten sind die rabbinischen Gelehrten, die in der Zeit der Entstehung der Mischna im ersten und
zweiten nachchristlichen Jahrhundert wirkten und die durch ihre
Sammel- und Lehrtätigkeit das Werk der Mischna zusammengestellt haben. Nach der Vorstellung der Rabbinen stehen sie in einer
Reihe von Überlieferern der Tora, die mit Moses begann, und bis
zu den Mischnalehrern reicht.[17] Die rabbinische Tradition hat die
Mischnalehrer in Generationen eingeteilt und beginnt dabei mit
den Gelehrten, die kurz vor der Tempelzerstörung gelebt haben.
Bis zum Abschluß der Mischna im Jahr 200 n. d. Ztr. zählt man
üblicherweise fünf Generationen.[18] Die direkt davor liegende Zeit,
über die es nur vage historische Kenntnisse gibt, hat die jüdische
Tradition als die Zeit der fünf Paare bezeichnet, wobei sie davon
ausgeht, daß jede dieser Epochen durch ein hervorragendes
Gelehrtenpaar bestimmt worden ist, das dem Sanhedrin, dem
obersten jüdischen Gerichtshof und Sitz der jüdischen Selbstverwaltung, vorstand.[19] Das erste Paar, *Jose ben Joezer* und *Jose ben
Jochanan,* ist im zweiten Jahrhundert v. d. Ztr. anzusetzen, das
letzte Paar, Schammai und Hillel, lebte kurz vor und nach der
Zeitwende.

In der Mischna sind uns namentlich ca. 120 Mischnalehrer
überliefert. Manchmal kennen wir aus ihrem Leben nicht mehr als
einen bestimmten Ausspruch. Aber auch Lehrer, die Dutzende
oder Hunderte Male in der Mischna genannt werden, sind uns von
ihrer Biographie her häufig fast unbekannt. Aufgrund ihrer Aussagen kann man aber ein Charakterbild von ihnen entwerfen, wobei
vieles, was aus dem Leben der Gelehrten in der rabbinischen
Literatur mitgeteilt wird, legendarischer Natur ist. An dieser Stelle

---

17. Vergleiche Avot 1.1, S. 107.
18. Die christliche Wissenschaft vom Judentum hat diese Zeit manchmal in vier
    Generationen eingeteilt, wobei sie die zweite und dritte Generation in eine,
    die ältere und die jüngere zweite Generation, zusammenfaßt.
19. Dies ist wahrscheinlich Fiktion, denn in der Zeit des Zweiten Tempels
    dürfte, zumindest für die meiste Zeit, die Herrschaft in Händen der
    sadduzäischen Partei gelegen haben und nicht bei den Pharisäern. Nach
    Josephus und dem Neuen Testament waren jeweils die sadduzäischen
    Hohenpriester zugleich auch Vorsitzende des Sanhedrin.

sollen nur die wenigen Gelehrten erwähnt und in ihrem Lebenslauf kurz beschrieben werden, die wesentlich am Entstehen der Mischna mitgewirkt haben und die besonders häufig erwähnt werden. Wenn die Liste der im folgenden aufgeführten Rabbinen auch nur ein Zehntel der bekannten Rabbinennamen ausmacht, so decken jedoch diese Rabbinennamen über 90 Prozent aller Zitationsstellen in der Mischna ab.

Wegen ihrer großen Bedeutung für die Entwicklung des Frühjudentums und der Entstehung der talmudischen Literatur soll hier zuerst auf das letzte der fünf Paare eingegangen werden, Schammai und Hillel. Der Konflikt zwischen ihnen und die Orientierung der nächsten Generationen nach Schulen, die ihrer beider Namen tragen, hat die weitere Geschichte nachhaltig bestimmt. Die Unmöglichkeit, die Meinungsunterschiede in den nächsten Generationen zu überbrücken, hat mit Anteil an dem langen Werdegang der Mischna, die erst allgemein verbindlich redigiert werden konnte, nachdem sich die hillelitische Schule durchgesetzt hatte.

Schammais und Hillels Wirksamkeit fiel in das Ende des ersten vorchristlichen Jahrhunderts, die Zeit Herodes des Großen. *Schammai* war etwas älter als Hillel. Von Beruf war Schammai Baumeister. In den ca. zwanzig in seinem Namen überlieferten Gesetzesentscheidungen nimmt er nur in zwei Drittel der Fälle einen erschwerenden Standpunkt ein. Inhaltlich beschäftigen sich diese Entscheidungen zu einem Teil mit der strikten Reinheitseinhaltung bei den Leviten. Den Ruf, ein äußerst strenger Gesetzeslehrer gewesen zu sein, hat Schammai wahrscheinlich zu Unrecht. Er geht vermutlich auf seine Schule zurück, die zum Teil auch in Fragen, in denen Schammai erleichternd entschieden hatte, erschwerte. Die beiden Gelehrten Schammai und Hillel scheinen sich nicht so extrem gegenübergestanden zu haben wie ihre Schulen. Daß auch Schammai im allgemeinen ein freundlicher und entgegenkommender Mensch war, zeigt sein Leitspruch aus den Sprüchen der Väter:[20] »Mache dein Torastudium zu einer regelmäßigen Beschäftigung, sprich wenig und tue viel, und empfange jeden Menschen mit einem freundlichen Gesicht.« Beim Aufstand

---

20. Avot 1,15. Vgl. S. 110.

gegen die Römer schloß sich ein Teil der Schüler Schammais den Zeloten, den extremen Römerfeinden, an.

Hillel, der Ältere, jüngerer Zeitgenosse Schammais, wanderte in seinem vierzigsten Lebensjahr von Babylonien ins Land Israel ein. Er wurde durch seine Gelehrsamkeit neben Schammai bald einer der führenden Männer der pharisäischen Bewegung. Er brachte wahrscheinlich aus Babylonien ein ausgebautes System von Auslegungsregeln zur Tora mit, die er nach einigen Widerständen im Land Israel heimisch machen konnte. Mit Hillel setzt die eigentliche Torauslegung und die Formulierung abstrakter Mischnasätze ein. In den überlieferten Entscheidungen erscheint Hillel erleichternd, gütig und ausgesprochen menschlich. Es gelang ihm durch seine Autorität, Mißstände, die sich in der Praxis durch die Einhaltung biblischer Gesetze eingebürgert hatten, zu beseitigen. Von einer seiner wichtigsten Entscheidungen auf dem Gebiet der sozialen Fürsorge, der Einführung des *Prosbul,* der es der armen Bevölkerung ermöglichte, Gelder auch in unmittelbarer Nähe des Siebentjahres aufzunehmen, war bereits die Rede.[21] Eine weniger bekannte Entscheidung Hillels findet sich in Mischna Arakin 9,5. Ein Haus, das man wegen hoher Verschuldung verkaufen mußte, konnte nach biblischem Gebot innerhalb eines Jahres wieder zurückgekauft werden. Viele versuchten, dem biblischen Gebot auszuweichen, indem sie gegen Ende dieses Jahres verschwanden und dem Erstbesitzer keine Chance gaben, das Haus zurückzuerwerben. Hillel ordnete darauf an, daß es genüge, das Geld vor Gericht zu hinterlegen und das Haus wieder in Besitz zu nehmen.[22]

Hillel war auch auf dem Gebiet der Spruchsammlung und Dichtung eine überragende Gestalt. Hunderte seiner Weisheitssprüche sind in der rabbinischen Literatur überliefert. Ein Teil davon hat sich an mehreren Stellen in dem Mischnatraktat Sprüche der Väter erhalten.[23] Hillel ragt aber besonders durch seine Frömmigkeit hervor, die von einer tiefen Lebensweisheit und Klarheit bestimmt ist, obwohl sie sich manchmal bis zu einer mystischen Lebensschau verdichtet. Als solcher erinnert Hillel zuweilen an die Lebensweisheit eines Sokrates. Für das Judentum wurde er dadurch zu einem

---

21. Vgl. S. 19.
22. Vgl. Michael Krupp, Der Mischnatraktat Arakin. Berlin 1971, S. 123 ff.
23. Vgl. S. 109 und 111 f.

Vorbild für die perfekte Einheit von Lehre und Leben. So steht am
Anfang der rabbinischen Lehrtradition eine Persönlichkeit von
tiefer moralischer und geistlich- geistiger Autorität, die im Fort-
gang der rabbinischen Lehr- und Lebensentwicklung viele Nachah-
mer gefunden hat, von denen aber wahrscheinlich keiner seinen
Meister erreicht hat.[24]

Das Volk hat das Andenken an die beiden unterschiedlichen
Begründer des rabbinischen Judentums mit dem Ausspruch festgehalten: »Der Mensch sei stets geduldig wie Hillel und nicht ein
Pedant wie Schammai.«[25] Einer der Leitsprüche Hillels war: »Sei
von den Jüngern Aarons, einer der den Frieden liebt und dem
Frieden nachjagt, der die Geschöpfe liebt und sie der Tora nahe-
bringt.«[26] Die überragende Bedeutung Hillels wird auch darin
erkennbar, daß das Patriarchat, die oberste Spitze der jüdischen
Selbstverwaltung nach der Tempelzerstörung eine Domäne der
leiblichen Nachkommen Hillels war. Bis zur Aufhebung des
Patriarchats im 5. Jahrhundert unter den Byzantinern standen
Hilleliten, denen man davidische Abkunft nachsagte, an der Spitze
des Volkes. Auch bei der Einführung des Gaonats[27] im Land Israel

---

24. Hillel hat auch nachweislich einen starken Eindruck auf Jesu Lehre und
    Leben gehabt. Jesus hat sich in den meisten seiner Entscheidungen an
    Hillel orientiert. Das Gebot der mit der Gottesliebe gekoppelten Nächsten-
    liebe ist wahrscheinlich auch von einem Spruch Hillels beeinflußt, der sich
    im babylonischen Talmud Schabbat 31a findet. Hier antwortet Hillel einem
    Heiden, der ihn nach dem wichtigsten Gebot fragt: »Was dir zuwider ist,
    das tue auch keinem anderen, das ist die ganze Tora, der Rest ist Ausle-
    gung, gehe hin und lerne.« Der Heide hatte vorher dieselbe Frage Scham-
    mai gestellt und ihn angewiesen, ihm so kurz zu antworten, wie er auf
    einem Fuße stehen könne. Schammai hatte den Heiden empört abgewie-
    sen. Fraglich ist, ob Jesus Hillel noch persönlich gekannt hat. Hillel hat
    länger als Schammai gelebt und ist wohl um 20 n. d. Ztr. gestorben. Hillel
    hatte eine große Ausstrahlungskraft über das gesamte Judentum seiner
    Zeit. So scheint es fast undenkbar, daß Jesus nichts von Hillel gehört haben
    sollte.
25. bSchabbat 31a.
26. Avot 1,12.
27. Das Gaonat ist das Amt der geistig-weltlichen Führerschaft des Judentums
    in Palästina und Babylonien ab dem 9. Jahrhundert und entspricht dem
    Patriarchat der früheren Zeit. Die Führer der Judenschaft trugen den Titel
    Gaon.

in islamischer Zeit wurden Hilleliten wieder Häupter der jüdischen Selbstverwaltung.[28]

Die *erste Generation* der Mischnalehrer ist die letzte Generation der Zeit des Zweiten Tempels. Sie erlebte zum Teil die Tempelzerstörung, kam bei ihr ums Leben oder konnte sich durch römische Hilfe retten und eine Neubegründung des Judentums beginnen. Die Lehrer dieser Zeit kommen in der Mischna wenig vor, weil mit der eigentlichen Arbeit an der Mischna erst nach der Tempelzerstörung begonnen wurde. Aus dieser Generation seien hier nur zwei Lehrer genannt, Rabban Gamliel, der Ältere, und Rabban Jochanan ben Sakkai.

Rabban Gamliel der Ältere, so genannt im Unterschied zu seinem Enkel gleichen Namens, war die bedeutendste Persönlichkeit des rabbinischen Judentums um die Mitte des ersten nachchristlichen Jahrhunderts. Er war leiblicher Nachkomme von Hillel in der zweiten Generation, also sein Enkel. Die Bezeichnung Rabban ist aramäisch und bedeutet »unser Lehrer«. Sie ist ein Hoheitstitel und bezeichnet den Patriarchen, den Vorsitzenden des Sanhedrins. Ob Gamliel, wenn auch nur vorübergehend, dieses Amt innegehabt hat, ist nicht sicher. Im Neuen Testament[29] wird Gamliel als »ein Schriftgelehrter, in Ehren gehalten von allem Volk« und Mitglied des Sanhedrins, nicht aber als dessen Vorsitzender aufgeführt. In der rabbinischen Literatur wird er normalerweise als »Rabban Gamliel« bezeichnet, so daß es an vielen Stellen nicht klar ist, ob es sich um »den Älteren« oder seinen Enkel handelt. Vermutlich stammen aber einige Gesetzesentscheidungen, die in der Mischna aufgeführt werden, von dem Rabban Gamliel der Tempelzeit. In diesen Gesetzesfragen entscheidet Rabban Gamliel immer erleichternd und kompromißbereit. So verfügt er, daß eine Frau sich wieder verheiraten kann, auch wenn es nur einen Zeugen gibt, der den Tod ihres Mannes bestätigen kann, statt der üblichen zwei Zeugen im jüdischen Recht.[30] Unter seinen vielen Schülern

---

28. Vgl. Michael Krupp, Die Geschichte der Juden im Land Israel, a. a. O., vor allem S. 57 und 89.
29. Apostelgeschichte 5, 34.
30. Mischna Jevamot 16,7.

war nach Aussagen der Apostelgeschichte[31] auch der Apostel
Paulus. Rabban Gamliel ist als einziger der Rabbinen in die Liste
der katholischen Heiligen eingegangen, und dies aufgrund seines
prochristlichen Zeugnisses in der Apostelgeschichte.[32] Gamliel ist
noch vor dem Aufstand gegen die Römer und der Tempelzerstörung gestorben.

Noch zur ersten Generation wird auch *Rabban Jochanan ben
Sakkai* gerechnet, der die Tempelzerstörung miterlebte und dem es
nach einer Legende gelang, durch ein Bündnis mit den Römern das
Lehrhaus von Javne zu erhalten und somit einen neuen Grundstein
für die Weiterexistenz des Judentums nach der Katastrophe der
Tempelzerstörung zu legen.[33] Schon vor der Tempelzerstörung
scheint Jochanan ein einflußreiches Mitglied im Sanhedrin gewesen zu sein, denn zumindest von einer Gesetzesentscheidung von
ihm aus dieser Zeit ist in den Quellen die Rede. Ihm gelang es, das
»Fluchwasser«, das eine des Ehebruchs verdächtigte Frau nach
biblischer Vorschrift zu trinken hatte, abzuschaffen.[34] Auf die
Bedeutsamkeit, die Rabban Jochanan ben Sakkai nach der Aufrichtung des Lehrhauses in Javne erreichte, weist auch sein Titel
Rabban hin, der ihm als einzigem Nicht-Hillelit verliehen wurde.
In Javne bereitete er den Weg für die Konsolidierung des Judentums vor, die Rabban Gamliel der Jüngere durchzusetzen vermochte.

Mit *Rabban Gamliel dem Jüngeren,* wie sein Großvater auch
einfach Rabban Gamliel genannt, beginnt die *zweite Generation*
von Mischnalehrern. Rabban Gamliel, zur Unterscheidung von
seinem Großvater auch hin und wieder Rabban Gamliel von Javne
genannt, war Hillelite in der vierten Generation. Er wird als ein

---

31. 22,3.
32. 5,35-39. Hier empfahl er dem Sanhedrin, die verhafteten Jesusjünger
    unbehelligt zu lassen, denn wenn die Bewegung auf eine menschliche
    Verirrung zurückgehe, werde sie von selber zugrunde gehen. Wenn sie
    aber von Gott sei, könne und solle man sie nicht aufhalten. In dem
    Salesianerkloster Beth Jemal bei Beth Schemesch, nach katholischer Tradi-
    tion der Ort des Landhauses der Familie, steht eine kleine Kirche mit der
    Aufschrift: Sanctus Gamalius ora pro nobis.
33. Vgl. S. 16.
34. Mischna Sota 9,5. Vgl. 4 Mose 5,11 ff.

Mann geschildert, der in seinem Privatleben äußerst zuvorkommend, barmherzig und freundlich war, in seiner offiziellen Funktion aber unbarmherzig streng und kompromißlos, wobei ihm alles daran gelegen war, die Einheit des Judentums zu bewahren. Die Periode von Javne ist gekennzeichnet durch Sammlung und Abgrenzung. Das Judentum versuchte nach der Katastrophe der Tempelzerstörung, die pluralistische Offenheit, die sich in einer Fülle von Gruppen und Untergruppen gegen Ende der Zeit des Zweiten Tempels widerspiegelte, einzugrenzen und durch Einheit und wiedergewonnene Festigkeit einen Untergang oder eine Assimilation des Judentums an die Umwelt zu verhindern. Rabban Gamliel war der stärkste Vertreter dieser Tendenz, und so erklärt sich vieles von seiner Schroffheit gegenüber Abweichlern in der innereren oder äußeren Peripherie des Judentums seiner Zeit.

Von hier aus ist auch Rabban Gamliels Konflikt mit seinem Schwager, Rabbi Elieser ben Hyrkanos[35] zu verstehen. Rabbi Elieser ben Hyrkanos, wohl der wichtigste Gelehrte in Javne neben Rabban Gamliel, war in einer bestimmten Frage nicht zu bewegen, sich dem Urteil der Mehrheit des Gelehrtenhauses zu beugen. Rabban Gamliel schreckte daraufhin nicht zurück, Rabbi Elieser zu bannen und damit aus dem Gelehrtenhaus zu vertreiben. Ein ganzer Legendenkreis dreht sich in der rabbinischen Literatur um diese tragische Auseinandersetzung zwischen den beiden größten Gelehrten ihrer Zeit.

Ein anderer Konflikt brach zwischen Rabban Gamliel und dem greisen und von allen geschätzten Rabbi Jehoschua aus, der nicht bereit war, eine Kalenderberechnung Rabban Gamliels zu übernehmen. Darauf zwang ihn der Patriarch, an dem von Rabbi Jehoschua als Jom Kippur errechneten Tag mit Stock und Geldbeutel vor ihm zu erscheinen und so diesen Tag zu entweihen. Diese und zwei weitere öffentliche Bloßstellungen eines solchen ehrwürdigen Gelehrten erregten jedoch bei den Rabbinenkollegen solches Aufsehen, daß sie Rabban Gamliel als Patriarchen absetzten und einen jungen Gelehrten priesterlicher Abstammung, Rabbi Elasar ben Asarja, vorübergehend zum Patriarchen ernannten. Erst nachdem Rabban Gamliel bei Rabbi Jehoschua Abbitte geleistet hatte und dabei nebenbei bemerken mußte, in welcher

---

35. Siehe unten.

Armut manche seiner Amtskollegen zu leben hatten, wurde Rabban Gamliel wieder in sein Amt eingesetzt, das er sich hinfort mit Elasar ben Asarja teilte.

Als Patriarch hatte Rabban Gamliel die Interessen seines Volkes zu vertreten. So war es ihm und seinem Haus erlaubt, sich nach der römischen Sitte zu kleiden, griechische Sprache und Kultur zu lernen und an heidnischen kulturellen und gesellschaftlich wichtigen Ereignissen teilzunehmen. Es wird berichtet, daß sich der Patriarch nicht scheute, in das heidnische Bad der Aphrodite in Akko zu gehen, trotz der vielen Götzenbilder, die Rabban Gamliel als Kunstwerke interpretierte.[36] Von zahlreichen gelehrten Diskussionen mit griechischen Philosophen und römischen Herrschern ist die Rede. Rabban Gamliel hat mit Amtskollegen mehrere offizielle Reisen in die benachbarte Provinzhauptstadt Damaskus und zur Hauptstadt Rom unternommen. In den judenfeindlichen Zeiten gegen Ende des ersten Jahrhunderts war Gamliel gezwungen, mehrfach den Sitz seines Gelehrtenhauses zu verlegen und konnte wohl auch nur heimlich seine Lehr- und Verwaltungsarbeit fortsetzen. Noch vor dem Ausbruch des jüdischen Aufstandes in der Diaspora gegen Rom 115 n. d. Ztr. und lange vor dem Ausbruch des Bar-Kochba-Krieges 133 n. d. Ztr. ist Rabban Gamliel gestorben, wobei er ein gestärktes und geordnetes jüdisches Rechts- und Verfassungswesen hinterließ.

Aus der zweiten Generation sind noch drei andere Rabbinen kurz zu charakterisieren, die bereits in der Biographie Rabban Gamliels des Jüngeren genannt worden waren. Zuerst ist das der von Rabban Gamliel in den Bann geworfene *Rabbi Elieser ben Hyrkanos,* in der rabbinischen Literatur nur einfach als R. Elieser bezeichnet. Obwohl er Schammait war, ist er an die 320 Mal in der Mischna erwähnt. Nach einer Legende soll Rabbi Elieser ungelehrt gewesen sein. Eines Tages habe er im reiferen Alter den Pflug seines Vaters niedergelegt und seine verdutzten Brüder verlassen und sei zu Rabban Jochanan ben Sakkai nach Jerusalem geflohen, wo er sich bald als Musterschüler entpuppt habe.[37] Rabbi Elieser wird ein sagenhaftes Wissen nachgesagt. Sein Kollege Rabbi Jehoschua sagte von ihm: »Befänden sich alle Weisen Israels in der

---

36. Mischna Avoda Sara 3,4, S. 124.
37. Pirke Rabbi Elieser 1 und häufiger.

einen Waagschale, und Elieser in der anderen, so würde Elieser alle überwiegen.«[38] Er verglich ihn mit einer gekalkten Zisterne, die keinen Tropfen Wasser verloren habe. Er selber soll von sich gesagt haben: »Wären auch alle Meere Tinte, alle Schilfrohre Federn, Himmel und Erde Schreibrollen und alle Menschen Schreiber, es reichte nicht hin, um das Wissen niederzuschreiben, das ich von meinen Lehrern gelernt habe, und das selbst wiederum nur einen Tropfen im Meer ihrer eigenen Kenntnisse darstellt.«[39] Dieser konservative Geist, alles nur aufzunehmen, keine Neuerungen zu akzeptieren und nichts zu lehren, was er nicht von seinen Lehrern gelernt hatte, brachte ihn schließlich in den Konflikt mit seinem Patriarchen und seinem Lehrhaus. Nach dem Bann ging Rabbi Elieser nach Lydda, wo er schon vorher ein Lehrhaus gehabt zu haben scheint, und lebte völlig zurückgezogen, sich über jeden Besuch freuend, der ihm etwas davon erzählte, was gerade im Lehrhaus durchgenommen wurde.

Der konservative Geist drückte sich auch in seinem Privatleben aus. Obwohl mit der Schwester Rabban Gamliels, Imma Schalom, verheiratet, die eine sehr gebildete Frau und auch im Studium der Tora bewandert war, lehnte es Rabbi Elieser mehrfach schroff und unhöflich ab, Frauen zu unterrichten oder sich überhaupt mit ihnen über religiöse Fragen zu unterhalten. Wohl nach dem Tode von Imma Schalom drängte man ihn, die dreizehnjährige Tochter seiner Schwester zu heiraten. Er riet dem Mädchen energisch von dieser Heirat ab und empfahl ihr, einen jungen Mann zu nehmen. Nachdem aber auch das Mädchen darauf bestand, heiratete der greise Elieser sie. Seinen Kindern sagte man nach, daß sie besonders schön gewesen seien. Hauptschüler Rabbi Eliesers war Rabbi Akiba. Er hielt auch die Leichenrede über den großen Gelehrten. Rabbi Elieser scheint noch vor dem Ausbruch des Bar-Kochba-Krieges gestorben zu sein. Bei seinem Tode soll er, enttäuscht darüber, daß ihn seine Schüler verlassen hatten, den Krieg vorausgesagt haben.

Mit Rabbi Elieser eng in Freundschaft und der gemeinsamen Schülerschaft bei Rabban Jochanan ben Sakkai verbunden ist Rabbi *Jehoschua ben Hanina,* in der Mischna, ca. 140 Mal

---

38. Avot 2,8.
39. Midrasch Schir ha-Schirim Rabba 1,2.

erwähnt, immer nur Rabbi Jehoschua genannt. Er stammte aus
sehr armen Verhältnissen, war nach der Meinung der einen Köh-
ler, nach der anderer Nadelarbeiter. Er war Levit und hatte noch
im Tempel im Levitenchor mitgewirkt. Er und Rabbi Elieser
hatten ihren Meister als vermeintlichen Toten durch die Reihe der
Aufständischen aus dem belagerten Jerusalem ins Lager der
Römer gebracht. Ebenso wie Rabbi Elieser sprachbegabt und
gewandt, begleitete er Rabban Gamliel häufig auf seinen Aus-
landsmissionen und galt als einer der besten Fürsprecher seines
Volkes bei den Behörden. Auf einer seiner Romreisen soll er auch
den sehr viel jüngeren späteren Gelehrten Rabbi Jischmael aus
einem römischen Freudenhaus losgekauft haben. Von ihm wird
auch berichtet, daß er mit jüdischen Ketzern zu diskutieren liebte,
worunter auch Juden-Christen gewesen sein dürften.

Der letzte aus dieser Generation hier zu erwähnende Gelehrte,
Rabbi *Elasar ben Asaria*, stammte aus einer überaus reichen
Priesterfamilie. Als er nach dem Konflikt zwischen Rabban Gamliel und den Gelehrten zeitweilig zum Patriarchen ernannt wurde,
soll er erst 18 Jahre alt gewesen sein. Er habe sofort nach Einset-
zung die Wächter am Gelehrtenhaus, die Rabban Gamliel in Javne
bestellt hatte, entlassen, so daß jeder ins Lehrhaus kommen
konnte, um Tora zu lernen. Auch er gehörte zu den Reisegenossen
Rabban Gamliels auf seinen ausländischen Reisen. Er galt in der
Lehre als versöhnlich und kompromißbereit. Seine Verdienste
lagen besonders auf dem Gebiet der Aggada[40] und der Spruchdich-
tung.

Als Stellvertreter für die *dritte Generation* genügt es, zwei Namen
hervorzuheben, die für die Entwicklung der gesamten rabbinischen
Literatur von größter Bedeutung werden sollten, Rabbi Jischmael
und Rabbi Akiba.

Rabbi Jischmael ben Elischa, in der Mischna nur einfach Rabbi
Jischmael genannt, entstammte einer Hohenpriesterfamilie und
wurde, wie schon berichtet, aus römischer Kriegsgefangenschaft
von Rabbi Jehoschua für ein hohes Lösegeld freigekauft. In Leben
und Lehre war er besonders freundlich und wohlwollend. Er

---

40. »Aggada« ist im Gegensatz zur »Halacha«, dem Gesetzes-Material, das
    erzählerische Gut in der rabbinischen Literatur.

kümmerte sich besonders um Frauen, deren Männer im Krieg
waren, und um Witwen. Eine Frau, die von ihrem Mann wegen
ihrer Häßlichkeit verstoßen wurde, nahm er auf und ließ sie
dermaßen aufputzen, daß ihr Mann sie wieder zurücknahm, wobei
Rabbi Jischmael gesagt haben soll, alle Töchter Israels sind schön,
es ist die Armut, die sie so häßlich macht. Dieser Satz verrät
bereits einen stark ausgeprägten nationalen Zug, der ihn dazu
trieb, Juden im Konflikt mit Heiden im Land Israel immer beizu-
stehen, wobei er einmal jüdisches Recht, ein anderes Mal heidni-
sches Recht anwandte, je nach Vorteil für seine jüdischen Schütz-
linge. Sein Ziel war hierbei, Juden mit allen Mitteln in ihrem
schweren Schicksalskampf beim Verbleiben im Land Israel behilf-
lich zu sein. Diese Haltung brachte Rabbi Jischmael viel Kritik von
befreundeten Kollegen ein. Er ging sogar so weit, Juden, die sich
in Lebensgefahr befanden, das Anbeten von Götzen zu erlauben,
denn die Tora wolle durch die Erfüllung der Gebote Leben herbei-
führen und nicht den Tod.[41] In einem anderen Fall befahl er aber
seinem Neffen Elasar ben Damma, der von einer Schlange gebissen worden war, eher zu sterben, als sich von einem Judenchristen
im Namen Jesu heilen zu lassen. Ben Dama starb dann tatsächlich.[42]

Rabbi Jischmael erlangte besonders als Ausleger der Schrift
große Bedeutung. Er baute das System der sieben hermeneutischen Regeln von Hillel zu dreizehn Regeln aus. Gegen Rabbi
Akiba betonte er, daß die »Bibel nach Menschenart redet« und
nicht jeder Buchstabe interpretiert werden dürfe. An einigen
Fällen führte er die Methode Rabbi Akibas ad absurdum. In einer
Diskussion mit ihm sagte er zu ihm: »Weil du einen überflüssigen
Buchstaben Waw auslegst, sollen wir diese Frau zum Feuertod
verurteilen?«[43]

Rabbi Jischmael war mehr noch als in der Mischna auf dem
Gebiet der Midraschliteratur bedeutsam. Er und seine Schule
haben wahrscheinlich zu einem jeden der Torabücher, die vorwiegend Halacha enthalten, also die Bücher 2. bis 5. Mose, einen
Kommentar angelegt. So stammen die *Mechilta* zum 2. Buch Mose

41. bSanhedrin 74a.
42. bAvoda Sara 27b. Vgl. S. 195 ff.
43. bSanhedrin 51b.

und die *Sifre* zum 4. Buch Mose aus seiner Schule. Reste zu den
anderen Büchern haben sich in der Geniza von Kairo und den
großen Sammelwerken *Jalkut Schimoni* und *Midrasch Hagadol*
erhalten. Die tannaitischen Midraschim[44] zu den anderen Büchern
der Tora stammen aus der Schule Rabbi Akibas. Die Midraschim
unterscheiden sich voneinander durch eindeutige Kriterien. Sie
argumentieren verschieden, haben also eine andere Formelsprache
und haben vor allem andere Disputanten. In den Midraschim der
Schule Rabbi Akibas erscheinen nur die Schüler Akibas, in denen
der Schule Jischmaels nur die Schüler Jischmaels. Die letzteren
sind nur aus den Midraschim bekannt. Jischmael war Schammait.
Aufgrund seiner großen Gelehrsamkeit konnte man ihn selbst
nicht übergehen. Seine Schüler waren aber von der weiteren
Mischnabildung, und das war die Mischna Rabbi Akibas, ausge-
schlossen. Dies zeigt, daß die beiden großen Lehrer, Jischmael und
Akiba, noch gemeinsam gelernt und miteinander diskutiert haben.
In ihren späteren eigenen Lehrhäusern waren aber nur noch
jeweils ihre eigenen Schüler.

Rabbi Akiba, mit vollem Namen Rabbi Akiba ben Josef, war
neben Hillel der bedeutendste Mischnalehrer überhaupt. Um sein
Leben hat sich ein großer Kranz von Legenden gelegt. Akiba soll
Abkömmling von Proselyten gewesen sein. Analphabet bis zum
vierzigsten Lebensjahr, begann er, ermuntert durch seine fromme
Frau, die sich seinetwegen von ihrem reichen Vater hatte enterben

---

44. Auch halachische Midraschim genannt, im Gegensatz zu den späteren
aggadischen Midraschim. »Midraschim« sind antike Bibelerklärungen. Die
tannaitischen Midraschim sind − wie der Name schon sagt − in der Zeit der
Mischna, der tannaitischen Zeit, entstanden. Sie sind in Hebräisch abgefaßt und erklären den Bibeltext fortlaufend, wobei größere Partien der
Schrift ausgelassen worden sind. In der Regel sind auch nur die halachi-
schen Partien der Tora erklärt. Es gibt folgende tannaitische Midraschim:
Mechilta de Rabbi Jischmael (zu 2 Mose) aus der Schule Rabbi Jischmaels.
Mechilta de Rabbi Schimon ben Jochai (zu 2 Mose, fragmentarisch erhal-
ten) aus der Schule Rabbi Akibas. Sifra (zu 3 Mose) aus der Schule Rabbi
Akibas, Reste des Midrasch aus der Schule Rabbi Jischmaels sind in der
Sifra mitenthalten. *Sifre Bamidbar* (zu 4 Mose) aus der Schule Rabbi
Jischmaels. *Sifre Zuta* (zu 4 Mose, fragmentarisch erhalten) aus der Schule
Rabbi Akibas. *Sifre Devarim* (zu 5 Mose) aus der Schule Rabbi Akibas.
Midrasch Tannaim (zu 5 Mose, fragmentarisch erhalten) aus der Schule
Rabbi Jischmaels.

lassen, das hebräische Alphabet zu studieren, bis er nach 13 Jahren
Studium in den Lehrhäusern Rabbi Eliesers, Rabbi Jehoschuas
und Nahums aus Gimzo selbst einer der größten Gelehrten wurde
und in Bene Brak ein eigenes Gelehrtenhaus eröffnete. Seine
ungeheure Gelehrsamkeit kommt in der Legende zum Ausdruck,
in der Moses Gott fragen läßt, warum er an einigen Buchstaben der
Tora Verzierungen anbringe. Einst wird ein Gelehrter daraus
Berge von Gesetzesentscheidungen ableiten, gab Gott Moses zur
Antwort. Auf seine Bitte von Gott ins Lehrhaus des Akiba ver-
setzt, wo er auf einer der hinteren Reihen nichts vom Lehrvortrag
versteht, tröstet sich Moses endlich mit der Antwort Akibas an
einen der Schüler, woher er eine bestimmte Gesetzesentscheidung
denn wisse, diese sei dem Moses auf dem Berg Sinai mitgeteilt
worden.[45] Die Legende spielt auf die von Akiba auf die Spitze
getriebene Kunstfertigkeit der Toraauslegung an, die die sieben
hermeneutischen Regeln Hillels entscheidend ausweitete. Ausge-
hend von der Annahme, daß die Schrift wortwörtlich von Gott
Moses gegeben und so kein Buchstabe unnötig sei, legte Akiba
gerade den überflüssig scheinenden Buchstaben und Wörtern eine
besondere Bedeutung bei, denn sie können nur für den Zweck
gesetzt worden sein, etwas besonders über den einfachen Wortsinn
Hinausgehendes auszudrücken. Von der Opposition, die Akiba
hierin erfuhr, war bereits oben in der Biographie seines Kollegen
Rabbi Jischmael die Rede.

In den überlieferten Gesetzesentscheidungen tendiert Akiba zu
Erleichterungen, so bei der Wiederverheiratung einer *Aguna,*
einer Frau, die von ihrem Ehemann verlassen wurde oder deren
Mann verschollen ist. Hier ordnet Akiba an, die Untersuchung der
Zeugen über einen eventuellen Tod des Ehemannes nicht so genau
durchzuführen, um so der Frau eine Wiederverheiratung zu
erleichtern. Ebenso erlaubt er den Umgang mit den Samaritanern,
die er in Fragen von Gesetzesentscheidungen auf die Stufe von

---

45. bMenahot 29b. Diese Legende ist wie viele talmudische Legenden ironisch
zu verstehen, wenn nicht sogar sarkastisch, und enthält eine Kritik an der
allzu großen Spitzfindigkeit in der Toraauslegung durch Akiba. Daß Akiba
wirklich aus den Verzierungen der Buchstaben Gesetze abgeleitet habe, ist
eine Übertreibung, denn kein Beispiel für eine solche Praxis ist überliefert.
Die Intention der Legende ist sicher nicht, daß Akiba Moses überlegen
war.

Konvertiten erhebt. In Fragen, ob abgefallene oder sündige Israeliten am Heil der kommenden Welt teilhaben werden, entscheidet
er sich deutlich für ein »Ganz Israel hat Anteil an der kommenden
Welt«, wobei er nur die sündige Generation der Wüstenwanderung
nach dem Auszug aus Ägypten und die verlorenen zehn Nord-
stämme, die von Gott abgefallen waren, ausschließt. Bei der
Festlegung des höchsten Gebots entscheidet er sich in der Nach-
folge Hillels und ähnlich wie Jesus für das Gebot »Du sollst deinen
Nächsten lieben wie dich selbst«.

Rabbi Akiba soll sich auch zusammen mit drei Kollegen mit der
Mystik beschäftigt haben und in den Pardes, das himmlische
Paradies, entrückt worden sein. Alle bis auf Akiba sollen dadurch
Schaden erlitten haben, Ben Asaj starb vorzeitig, Ben Soma wurde
wahnsinnig, und Elischa ben Abuja wurde abtrünnig.

Akiba war noch auf einem anderen Gebiet entscheidend. Unter
seiner Leitung kam die Festlegung des Kanons der Bibel zu einem
endgültigen Abschluß. Bei dem Streit um drei Bücher entscheidet
er sich gegen die Aufnahme des Sirach-Buches in die Bibel, er
übernimmt aber das Buch Esther und das Hohelied in den Kanon,
wobei er das Hohelied als »Allerheiligstes« bezeichnet und verbietet, es wörtlich zu verstehen, sondern als Beschreibung der mystischen Vereinigung Gottes mit seiner Braut Israel. Akiba traf auch
Entscheidungen bezüglich der griechischen Übersetzungen der
Bibel. Er wandte sich vor allem gegen die Septuaginta, die von
Christen zum Beweis der christlichen Wahrheit benutzt wurde, und
unterstützte die Neuübersetzung durch den Proselyten Aquilla, der
eine wortwörtliche Übersetzung aus dem hebräischen Urtext
anfertigte. Auch bei der aramäischen Übersetzung verbot Akiba
eine freie und interpretierende Übersetzung. Das Ergebnis dieser
Arbeit ist der Targum Onkelos, der diese Bedingungen Akibas
erfüllt.

Der greise Akiba hat den großen Aufstand gegen Rom noch
miterlebt. Er war es, der dem Anführer des Aufstandes, Ben
Kosiba, den Messiastitel Bar-Kochba, Sternensohn, aufgrund der
Weissagung in 4 Mose 24 verlieh. Akibas Hoffnungen haben sich
nicht erfüllt. Er ist als Märtyrer in den Wirren des Bar Kochba-
Krieges um 135 n. d. Ztr. von den Römern grausam umgebracht
worden. Als man ihm nahelegte, nicht weiter öffentlich Tora zu
lehren, weil die Römer jedem, der Tora lernte oder lehrte, mit

dem Tode bedrohten, antwortete er mit der Parabel vom Fuchs, der dem Fisch riet, aufs trockene Land zu kommen, um den Fischernetzen zu entgehen. Wenn ich schon hier, in meiner mir angestammten Gegend, Angst habe, antwortete der Fisch, wie erst auf dem mir fremden Trockenen. Die Tora ist unser Leben, sagte Akiba. Und in der Stunde, als ihm die Römer die Haut mit eisernen Kämmen abzogen, soll er auf die Frage: »Ist das der Lohn der Tora?« geantwortet haben: »Jetzt erst verstehe ich den Schriftvers: ›Du sollst Gott lieben mit deiner ganzen Seele‹«.[46] Nach einer späten Legende sollen der Prophet Elia und Akibas Schüler Rabbi Jehoschua ha-Garsi in das Gefängnis, dessen Wächter schliefen und dessen Tore offenstanden, gekommen sein, den Leichnam Akibas genommen und nach Caesarea gebracht haben, wo sie eine offene Höhle vorfanden, in der ein gemachtes Bett stand, an dessen Kopfende zwei Kerzen brannten. Hierhinein hätten sie Rabbi Akiba gebettet, worauf sich die Höhle hinter ihnen wieder verschlossen habe. Keiner wisse so bis auf den heutigen Tag, wo sein Grab sei.[47]

Rabbi Akibas Position unter den Gelehrten war so bedeutend, daß alle führenden Gelehrten der nächsten, der *vierten Generation,* Schüler Rabbi Akibas waren. Die fünf Hauptschüler Rabbi Akibas[48] haben dann die Mischna Akibas untereinander weiter diskutiert, und ihre Mischna ist dann im wesentlichen von Rabbi Jehuda ha-Nassi, in der letzten, fünften Generation, übernommen worden. Sie sind es denn auch, die in der Mischna am meisten genannt werden. Über die Hälfte aller Namensnennungen in der Mischna beziehen sich auf sie.

Der bedeutendste Schüler Rabbi Akibas war *Rabbi Meir.* Sein Vatersname ist unbekannt, deshalb bildete sich bald die Tradition

---

46. bBrachot 61b.
47. Midrasch Mischle 9. Wie viele aggadische Züge in der Biographie großer Männer erinnert auch diese Schilderung an eine andere große Gestalt im Judentum, an die rabbinische Erzählung vom Begräbnis des Moses im Midrasch Petirat Mosche.
48. Nach einer Tradition in bSanhedrin 14a wurden sie nach dem Tod von Rabbi Akiba unter Lebensgefahr von Jehuda ben Baba, einem der letzten ordinierten Rabbinen, ordiniert und dann ins Ausland geschickt. Jehuda ben Baba selbst kam durch die Römer um.

heraus, er sei Proselyt gewesen. »Meir« heißt der »Leuchtende«
und ist vielleicht eher ein Beiname als sein wirklicher Name. Meir
hatte bei Rabbi Jischmael, Rabbi Akiba und dem Apostaten
Elischa ben Abuja gelernt, dem er auch nach dessen Abfall vom
Judentum die Treue hielt. Während des Bar-Kochba-Krieges ent-
zog sich Meir durch die Flucht ins Ausland der Verfolgung und
kehrte erst wieder ins Land Israel zurück, nachdem die antijüdischen Gesetze Hadrians aufgehoben worden waren. Er gründete
mit anderen Schülern Rabbi Akibas das Sanhedrin in Uscha,
überwarf sich aber mit dem Patriarchen Schimon ben Gamliel II.[49]
und eröffnete in Hamat Tiberias ein eigenes Lehrhaus.

Rabbi Meir hatte Bruria, die Tochter Rabbi Chananja ben
Teradjons, zur Frau. Bruria ist in der rabbinischen Literatur die
einzige Frau, die als Gelehrte bezeichnet wird. Sie tritt im Talmud
in zahlreichen Diskussionen mit anderen Gelehrten auf, diskutiert
mit ihrem Vater und ihrem Mann über Gesetzesentscheidungen
und war nach einer Legende in der Lage, dreihundert Gesetzesentscheidungen täglich von Gelehrtenkollegen zu lernen und weiter-
zugeben. Häufig wird ihre Klugheit gelobt, die der der Männer
überlegen war. Den großen Gelehrten Rabbi Jose ha-Galili soll sie
einmal angefahren haben, weil er eine Frage an sie nicht kurz »Wie
nach Lod?« gestellt habe, sondern ausschweifend: »Auf welchem
Wege kommen wir nach Lod?«, wo man doch nach Meinung des
Talmud mit einer Frau nicht mehr als unbedingt nötig sprechen
soll.[50] Auch ihren Mann übertrumpfte sie, als er bösen Nachbarn
den Tod wünschte und sie ihn darauf hinwies, daß es angebracht
wäre, für ihre Bußfertigkeit zu bitten. An derselben Stelle wird
auch eine Diskussion Brurias mit Ketzern, vermutlich Judenchristen mitgeteilt.[51] Lehrentscheidungen von ihr hat die von Männern
redigierte Mischna aber nicht überliefert.

Meirs Gesetzesauslegung galt als besonders scharfsinnig und
spitzfindig. Rabbi Meir war hier ganz Schüler seines großen Leh-

---

49. Sohn von Rabban Gamliel und Vater von Jehuda ha-Nassi.
50. bErubin 53b. Vgl. Avot 1,5. Zwei Gründe lassen sich für diese Regel
    anführen: Primitive Frauenverachtung oder die Angst vor der männlichen
    Schwäche, eine Frau verführen zu wollen oder von ihr verführt zu werden.
    Und hier gilt das Prinzip: Richtet einen Zaun auf. (Wehret den Anfängen.)
51. bBrachot 10b.

rers Rabbi Akiba, dessen System der Schriftauslegung er übernahm und weiter ausbaute. Die Kollegenschaft von Rabbi Meir und die Nachwelt wertete das zu seinem Nachteil und bevorzugte in Streitfällen mit anderen Rabbinen seine Gegner, weil sie in ihren Entscheidungen unkomplizierter waren. Nach einer Regel des Talmud[52] ist im Streitfall zwischen Rabbi Meir und Rabbi Jehuda der letztere vorzuziehen, weil er am einfachsten entschied, bei einem Streitfall zwischen Rabbi Meir, Rabbi Jehuda und Rabbi Jose, ist jedoch nach Rabbi Jose zu entscheiden, weil er einen Kompromiß in der Methode zwischen Rabbi Meir und Rabbi Jehuda darstellt. Rabbi Meir wird in der Mischna über 330 Mal genannt, aber nur wenn seine Meinung von der Mehrheit abweicht, oder wenn es sich um einen Disput mit einem anderen Gelehrten handelt. Nach R. Jochanan[53] handelt es sich bei einem anonymen Lehrsatz in der Mischna immer um die Lehrmeinung Rabbi Meirs. Dies ist zum Teil richtig und im Vergleich mit der Tosefta zu erweisen. Das zeigt, daß tatsächlich die Mischna Meirs Grundlage für die Mischna Rabbi Jehuda ha-Nassis war.

Rabbi Meir ist gemäß der Tradition in Kleinasien gestorben. Er habe aufgrund »des Vorfalls mit Bruria« das Land verlassen müssen. Was dieser »Vorfall« gewesen sein könnte, damit hat sich schon der Talmudkommentator Raschi befaßt, wobei Bruria und die Frauen schlecht wegkommen, und darüber ist in Israel ein modernes Theaterstück mit entgegengesetzter Tendenz geschrieben worden. Wie bei vielem im Talmud Erzählten werden wir aber auch hier wohl nie erfahren, was eigentlich vorgefallen ist. Daß heute das Grab des Rabbi Meir in Hamat Tiberias gezeigt wird, beruht wohl erst auf einer mittelalterlichen Tradition. Genauso alt ist der Glaube, daß man, wenn man an diesem Grab betet, besonders erhört wird. Wohl aufgrund dieser Tradition wird der Mischnalehrer Rabbi Meir *baal ha-nes,* der Wundertäter, genannt.

Zweitwichtigster Schüler Rabbi Akibas ist *Rabbi Schimon bar Jochai,* in der Mischna einfach Rabbi Schimon, an die 325 Mal, genannt. Er war durch seine vehemente Ablehnung der römischen Fremdherrschaft, auch noch nach Scheitern des Bar-Kochba-Krieges, bekannt und wurde deshalb von den Römern zum Tode

---

52. Nach R. Jochanan in bErubin 46b.
53. bSanhedrin 86a.

verurteilt. Er konnte fliehen und lebte 13 Jahre lang mit seinem Sohn, Elasar, in einer Höhle im obergaliläischen Peqi'in. Nach seiner Befreiung mußte sich Rabbi Schimon erst langsam an den Alltag Israels, das sich mit der römischen Herrschaft abgefunden zu haben schien, gewöhnen. Infolge der wundersamen Erhaltung eine solch lange Zeit hindurch bildete sich um sein Leben ein Legendenkreis, der ihn sehr stark mit mystischen Erfahrungen in Verbindung brachte. Im Mittelalter galt er deshalb als Verfasser des Sohar, des Grundwerkes der Kabbala, der aber sicher erst 1000 Jahre nach R. Schimon entstanden ist. Sein Grab in Meron in der Nähe von Sefat ist Ziel Abertausender jüdischer Pilger am Freudenfest Lag be-Omer, das zur Erinnerung an eine Errettung der Juden von einer Epidemie im Bar-Kochba-Krieg gefeiert wird.

Der dritte der Hauptschüler Rabbi Akibas ist *Rabbi Jose ben Halafta,* in der Mischna nur einfach Rabbi Jose,[54] ca. 330 Mal, genannt. Nicht nur in der Halachaentscheidung war er vermittelnd, sondern auch in politischen Fragen. Er war Lederarbeiter und lebte und lehrte in Sepphoris, der Hauptstadt Galiläas.

Der vierte Schüler Rabbi Akibas, *Rabbi Jehuda,* mit vollem Namen Rabbi Jehuda ben Elai, ist der am meisten in der Mischna erwähnte Gelehrte, an die 600 Mal. Er stammte aus Uscha selbst und war mit den anderen Schülern Akibas beim Wiederaufbau des Lehrwesens in seiner Heimatstadt beteiligt. Er wird als der »Erste der Redenden« bezeichnet, ein Prädikat und Vorrecht, das er sich angeblich durch seine römerfreundliche Haltung verdient hatte. Als Anhänger der einfachen Schriftauslegung wollte er den Schülern Rabbi Meirs nach dem Tod ihres Lehrers verbieten, in sein Lehrhaus zu kommen, um seine eigenen Schüler nicht durch die Spitzfindigkeiten der Schüler Meirs zu verderben.

Die Legende beschreibt ihn als einen sehr armen Mann, der deshalb sehr viel Verständnis für die Armut anderer gehabt habe. Er habe sein Studium auch immer unterbrochen, wenn es darum ging, eine fromme Pflicht zu erfüllen. Viele seiner Aussprüche befassen sich mit sozialen Fragen. So sagte er: »Wer seinen Sohn kein Handwerk lehrt, dem bringt er das Gewerbe des Straßenräu-

---

54. Jose ist eine Kurzform von Josef; sie kommt auch im Neuen Testament vor, Markus 15,40.

bers bei.«[55] Er versuchte die richtige Zuordnung von Arbeit und Torastudium zu finden. Einer seiner Aussprüche lautete deshalb: »Die früheren Generationen machten das Studium zum Hauptberuf und das Gewerbe zur Nebenbeschäftigung, daher blieben ihnen beide erhalten; die neueren dagegen widmen sich hauptsächlich dem Erwerb und haben darum in beiden keinen Erfolg.«[56] Seine sprichwörtliche Frömmigkeit verleitete spätere Ausleger dazu, immer, wenn im Talmud eine Geschichte mit »Es ereignete sich einst, daß ein Frommer ...« beginnt, an Rabbi Jehuda zu denken.[57]

Als letzter der Hauptschüler Rabbi Akibas ist *Rabbi Eleazar,* mit vollem Namen Eleazar ben Schammua, zu nennen. Er kommt in der Mischna weniger vor als die anderen und scheint nicht in Uscha gewirkt, sondern von Beginn an ein eigenes Lehrhaus betrieben zu haben. Seine pazifistische Gesinnung kommt in dem Spruch zum Ausdruck: »Das Buch und das Schwert sind zusammen (als Gegner) in die Welt gekommen.«[58]

Aus der *fünften Generation* genügt es, nur *Rabbi,* mit vollem Namen Rabbi Jehuda ha-Nassi, Rabbi Jehuda, der Präsident, hervorzuheben. Die einfache Bezeichnung als »Rabbi« zeigt die Verehrung, die er genoß. Sie drückt auch seine Bescheidenheit aus, denn sein Titel als Patriarch war »Rabban« und nicht Rabbi. Er war Hillelit in der sechsten Generation und ein glänzender Vertreter dieses reichen und klugen Geschlechts. Nach der Legende wurde er an dem Tag geboren, an dem Rabbi Akiba als Märtyrer starb.[59] Rabbi zog mit dem Sanhedrin und Lehrhaus nach Bet Schearim und später nach Sepphoris um. Er scheint auch zeitweise in Tiberias gewohnt zu haben. Rabbi wird nur 30 Mal in der Mischna genannt. Bei allen Stellen handelt es sich um spätere Zusätze, denn nach dem Prinzip der Mischnabildung hat die redi

---

55. bKiduschin 29a.
56. bBrachot 35a.
57. bBaba Kama 103b. Nach einer anderen Meinung sei hier an Jehuda ben Baba, den Ordinator der 5 Schüler Rabbi Akibas, zu denken.
58. Sifre zu 5 Mose 11,12.
59. bKiduschin 72b. Wenn dies auch historisch kaum zutreffen dürfte – zu deutlich ist das auch sonst bekannte Klischee: Mitten im Untergang wird der Retter geboren – so dürfte die ungefähre Zeitangabe mit dem Bar-Kochba-Krieg doch stimmen.

gierende Generation ihre eigenen Diskussionen und Ansichten
nicht in die gültige Mischna eingetragen. Dies hat erst die nächste
Generation getan, die es aber nach der Endredaktion der Mischna
nicht gab. Von seiner Redaktions-Methode ist schon oben die
Rede gewesen. Über das Leben dieses vorbildlichen Gelehrten
haben sich zahlreiche Nachrichten in der gesamten rabbinischen
Literatur verstreut erhalten. Als Privatmann gütig, war er streng
im Lehrhaus und bei der Aufrechterhaltung der Disziplin. Mit dem
Abschluß seiner Wirksamkeit kann die Grundlegung des frühen
Judentums als abgeschlossen und gesichert gelten und dies nach
einer Zeit größter Unruhen, die das Judentum zweimal in zwei
Jahrhunderten bis an den äußersten Rand seiner physischen und
geistigen Existenz geführt hatten.

Die rabbinische Logik und ihre Methodik

Mündliche und schriftliche Tora gehören zusammen. Diese Verbindung soll aber auch erwiesen werden. Die Halacha, das gesetzliche Material, muß eine Verbindung zur Schrift haben. Dafür
haben sich im Laufe der Zeit hermeneutische Regeln herausgebil-
det. Sie ermöglichen es, aus der Schrift Gesetzesentscheidungen
für die Gegenwart abzuleiten. Sie erlauben es aber auch, aus
bereits anerkannten Entscheidungen neue zu entwickeln. Manchmal liegt eine gesetzliche Praxis bereits vor. In diesen Fällen
sollen die hermeneutischen Regeln nachträglich die Verbindung
zur Schrift aufzeigen. In einigen Fällen ist dies durchaus künst-
lich. Das war den Rabbinen bewußt. Verbindungen zwischen
Schrift und Gesetzespraxis nennen sie deshalb in diesen Fällen
Asmachta, eine Stütze. Es gilt als mißlich, wenn es nicht einmal
gelingt, eine »Stütze« zu finden. So ist man aufgefordert, so lange
zu suchen und nachzudenken, bis man eine solche gefunden hat.
Dieses Suchen und Experimentieren wird so auch zum intellektuellen Spiel, das der Ehre Gottes dient, das aber auch einer inneren Notwendigkeit entspringt. Denn da schriftliche und mündliche Tora eine Einheit bilden, muß auch eine Verbindung zwischen beiden möglich sein.
    Die erste Sammlung solcher Regeln wird auf den Begründer der
rabbinischen Gelehrsamkeit, Hillel, zurückgeführt. Dies sagt

nicht, daß Hillel diese Regeln selber zusammengestellt hat. Es gibt auch von Hillel angewandte Regeln wie den *Hekesch,* den Analogieschluß, der in den sogenannten sieben Regeln Hillels gar nicht vorkommt. Der Name Hillel verleiht diesen Regeln vielmehr Autorität und ehrt damit zugleich den weisen Mann aus Babylonien, mit dem diese Art der Schriftforschung im Land Israel heimisch wurde.

Einige der Regeln entsprechen durchaus der allgemeinen Logik und finden sich auch in der klassischen griechischen Hermeneutik. Eine gegenseitige Beeinflussung zwischen den griechischen und hebräischen Regeln läßt sich aber schwer nachweisen. Es ist eher anzunehmen, daß die Gemeinsamkeiten aus derselben menschlichen Logik entspringen und ähnliche Entwicklungen hier und dort hervorgerufen haben. Manche Regeln sind der griechischen Logik jedoch fremd und muten willkürlich an, was sie aber nicht immer sind. Einige der rabbinischen Regeln begegnen auch im Neuen Testament. Dies erklärt sich natürlich aufgrund des jüdischen Hintergrunds der Urschrift des frühen Christentums. So mag eine Auflistung und kurze Erklärung der Regeln auch dem Verständnis des Neuen Testaments dienen. Jede der einzelnen Regeln soll zumindest auch mit einem Beispiel illustriert werden.

1) *Kal wa-chomer* – Schluß vom Leichten aufs Schwere

Dieser allgemein logische Satz findet sich in fast allen Kulturen. Er erfreut sich auch im Neuen Testament bei Jesus besonderer Beliebtheit.[60]

---

60. Matthäus 6, 26: »Seht die Vögel unter dem Himmel an: sie säen nicht, sie ernten nicht, sie sammeln nicht in die Scheunen, und euer himmlischer Vater nährt sie doch. Seid ihr denn nicht viel mehr als sie?« Dieselbe Formel wie bei den Rabbinen findet sich in Lukas 12,23: »Wieviel mehr seid ihr als die Vögel?« Oder Matthäus 7,11: »So nun ihr, die ihr doch arg seid, könnt dennoch euren Kindern gute Gaben geben, wieviel mehr wird euer Vater im Himmel Gutes geben denen, die ihn bitten.« Vgl. ferner Matthäus 6,30; 10,25; Lukas 12,28 und viele weitere Stellen.

Beispiele: Mischna Sanhedrin 6,5

Wenn Gott schon betrübt ist über das vergossene Blut der Ungerechten, um wieviel mehr über das Blut der Gerechten.[61]

Mischna Avot 1,5

Rede nicht viel mit einer Frau. Gemeint ist »mit seiner Frau«, um wieviel mehr gilt das für die Frau seines Nächsten.[62]

2) *Gzera schawa* – Gleicher Schluß

Wenn zwei gleiche Worte in mehreren Texten vorkommen, kann man von der einen Stelle auf die andere schließen. Die eine Stelle kann die andere ergänzen. Auch diese Regel ist im Neuen Testament belegt.[63]

Beispiel: Mischna Arakin 4,4

Der Tag 30 zählt nach unten, das Jahr 5 und das Jahr 20 zählen nach unten,[64] wie es heißt: *Bei sechzig Jahren und darüber sollst du, wenn es ein Mann ist ...* (3 Mose 27,7). Hieraus lernen wir für alle aus dem Jahr 60, so zählt auch das Jahr 5 und das Jahr 20 nach unten. Wie denn? Wenn das Jahr 60 nach unten gerechnet

---

61. Der Ausspruch bezieht sich auf die vorangegangene Auslegung von 5 Mose 21,23. Gott erweist sogar den am Holz hängenden Frevlern Ehrfurcht und befiehlt ihre Abnahme bis zum Abend.
62. Vgl. Anm. 144, 108
63. Bei Paulus in Römer 4,1-12. Vgl. Michael Krupp, Mischna Arakin, a.a.O., S. 69.
64. Das folgende Stück ist nicht leicht zu verstehen. Es ist Halacha, deren Gedankenführung man zur Not mehrfach lesen muß, um zu verstehen, was gemeint ist und wie argumentiert wird. Es handelt sich darum, daß jemand seinen in der Bibel festgesetzten Schätzungspreis dem Tempel weihen will; dann hat er nach biblischer Vorschrift, 3 Mose 27,1 ff., gewisse Summen entsprechend seinem Alter an den Tempel abzugeben. Die Frage, die die Mischna erhebt, ist, ob die angegebenen Altersangaben jeweils zu der Gruppeneinstufung nach unten oder nach oben gerechnet werden müssen.

wird, ist es doch eine Verschärfung. Das Jahr 5 und das Jahr 20 nach unten bedeutet aber doch eine Erleichterung?[65] Die Schrift lehrt: Jahr, Jahr, zum gleichen Schlußverfahren.[66] Wie das Jahr 60 nach unten zählt, so zählt auch das Jahr 5 und das Jahr 20 nach unten, ohne Unterschied, ob es sich um eine Erleichterung oder um eine Erschwerung handelt.[67]

3) *Binjan Av mi-katuv achad* – Gruppenentscheidung aufgrund einer Bibelstelle

Wenn eine Formulierung mehrfach in der Bibel vorkommt, kann man daraus einen allgemeinen Sinn ablesen, der durch eine der Bibelstellen klar wird. Diese Bibelstelle ist dann die Leitstelle für alle anderen Stellen.

Beispiel: jSanhedrin 1,1 (18a)

Rabbi Lasar sagte: An jeder Stelle, wo geschrieben steht, *Und der Herr,* sind er (Gott) und sein Gerichtshof gemeint. Die

---

65. Nach der Bibel zählt ein Mann folgende Abgaben: 1 Monat bis 5 Jahre: 5 Schekel Silber; von 5 bis 20 Jahre: 20 Schekel; von 20 bis 60: 50 Schekel; 60 Jahre und darüber: 15 Schekel. Bei einer Frau sind die Beträge jeweils niedriger. Die Mischna versteht 3 Mose 27,7 »60 Jahre und darüber« so, daß nur »60 und darüber« nach oben zählt, »60 Jahre genau« aber nach unten, so daß ein genau Sechzigjähriger 50 Schekel zu zahlen hat. Dies ist erschwerend. Würde das Jahr nach oben zählen, würde der Betreffende nur 15 Schekel zu zahlen haben. Beim Jahr 5 und 20 ist es aber genau umgekehrt. Wenn diese Jahre nach unten gerechnet werden, hat der Betreffende weit weniger zu zahlen. Dies ist also eine Erleichterung.

66. Dies genau ist die Formel der »Gzera schawa«: Die Schrift lehrt: Wort, Wort, zum gleichen Schlußverfahren.

67. Da das gleiche Wort »Jahr« in allen Formulierungen auftaucht, kann man von daher eine gleiche Behandlung aller Jahresgrenzen ableiten: Die obere Jahresgrenze zählt immer nach unten. Die spätere Bibelauslegung hat diese Regel eingeschränkt. Nur wenn das Vergleichswort im Zusammenhang der Schriftstelle entbehrlich ist, darf dieses Schlußverfahren angewandt werden, denn nur dann ist sichergestellt, daß der Bibeltext dieses Wort hier nur erwähnt hat, damit das Schlußverfahren Gzera schawa angewandt werden kann.

Leitstelle ist: *Und der Herr hat über dich Unheil gesprochen* (1 Könige 22,23; 2 Chronik 18,22).[68]

4) *Binjan Av mi-schne ketuvim* – Gruppenentscheidung aufgrund zweier Bibelstellen

Die Regel ist Nr. 3 verwandt. Die Leitstelle besteht aber nicht aus einer Bibelstelle, sondern aus der Kombination von zwei Bibelstellen, die sich jeweils ergänzen.

Beispiel: Mechilta de Rabbi Jischmael, Mischpatim, Parascha 9:[69]

Wenn er den Zahn seines Sklaven ausschlägt, (oder den seiner Sklavin, soll er sie freilassen um des Zahnes willen) (2 Mose 21,27). Könnte das bedeuten, auch aufgrund eines Milchzahnes? Die Schrift lehrt »Auge«.[70] Wie das Auge nicht nachwächst, so muß es sich auch um einen Zahn handeln, der nicht nachwächst. Gilt das nur für Zahn und Auge, die besonders aufgeführt sind? Woher weiß ich das auch von anderen Hauptgliedern? Indem du den Schluß Binjan Av, Gruppenentscheidung, aufgrund von zwei Schriftversen ziehst. Der Zahn ist nicht wie das Auge, und das Auge ist nicht wie der Zahn. Das Verbindende zwischen ihnen ist, daß sie einen dauerhaften Schaden bedeuten, daß sie Hauptglieder sind, daß man (den Schaden) sieht, daß (der Schaden) mit Absicht zugefügt wurde und daß (das Ausgeschlagene) nicht nachwächst. Wie er dafür (für Zahn und Auge) frei kommt, so erhält er seine Freiheit für (jeden Schaden) an einem Hauptglied, das nicht nachwächst.

---

68. Die Formulierung »Und der Herr« ist ungewöhnlich, es könnte doch einfach heißen »der Herr«. Deshalb muß diese Ausdrucksweise etwas Besonderes bedeuten. Aus dem Zusammenhang der angeführten Stelle wird aber deutlich, daß hier Gott zusammen mit seinem Hofstaat tagt und gegen die falschen Propheten berät. Deshalb kann man aus dieser Stelle auf alle anderen Stellen schließen, wo es auch »Und der Herr« heißt. Vgl. auch Michael Krupp, Den Sohn opfern? Die Isaak-Überlieferung bei Juden, Christen und Muslimen, Gütersloh 1995. Zu Bereschit Rabba, Parascha 55,4a.
69. Ausgabe Horowitz, S. 279f. Zu 2 Mose 21,27.
70. Vom Auge war im Vers vorher die Rede.

5) *Klal u-frat u-frat u-klal* – Allgemeines und Besonderes, Besonderes und Allgemeines

Wenn nach einem Allgemeinen eine Aufzählung von Besonderen folgt, bedeutet das eine Einschränkung. Folgt einer Liste von Einzelheiten eine Zusammenfassung, so ist das eine Erweiterung. Aus dieser Regel sind acht Regeln bei den dreizehn Regeln von Rabbi Jischmael geworden.

Beispiel: Aus der Einleitung zum Midrasch Sifra.[71]

> Wie erfolgt der Schluß vom Allgemeinen auf das Besondere? *Von den Haustieren* (3 Mose 1,2)[72] – das ist das Allgemeine – *von den Rindern und dem Kleinvieh* – das ist das Besondere. Das Allgemeine und das Besondere. Das Allgemeine schließt nur ein, was im Besonderen enthalten ist. Wie erfolgt der Schluß vom Besonderen zum Allgemeinen? *Und wenn jemand seinem Nächsten einen Esel, ein Rind oder ein Schaf* – das ist das Besondere – *und irgendein Vieh zur Aufbewahrung gibt* (2 Mose 22,9) – das ist das Allgemeine.[73] Das Allgemeine fügt dem Besonderen etwas hinzu.

6) *Ke-jotse bo be-makom acher* – wie aus anderer Stelle deutlich wird

Diese Regel ist der zweiten verwandt, aber allgemeiner. Eine Sache wird aus einer Parallelstelle verdeutlicht. So wird in der Passah-Haggada der Kurzabschnitt vom Auszug aus Ägypten, 5 Mose 26, mit den ausführlicheren Passagen aus dem 2. Buch Mose erklärt. Diese Regel war vermutlich zu unklar, so daß sie in den dreizehn Regeln R. Jischmaels nicht vorkommt.

---

71. Ausgabe Finkelstein, Bd. II, S. 5f.
72. Es geht darum, welche Tiere geopfert werden sollen.
73. Hier ist von der Rückerstattung von anvertrautem, aber verschwundenem Vieh die Rede.

7) *Davar ha-lamed me-injano* – Erklärung aus dem Kontext

Wenn zwei Stellen in der Bibel beieinander stehen, haben sie eine Beziehung. So folgt auf 1 Mose 22, der Bindung oder Opferung Isaaks, in Kapitel 23 der Tod der Sara. Midrasch Bereschit Rabba, Parascha 58 folgert daraus, daß Sara aufgrund der Nachricht, daß Isaak umgekommen oder dem Tod nur knapp entronnen ist, starb:[74]

> *Und es kam Abraham, Sara zu betrauern.* (1 Mose 23,2) Woher kam er? Nach Rabbi Levi vom Begräbnis Terachs. Das war aber doch zwei Jahre vor dem Begräbnis Saras, entgegnete Rabbi Jose. So kam er vom Berg Moria. Sara war nämlich aus Gram gestorben. Deshalb stehen die beiden Erzählungen, Isaaks Bindung und Saras Tod, nebeneinander.

Die dreizehn Regeln Rabbi Jischmaels entsprechen den sieben Regeln Hillels. Sie zerlegen, wie schon bemerkt, die fünfte Regel Hillels in acht, lassen die sechste weg, fügen aber am Schluß eine neue Regel hinzu, die dreizehnte Regel. Sie soll hier mit dem zweiten Beispiel aus dem Beginn des Midrasch Sifra erklärt werden.[75] Die Regel hat einen langen Namen, der deutsch so lautet: »Zwei Bibeltexte schließen sich gegeneinander aus, bis ein dritter kommt und zwischen ihnen entscheidet.«

> Ein Schriftvers sagt: *Und als Moses zum Stiftszelt kam, mit ihm zu reden* (4 Mose 7,89) und ein anderer Schriftvers sagt: *Und Moses konnte nicht zum Stiftzelt kommen* (2 Mose 40,35). Es ist unmöglich zu sagen: »Als Moses kam«, denn es heißt doch schon: »Und Moses konnte nicht ...« Und es ist unmöglich zu sagen: »Und Moses konnte nicht ...«, denn es heißt doch schon: »Als Moses kam«. Da entscheidet (der Vers): *Denn es ruhte auf ihm die Wolke* (2 Mose ebenda). Folgere jetzt: Während der ganzen Zeit, in der die Wolke dort war, konnte Moses nicht eintreten; verschwand die Wolke, trat er ein und sprach mit ihm.

---

74. Vgl. Michael Krupp, Den Sohn opfern?, a.a.O., Kapitel »Und wo war Sara, als Abraham Isaak band?«.
75. Ausgabe Finkelstein, Band II, S. 9 ff.

Neben den sieben Regeln Hillels und den dreizehn Rabbi Jischma-els gibt es noch die 32 Regeln des Rabbi Elieser ben Jose ha-Galili. Sie bauen ebenfalls auf den Regeln Hillels auf, enthalten aber noch zahlreiche weitere Regeln, wie Buchstabenberechnungen einzelner Worte und dergleichen, die nur in der Haggada, nicht aber in der Halacha Anwendung finden.

Namen und Inhalt der Mischna- und Talmudtraktate

Die Mischna umfaßt, wie gesagt, sechs Ordnungen. Die Ordnungen teilen sich in 63, ursprünglich 60 Traktate auf.[76] Selbstverständlich sind die Traktatsnamen der Mischna dieselben wie die der Tosefta und der beiden Talmude. Eine Auflistung mit jeweils einer kurzen Inhaltsangabe dürfte so für eine erste inhaltliche Orientierung im Meer der talmudischen Literatur nützlich sein. Nach dem Traktatsnamen ist in Klammern jeweils die Kapitelzahl angegeben.

Erste Ordnung: *Zeraim* – Saaten (11 Traktate)

Diese Ordnung umfaßt alle Bestimmungen, die mit dem Boden und der Landwirtschaft, den landwirtschaftlichen Abgaben an den Tempel und an die Armen zu tun haben, fast alles biblische Bestimmungen, die für eine neue Zeit verständlich gemacht werden müssen. Da diese Bestimmungen zum größten Teil nur im Land Israel Gültigkeit haben, gibt es einen Talmud zu ihnen nur im Jeruschalmi, nicht aber im Babli. Vielleicht erklärt sich daraus, daß das Ordnungsprinzip der Traktate untereinander sich in dieser Ordnung nicht strikt an das Ordnungsschema nach Kapitelanzahl hält.

1. *Brachot* – Segenssprüche (9)
Der Traktat gehört im engeren Sinne nicht zur Ordnung Zeraim, sondern steht aufgrund seiner Wichtigkeit am Anfang der ganzen Mischna. Der Traktat ist deshalb sowohl im Babli als auch im Jeruschalmi erklärt. Er enthält die Gottesdienstordnung für die

---

76. Siehe weiter unten zu Baba Kama und Makkot.

drei vorgeschriebenen täglichen Gebetszeiten, sowie eine Beschreibung und Inhaltsangabe der Stammgebete und Segenssprüche.

2. *Pea* − Die Feld-Ecke (8)
Behandelt die biblischen Bestimmungen des Verbots, die Ecke des Feldes abzuernten. Damit soll ein Unterhalt für die Armen garantiert werden, 3 Mose 19,9 f.; 23,22 und 5 Mose 24,19 ff. Der Traktat befaßt sich ferner auch allgemein mit dem Armenrecht.

3. *Demai* − Zweifelhaftes (7)
Der Traktat behandelt die Bestimmungen, wie mit landwirtschaftlichen Produkten umzugehen ist, von denen man nicht weiß, ob sie bereits verzehntet wurden.

4. *Kilaim* − Vermischungen (9)
Über die biblischen Verbote, bestimmte Felder vermischt zu besäen und Stoffe aus gemischten Materialien herzustellen, 3 Mose 19,19 und 5 Mose 22,9-11.

5. *Schevi'it* − Siebentjahr (10)
Behandelt die biblischen Bestimmungen des Siebentjahres, 2 Mose 23,1; 3 Mose 25,1-7 und 5 Mose 15, mit Schuldenerlaß und Sklavenbefreiung.

6. *Terumot* − Abgaben (11)
Handelt von den biblisch vorgeschriebenen Abgaben an die Priester und Leviten, 4 Mose 18,8 ff. und 5 Mose 18,4.

7. *Maaserot* oder *Maaser rischon* − Verzehntungen oder Erster Zehnt (5)
Behandelt die biblischen Bestimmungen des Ersten Zehnts, der den Leviten zusteht, 4 Mose 18,21 ff.

8. *Maaser scheni* − Zweiter Zehnt (5)
Zu den biblischen Bestimmungen des Zweiten Zehnts, der entweder vom Besitzer am Tempel selbst zu verzehren ist oder den Armen gegeben wird, 5 Mose 14,22 ff.

9. *Challa* − Teighebe (4)
Enthält die biblischen Bestimmungen von der Abgabe bei der Brotherstellung, 4 Mose 15,8 ff.

10. *Orla* − Vorhaut (der Bäume) (3)
Über die biblischen Bestimmungen beim Pflanzen von Bäumen, dem Ernteverbot in den ersten drei Jahren und den Abgaben an den Tempel im vierten Jahr, 3 Mose 19,23.

11. *Bikkurim* – Erstlingsfrüchte (3)
Behandelt die biblischen Bestimmungen über die Darbringung der Erstlingsfrüchte im Tempel, 5 Mose 26,1 ff. und 2 Mose 23,19.

Zweite Ordnung: *Moed* – Festzeiten (12 Traktate)

Die zweite Ordnung hat den Festkalender zum Thema. Sie ist bis auf Schekalim, der sich nur im Jeruschalmi findet, in beiden Talmuden vorhanden.

1. *Schabbat* (24)
Bestimmungen zum Schabbat.

2. *Eruvin* – Vermischungen (10)
Eruiert die Möglichkeiten zur Erweiterung der Schabbatgrenze und der Vereinigung von Wohnungen zur einfacheren Einhaltung der Schabbatgebote.

3. *Pessachim* – Pessachopfer (10)
Behandelt alle Bestimmungen zum Pessachfest einschließlich der Festlegung der Pessachabend-Ordnung, der Pessach-Haggada.

4. *Schekalim* – Schekel (8)
Über die Schekel-Steuer für den Tempel.

5. *Joma* – Der Tag (8)
Bestimmungen des Versöhnungstages, des Jom ha-Kippurim.

6. *Sukka* – Laubhütte (5)
Die Ordnungen des Laubhüttenfestes, einschließlich der Bestimmungen zum Bau der Laubhütte.

7. *Betsa* oder *Jom tov* – Das Ei oder Festtag (5)
»Betsa«, Ei, heißt der Traktat nach dem Anfangswort. Er behandelt die Bestimmungen des Festtags gegenüber einem Schabbat.

8. *Rosch ha-Schana* – Neujahr (4)
Handelt von den vier verschiedenen Neujahrsanfängen des jüdischen Kalenders.

9. *Taanit* – Fasten (4)
Festsetzung von Fasttagen bei Ausbleiben des Regens.

10. *Megilla* – Rolle (4)
Über das Lesen der Estherrolle und das Purimfest. Der Traktat enthält auch eine Reihe historischer Nachrichten über das Bibellesen im jüdischen Gottesdienst allgemein.

11. *Moed katan* – »Kleiner Feiertag« (3)
Über die Halbfeiertage an den großen Wallfahrtsfesten Pessach
und Laubhüttenfest.
12. *Chagiga* – Festfeier (3)
Behandelt die Bestimmungen der drei Wallfahrtsfeste und die
Pilgerschaft zum Tempel.

Dritte Ordnung: *Naschim* – Frauen (7 Traktate)

Die Ordnung umfaßt die Traktate, die sich mit Familienfragen
befassen. Daneben gibt es Traktate, die nur sekundär mit der
Überschrift der Ordnung in Zusammenhang stehen. Die Ordnung
ist in beiden Talmuden vorhanden.
1. *Jebamot* – Schwagerschaftsfrauen (16)
Behandelt die biblische Verpflichtung, die Frau des Bruders zu
heiraten, falls dieser stirbt, ohne Kinder hinterlassen zu haben,
und die Möglichkeiten, sich von dieser Verpflichtung zu
befreien.[77]
2. *Ketubbot* – Eheverschreibungen (13)
Behandelt die Eheverträge, die für den Fall der Scheidung für die
Frau festgesetzte Unterhaltssumme, die gegenseitigen Ehe-Ver-
pflichtungen und -Rechte, Erb- und Witwenrecht.
3. *Nedarim* – Gelübde (11)
Behandelt die verschiedenen Formen von Gelübden, unter anderem die Möglichkeit, wie ein Frauen-Gelübde von Ehemännern
aufgelöst werden kann. Vermutlich ist der Traktat deshalb in
diese Ordnung eingereiht worden.
4. *Nazir* – Naziräer (9)
Behandelt das biblische Naziräer-Gelübde, 4 Mose 6. Dies ist ein
reines Männergelübde, hier aber nach dem Traktat »Gelübde«
unter der Ordnung »Frauen« eingeordnet.
5. *Sota* – Fluchwasser (9)
Behandelt das biblische Gebot des Fluchwassers, 4 Mose 5,11-31,
das die des Ehebruchs verdächtigte Frau trinken muß. Die
Bestimmung wurde von Jochanan ben Sakkai noch zur Zeit des

---

77. Seit der Entscheidung des Gelehrten Gerschom Meor ha-Gola im
11. Jahrhundert ist die Leviratsehe, mit Ausnahme bei den jemenitischen
Juden, aufgehoben.

Zweiten Tempels abgeschafft. Der Anhang des Traktates handelt von den Vorzeichen des Messias.

  6. *Gittin* − Scheidebriefe (9)
Über die Ehescheidung.

  7. *Kidduschin* − Heirat (4)

Vierte Ordnung: *Nezikin* − Schäden (10 Traktate)

Die vierte Ordnung behandelt bürgerliches und Straf-Recht. Im Anschluß daran sind eine ganze Reihe Traktate angeordnet, die keinen direkten Bezug zum inhaltlichen Ordnungsschema der Mischna haben. Mit Ausnahme dieser Nachträge hat die vierte Ordnung einen Jeruschalmi und Babli.

  1. *Baba Kama* − Erste Pforte (10)
Dies ist der erste Teil des Traktates Nezikin, der ursprünglich ein Traktat war, aufgrund seiner vielen Kapitel (30) dann aber in drei geteilt wurde. Dies erklärt neben der Abtrennung des Traktates »Makkot« von »Sanhedrin« die Anzahl der Mischnatraktate von 63 statt 60. Der erste Mischnatraktat der Ordnung, heute die drei Babbot, hatte also ursprünglich denselben Namen wie die ganze Ordnung. Die drei Babbot enthalten das bürgerliche Recht im engeren Sinne.

  2. *Baba Mezia* − Mittlere Pforte (10)

  3. *Baba Batra* − Die letzte Pforte (10)

  4. *Sanhedrin* − Gerichtshof (10)
Beschreibt die verschiedenen Formen jüdischer Gerichtshöfe und Verfahrensweisen vor Gericht.

  5. *Makkot* − Schläge (4)
Über Prügelstrafen. Der Traktat war ursprünglich Teil des vorhergehenden Traktats.

  6. *Schewuot* − Schwüre (8)
Die verschiedenen Arten von Schwüren und Eiden im Gerichtswesen.

  7. *Edujot* − Zeugnisse (8)
Dieser Traktat enthält eine Zusammenstellung aller möglichen Zeugenaussagen von Rabbinen zu früheren Mischnasätzen. Darunter ist die größte Zusammenstellung von Aussagen zu den gegensätzlichen Entscheidungen der Schulen Schammais und Hil-

lels. Der Traktat hat ansonsten im Gegensatz zu den üblichen Mischnatraktaten kein einheitliches Thema.

8. *Avoda Sara* − Götzendienst (5)
Regelt den geschäftlichen und gesellschaftlichen Umgang mit Nichtjuden.

9. *Avot* − (Sprüche der) Väter (5)
Der Traktat ist eine Spruchsammlung ethisch-moralischen Inhalts der wichtigsten Rabbinen. Als Stück rabbinischer Weisheitsliteratur fällt auch dieser Traktat aus dem üblichen Rahmen der Mischna.

10. *Horajot* − Lehrentscheidungen (3)
Der Traktat ist eine Sammlung irrtümlich ergangener Gesetzesentscheidungen.

Fünfte Ordnung: *Kodaschim* − Heilige Dinge (11 Traktate)

Die Ordnung befaßt sich mit Opferbestimmungen und dem Tempel. Die meisten Traktate haben einen babylonischen Talmud, aber keinen jerusalemischen.

1. *Zevachim* − Schlachtopfer (14)
Enthält die biblischen Bestimmungen über die Schlachtopfer, 3 Mose 1 ff.

2. *Menachot* − Speiseopfer (13)
Enthält die biblischen Bestimmungen über die Speiseopfer, 3 Mose 2; 5,11 ff. und häufiger.

3. *Chullin* − Profanes (12)
Behandelt die Bestimmungen über das rituelle Schlachten und die koschere Essenszubereitung.

4. *Bekhorot* − Erstgeburten (9)
Über Opferbestimmungen von Erstgeburten und das Erstgeborenenrecht.

5. *Arakin* − Schätzungen (9)
Behandelt die biblischen Bestimmungen von Schätzungen als Abgaben an den Tempel, 3 Mose 27,2 ff., und der Auslösung verkaufter Äcker und Häuser, 3 Mose 25. Unter anderem finden

sich in dem Traktat wertvolle historische Mitteilungen zu Tempelorchester und Tempelmusik.[78]

6. *Temura* − Vertauschung (7)

Über die Austauschung von Opfertieren bei Untauglichkeit der
zuerst ausgewählten.

7. *Keritot* − Ausrottungen (6)

Über 36 Sünden, die durch einen frühzeitigen, von Gott herbeige-
führten Tod geahndet werden.

8. *Me'ila* − Veruntreuung (6)

Über die Veruntreuung von Geheiligtem.

9. *Tamid* − Das tägliche Opfer (6 bzw. 7)

Bestimmungen über das tägliche Brandopfer, das im Tempel dargebracht wurde.

10. *Middot* − Maße (5)

Der Traktat enthält eine detaillierte Beschreibung des Zweiten
Tempels und seiner Baulichkeiten sowie eine Schilderung des
Tempeldienstes.

11. *Kinnim* − Vogelnester (3)

Über das Taubenopfer, das Arme darzubringen haben.

Sechste Ordnung: *Toharot* − Reine Dinge (12 Traktate)

Die Ordnung befaßt sich mit Verunreinigungen, die einen Besuch
im Tempel verhindern. Toharot hat mit der Ausnahme des Traktats Nidda weder einen babylonischen noch einen jerusalemischen
Talmud.

1. *Kelim* − Geräte (30)

Über das Prinzip von Reinheit und Unreinheit, besonders über die
Verunreinigung von Gefäßen.

2. *Ohalot* − Überzeltungen (18)

Wie die durch einen Leichnam verursachte Unreinheit durch ein
gemeinsames Dach anderes verunreinigen kann.

3. *Negaim* − Plagen (14)

Über den Aussatz, die Verunreinigung dadurch und die Reinerklä-
rung durch die Priester.

---

78. Vgl. S. 125 ff.

4. *Para* – Kuh (12)
Über das biblische Gebot von der roten Kuh, 4 Mose 19, wie sie
geschlachtet und wie ihre Asche für das Entsühnungswasser zube-
reitet wird.

5. *Toharot* – Reine Dinge (10)
Der Traktat, der denselben Namen wie die Ordnung trägt, behandelt die verschiedenen Arten von Verunreinigung.

6. *Mikwaot* – Tauchbäder (10)
Über die Einrichtung von Tauchbädern und ihre Funktion bei der
Reinwerdung der Unreinen.

7. *Nidda* – Die unreine (Frau) (10)
Über die periodische Unreinheit der Frau.

8. *Machschirin* oder *Maschkin* – Taugliche Dinge oder Flüssigkeiten (6)
Flüssigkeiten, die zur Verunreinigung »tauglich« machen.

9. *Zabim* – Mit einem Ausfluß Behaftete (5)
Über die Verunreinigung durch krankhaften oder nächtlichen
Samenaustritt bei Männern.

10. *Tebul jom* – Der am selben Tag Untergetauchte (4)
Über leichte Verunreinigungen, die mit dem abendlichen Tauch-
bad aufgehoben sind.

11. *Jadajim* – Hände (4)
Über die Verunreinigung der Hände.

12. *Uktsin* – Stile (3)
Über die Verunreinigung von Früchten.

Die Epoche der Talmudüberlieferung

Nach Abschluß der Mischna wurde sowohl das halachische wie
auch das aggadische Material weiterstudiert. Mit dem Sieg der
einheitlichen Mischna von Rabbi war zwar insofern eine Zäsur
erreicht, als die Mischna nun zumindest mündlich fixiert, redigiert
und anerkannt war. Sie blieb aber trotz der Fixierung weiterhin die
»mündliche Tora«.

Mit dem Abschluß der Mischna war eine Epoche zu Ende
gegangen, eine Epoche, die um die Einheitlichkeit der Lehre
gerungen hatte. Diese Einheitlichkeit war nun nach dem deutli-
chen Sieg der hillelitischen Tradition erreicht worden. Das heißt
aber nicht, daß es damit zu einem Stillstand in der Lehre gekom-

men wäre. Da jede Zeit eine erneute Interpretation der alten Lehre erfordert, gibt es nie einen Stillstand innerhalb der mündlichen Lehre. Lerngegegenstand war in der Zeit nach der Mischna natürlich die Mischna selbst, die Tradition der vorhergehenden Generation.

Daß mit dem Abschluß der Mischna eine neue Epoche angebrochen war, ist auch daran erkenntlich, daß die Gelehrtensprache nun nicht mehr Hebräisch, sondern Aramäisch war. Das mischnische Hebräisch wurde fortan zu einer toten Sprache, die im Laufe der Generationen immer mehr an das Schrifthebräisch, das biblische Hebräisch, angeglichen wurde. Der babylonische wie der palästinische Talmud sind in ihren Hauptbestandteilen in Aramäisch verfaßt worden, Hebräisch erscheint nur noch in den allerdings recht zahlreichen Zitaten aus der Zeit der Mischnagelehrten. Die Gelehrten bekamen, wie bereits oben erwähnt, auch einen neuen Namen. Sie hießen nicht mehr Tannaiten, Mischnalehrer, sondern Amoräer, Talmudlehrer.

In beiden Zentren des Judentums, in Palästina und in Babylonien, wurde unabhängig voneinander an der Kommentierung der Mischna und der Formulierung dessen, was dann später Talmud genannt wurde, gearbeitet. Auch Talmud heißt wie Mischna »Lehre« und ist vom Verb *lamad – limed,* lernen – lehren, gebildet. Talmud ist im herkömmlichen Sinn das Endprodukt des ganzen Prozesses der Talmudbildung. Der eigentliche Kommentar zur Mischna mit seinen Zufügungen und Erweiterungen wird meist *Gemara* genannt, vom Aramäischen *gemar,* ebenfalls lernen lehren, gebildet.[79] Talmud ist dann das Ganze, aus Mischna und Gemara bestehend.

Zwar gab es rege Beziehungen zwischen den beiden Zentren in Palästina und Babylonien, aber die Eigenständigkeit der Traditionen wurde gewahrt. In beiden Ländern ging man auch ganz verschieden mit dem Material um. Dies lag sicher auch an der Verschiedenheit des Judentums in Babylonien und im Land Israel. Während in Palästina immer noch das bodenständige Judentum, Bauern und Handwerker, die Mehrheit bildete, waren die babylonischen Juden vorwiegend Städter, die keinen Zugang zum Boden

---

79. Und nicht, wie häufig fälschlicherweise zu lesen, von Hebräisch *gamar,* beenden. Die mündliche Lehre läßt kein Beenden zu.

und zur Bodenbearbeitung hatten. Das palästinische Judentum
dachte in gewisser Weise unkomplizierter und geradliniger als das
babylonische Judentum, das einen hohen Ansporn in einer immer
komplizierter werdenden Gedankenentwicklung sah. So ist der
Pilpul, der alle Eventualitäten bedenkende und alle Wege und
Irrwege eines Gedankens bis zum Ende führende Durchdenkungs-
prozeß eines Falles, das Charakteristische des babylonischen Talmud. Der palästinische Talmud dagegen kommt sehr viel schneller
und direkter zu seinem Ziel und ist deshalb auch um ein vielfaches
kürzer als der babylonische.

Aber noch ein anderer wesentlicher Unterschied zeichnet beide
Talmude aus. Während das palästinische Judentum eine reiche
Bibelauslegungsliteratur in den sogenannten Midraschim hatte,
gab es so etwas in Babylon nicht. Tatsächlich ist der Talmud das
einzige Literaturwerk, das das babylonische Judentum in der Zeit
von 200 bis 500 n. d. Ztr. hervorgebracht hat. Das babylonische
Judentum hat deshalb neben dem gesetzlichen Material, dem
eigentlichen Hauptanliegen des Talmud, alles, was ihm wesentlich
erschien, in dieses eine Werk zusätzlich hineingepresst: Naturer-
kenntnis, Wissenschaften aller Art, wie Astronomie, aber auch
Astrologie, Magie, Heilkunde, Geschichtsberichte, erbauliche
Erzählungen und dergleichen, alles Gebiete, die das Judentum
unter dem Begriff Aggada, Erzählendes, zusammenfaßt. In Palästina hingegen wurde solches Material meist in den Midraschim
untergebracht. So ist mehr als ein Drittel im babylonischen Talmud
Aggada, während diese im palästinischen Talmud weniger als ein
Sechstel ausmacht.

Der Jerusalemer Talmud – der unvollendete Talmud

Im Altertum hieß der in Palästina entstandene Talmud »talmud
eretz israel«, Talmud des Landes Israel oder auch »talmuda de-
maaraba«, Talmud des Westens. Heute nennt man ihn gemeinhin
»talmud jeruschalmi«, Jerusalemer Talmud. Das meint nun nicht,
daß dieser Talmud in Jerusalem entstanden ist. Christliche
Gelehrte nennen ihn deshalb meistens »palästinischer Talmud«.
Da sich der Begriff *talmud jeruschalmi* eingebürgert hat, wird er
auch hier benutzt. Historisch ist der Begriff aber irreführend, denn

Jerusalem war nach dem Bar-Kochba-Krieg (133–135 n. d. Ztr.) und während der gesamten Zeit der Entstehung des Talmud für Juden verboten. Es war von den Römern als rein heidnische Stadt, die dann langsam heidenchristlich wurde, wieder aufgebaut worden. Der Talmud Jeruschalmi entstand tatsächlich in Galiläa, in Tiberias, und in Cäsarea. Mit der Arbeit wurde jedoch sicher schon in Bet Shearim, dem Sitz des Sanhedrin, des obersten jüdischen Gerichts und Lehrhauses zur Zeit Rabbis, begonnen. Weitertradiert und schließlich redigiert wurde der Jeruschalmi in Tiberias, demselben Tiberias, das die Rabbinen nach seiner Gründung geächtet hatten, weil es Herodes Antipas im Jahre 19 n. d.Ztr. auf Gräbern als seinen Regierungssitz und als hellenistische Stadt gegründet hatte.[80] Es ist eine Ironie der Geschichte, daß ausgerechnet diese Stadt zum geistigen und weltlichen Sitz der jüdischen Selbstverwaltung und zum Zentrum der rabbinischen Gelehrsamkeit wurde.

Hier in Tiberias ist der größte Teil des Jeruschalmi auch zusammengestellt worden. Die letzten im Jeruschalmi genannten Rabbiner haben gegen Ende des vierten, Anfang des 5. Jahrhunderts gelebt, so daß kurz nach dieser Zeit die Arbeit am Jeruschalmi eingestellt worden sein wird. Den Werdegang des Talmud hat man sich ähnlich vorzustellen wie den der Mischna. Generation für Generation hat die große Stoffmenge studiert, erweitert und die Arbeit der vorangegangenen Generation redigiert. Wie konsequent diese Arbeit verrichtet werden konnte, läßt sich nicht mehr genau sagen. Sie wird auch von den politischen Zuständen und dem Auf und Ab des Schicksals der Judengemeinschaft im eigenen Land abhängig gewesen sein. Es hat den Anschein, als sei eine kontinuierliche Arbeit am Jeruschalmi empfindlich gestört worden. So macht der Jeruschalmi durchaus keinen einheitlichen Eindruck.

Umstritten ist, ob der Jerusalemer Talmud überhaupt so etwas wie eine Endredaktion erfahren hat. Eine ganze Reihe von Umständen macht dies fraglich, der Talmud scheint nicht abge-

---

80. Auch Jesus scheint sich diesem rabbinischen Bann angeschlossen zu haben. Obwohl sein Hauptbetätigungsfeld der Bezirk Tiberias war, wird nicht ein einziges Mal in den Evangelien berichtet, daß er die Provinzhauptstadt selber aufgesucht hätte.

schlossen worden zu sein. Nur zwei Drittel der Mischna sind im
Jeruschalmi kommentiert. Die letzten beiden Ordnungen sind bis
auf die Ausnahme des Traktates Nidda[81] nicht erhalten, obwohl
sich Diskussionselemente aus diesen Ordnungen über die anderen
Teile des Werkes verstreut finden. Man hat sich die Frage zu
stellen, warum diese Ordnungen nicht in der Endredaktion erhalten sind, obwohl sie doch offenkundig diskutiert wurden.[82] Manche
behaupten, diese Ordnungen hätten existiert, seien aber verlorengegangen. Da aber keine Seite aus diesen beiden Ordnungen in der
Kairoer Geniza gefunden wurde, ist wohl davon auszugehen, daß
sie zumindest in schriftlicher Form niemals existiert haben.[83] Auch
die Doppelungen vieler Stellen, die sich zum Teil über mehrere
Seiten erstrecken, weisen auf eine fehlende Endredaktion hin.

Hinzu kommt noch eine weitere Beobachtung, die zeigt, daß der
Jeruschalmi, wie wir ihn heute besitzen, in seinen verschiedenen
Teilen nicht aus einer und derselben Redaktion stammen kann.
Die ersten drei Traktate der Ordnung Neziqin, Schäden, die
Traktate Baba Kama, Baba Mezia und Baba Batra, unterscheiden
sich beträchtlich vom Rest des Jeruschalmi. Das ist vor allem an
folgenden Kennzeichen ablesbar: Der Stil ist verschieden. Es gibt

---

81. Nidda behandelt die periodische Unreinheit der Frau und ist aufgrund
    seines Praxisbezuges in beiden Talmuden kommentiert.
82. Anfang dieses Jahrhunderts hat sich ein bedeutender Rabbiner, Schlomo
    Friedländer, an die Arbeit gemacht, alle diese Stellen zur Ordnung Koda-
    schim zusammenzustellen, und hat sie dann als den verlorengeglaubten
    Jeruschalmi zur Ordnung Kodaschim unter der Behauptung herausgege-
    ben, eine alte Handschrift gefunden zu haben. Große Gelehrte seiner Zeit
    wie Salomo Buber sind ihm zuerst auf den Leim gegangen, bis das Ganze
    als Fälschung erwiesen wurde. Als wissenschaftliche Arbeit hat diese
    Fälschung auch heute noch ihren Wert. Außerdem zeigt das Werk, wie
    intensiv auch diese Ordnung im Land Israel studiert wurde, obwohl diese
    Ordnung keinen schriftlichen Niederschlag in einem besonderen Teil des
    Jeruschalmi gefunden hat.
83. Als weitere Argumente für diese »Verlusttheorie« werden die zahlreichen
    mittelalterlichen Zitate aus dem Jeruschalmi angeführt, die sich in dem uns
    bekannten Jeruschalmi nicht befinden und die inhaltlich in die fünfte und
    sechste Ordnung gehören. Aber es ist sehr fraglich, ob das Wort Jeru-
    schalmi hier den Talmud meint oder nicht vielmehr palästinische aramäi-
    sche Übersetzungen der Tora oder Midraschim zu den Teilen der Bibel, auf
    die die fünfte und sechste Ordnung der Mischna Bezug nehmen, die
    gleichfalls Jeruschalmi genannt werden können.

kaum Verweise zu den anderen Traktaten. Andere Rabbinennamen kommen vor, und spätere Rabbinennamen fehlen ganz. Interessanterweise unterscheidet sich auch der Wortschatz in diesen Traktaten vom übrigen Talmud. Sehr viel mehr griechische Lehnworte finden sich. Zweifelsohne ist dieser Teil des Talmud in einer mehr griechisch sprechenden Umwelt entstanden. Es ist heute allgemein akzeptiert, daß dies die Stadt Caesarea war, die alte Provinzialhauptstadt der Römer, eine hellenistische Stadt, in der vorwiegend griechisch gesprochen wurde, die aber einen bedeutsamen jüdischen Bevölkerungsanteil hatte.

All diese Dinge legen die Vermutung nahe, daß die Redaktionsarbeit an diesem Werk nicht abgeschlossen werden konnte. Manche Wissenschaftler haben so von einer sogenannten Katastrophentheorie gesprochen. Dies wird verständlicher, wenn wir uns die historische Situation der Zeit, in der der Jeruschalmi abgeschlossen wurde, genauer ansehen.

Mit der zunehmenden Bedrängung des palästinischen Judentums durch das christliche Byzanz kam es zu einer immer stärker werdenden Auswanderung der Juden aus Palästina. Ein Teil dieser Flüchtlinge suchte Zuflucht in Babylonien, wo es eine große und mächtige Judengemeinde gab, und wo sie auch dem Zugriff der christlichen Byzantiner entzogen waren und ein Leben in größerer Freiheit führen konnten. Diese Auswanderungswelle schwächte die Judenschaft im Land Israel bedeutsam, so daß es den palästinischen Gelehrtenhäusern unmöglich wurde, das große Werk des jerusalemischen Talmuds zu vollenden. Wahrscheinlich kam mit der Aufhebung des Patriarchats in Palästina im Jahr 429 auch die Arbeit am Jeruschalmi zu seinem Ende. So blieb der palästinische Talmud ein Torso.

Je mehr sich das Gewicht und die weisungsgebende Macht des Judentums nach Babylonien verlagerte, desto mehr gewann auch der babylonische Talmud, dessen Weiterbearbeitung durch keine äußeren Faktoren gefährdet war, auf Kosten des Jeruschalmi an Bedeutung. Dies ging soweit, daß sogar in Palästina selbst der eigene Talmud schon einige Jahrhunderte nach dessen Abschluß verdrängt wurde. Mißachtung im Inneren und die Verfolgung hebräischer und besonders talmudischer Handschriften von außen führten dazu, daß der palästinische Talmud fast verlorenging. Heute gibt es nur eine einzige Handschrift, die den gesamten

palästinischen Talmud enthält, dieselbe, die dem christlichen
Drucker Bombergi, der in Venedig den Talmud zum ersten Mal
verlegte, vorlag. Daneben gibt es noch eine Handvoll weiterer
Handschriften, die nur einen oder wenige Traktate des Jeruschalmi
enthalten. Lediglich die Handschrift Vatikan umfaßt die ganze
erste Ordnung. Um so wichtiger sind hier die Jeruschalmifrag-
mente aus der Geniza, die noch den alten Text des Jeruschalmi
ohne Mischna enthalten.

Die einzige vollständige Handschrift ist zwar besser als ihr Ruf
und besser als der Abschreiber Rabbi Jechiel b. R. Jekutiel b. R.
Benjamin Harofe im Jahre 1289 dachte, sie ist aber trotzdem weit
davon entfernt, eine wahre Abschrift des ursprünglichen Jeruschalmi zu sein. Der Abschreiber klagt darüber, daß seine Vorlage
sehr verderbt und häufig ganz unverständlich gewesen sei. Er habe
sie, so gut er es verstanden habe, verbessert, um dem Text einen
Sinn zu geben. Genau dies ist aber auch schon von früheren
Abschreibern, die vom Jeruschalmi wenig verstanden, praktiziert
worden, sehr zum Schaden des Jeruschalmi. Die Abschreiber
waren Experten auf dem Gebiet des babylonischen Talmud. Sie
kannten Ostaramäisch, die Sprache des babylonischen Talmuds,
sie hatten aber keine Ahnung vom Westaramäischen des Jeruschalmi. So verbesserte jeder Abschreiber aufgrund seiner Kenntnis des Babli. Viele Worte, besonders Fremdworte aus dem Griechischen, die es im Ostaramäischen nicht gibt, wurden nach Gutdünken umgeschrieben, um überhaupt irgendeinen Sinn aus den
für die Abschreiber unverständlichen Worten zu erzielen. Dies war
dann manchmal aber genau das Falsche.

Hinzu kommt, daß der Jeruschalmi − wie gesagt − ursprünglich
gar keine Mischna hatte. Die Mischna wurde aus einer anderen
Quelle nachgetragen und an den Anfang eines jeden Kapitels
gestellt. Dies stimmte dann manchmal nicht mit der Auslegung
überein, da die palästinische Mischna häufig eine andere gewesen
war als die der Mischtexte, aus der die Abschreiber ihre Mischna
entnahmen. Auch die andere Reihenfolge des Jeruschalmi versuchten die Abschreiber zu korrigieren und verdarben damit
immer mehr den ursprünglichen Text.

Ein großes Problem ergab sich durch den Umgang der Abschreiber mit den sogenannten Doppelpartien. Diese wurden meistens
weggelassen, indem man auf das vorherige Vorhandensein ver-

wies. Wurde nur ein einzelner Traktat abgeschrieben, mußte dieser Text wieder ergänzt werden. Hier wurde dann häufig nicht der richtige Text übernommen, oder man setzte ihn an der falschen Stelle ein. So erfordert es manchmal die Arbeit eines Kriminalisten, um den ursprünglichen Text des Jeruschalmi wiederherstellen zu können.

Angesichts dieser Textsituation ist es als besonderer Glücksfall zu bezeichnen, als sich in einer antiken Synagoge aus dem 7. Jahrhundert eine 29zeilige Mosaikinschrift fand, die eine halbe Talmudseite aus dem Jeruschalmi enthält. Es handelt sich um die Synagoge, die nach dem benachbarten Moschav Rechov genannt wird. Ihr antiker Name ist unbekannt. Der Ort liegt in der Beit-Schean-Ebene südlich der Bezirksstadt Beit Schean, die ein wichtiges griechisches Zentrum war, eine Stadt des reichen Städte-Zehnerbundes und noch zur Zeit der Mosaikinschrift das Zentrum einer blühenden und fruchtbaren Landschaft, bis sie durch ein Erdbeben zerstört wurde. Diese Gegend war altes Grenzgebiet zwischen dem sogenannten »Land Israel«, in dem die landwirtschaftlichen Gebote der Bibel, der Mischna und des Talmud galten, und dem angrenzenden heidnischen Gebiet außerhalb der biblischen Grenzen des »Landes Israel«, für das diese Bestimmungen nicht zutrafen. Auf diesem Mosaik sind nicht weniger als 60 Ortschaften verzeichnet – die Lage der meisten ist heute unbekannt – die dem vorüberziehenden Juden sagten, ob sich die betreffende Ortschaft außerhalb oder innerhalb des »Landes Israel« befand, ob er also die Früchte eines bestimmten Ortes an einem Schmittajahr[84] guten Gewissens kaufen konnte oder nicht. Der betreffende Abschnitt steht im Traktat Schvi'it mit einigen Abweichungen. Diese Mosaikinschrift ist das älteste Fragment einer Talmudhandschrift und stammt aus einer Zeit, die nur wenige Jahrhunderte nach dem Abschluß des Werkes liegt.

Der Jeruschalmi wurde ohne Kommentar von dem christlichen Drucker Bombergi aus dem Leidener Codex in einem Band 1523 in Venedig veröffentlicht. Der Herausgeber behauptet zwar, noch drei weitere Handschriften benutzt zu haben. Davon ist aber in

---

84. Auch Brachjahr oder Siebentjahr genannt. Nach biblischem Gebot darf das Feld in diesem Jahr im »Land Israel« nicht bebaut werden. Nur was von selbst wächst, darf man für den Eigenverzehr ernten.

dem Werk nichts zu spüren, vielleicht meint er aber Handschriften, die nur einen oder wenige Traktate enthielten. Der Drucker hat aus anderen Werken weitere Stücke, die aber nicht aus dem Jeruschalmi oder einer Jeruschalmihandschrift stammen, an den Rand der Leidener Handschrift geschrieben und in sein Druckwerk aufgenommen. Es sind vor allem Erzählungen, die dem Drucker gefielen, und auf die er in seinem Werk nicht verzichten wollte. Die Erstausgabe ist dann noch einmal in Krotoschin, 1860, nachgedruckt worden, und diese Ausgabe ist es, die in der Wissenschaft in ihren photographischen Nachdrucken verwandt wird. Daneben gibt es noch eine mehrbändige Ausgabe, die zuletzt in Wilna erschien, und die alle Kommentare enthält, die seit dem Erstdruck erschienen sind. Zur Zeit wird in Berlin an einer wissenschaftlichen Ausgabe gearbeitet, die alle vorhandenen Texte in einer Synopse zusammenstellt.

Die wichtigsten Talmudlehrer im Land Israel

Die Epoche der Talmudlehrer im Land Israel teilt sich in zwei recht unterschiedliche Abschnitte politischer Entwicklungen im Land Israel auf.
1) Die Jahre 235–324 n. d. Ztr. Dies sind die letzten Jahre der Herrschaft des heidnischen Rom. Fünfzig Jahre davon sind durch Anarchie und Krise im römischen Reich gekennzeichnet, wobei ein Herrscher den anderen in schneller Folge abwechselt und selten ein Despot eines natürlichen Todes stirbt. Abgelöst wird diese Zeit durch eine Erholungsphase unter Diocletian, die in die Epoche der langsamen Christianisierung des Reiches unter Konstantin hinüberwechselt.
2) Die Jahre 325–429 n. d. Ztr. Dies ist eine Zeit des sich verstärkenden christlichen Drucks auf die jüdische Bevölkerung im Land Israel, mit einer zunehmend antijüdischen Gesetzgebung, die mit der Aufhebung der jüdischen Selbstverwaltung in Palästina unter dem Patriarchat der Hilleliten endet.[85]

---

85. Zum Ganzen vgl. Michael Krupp, Die Geschichte der Juden im Land Israel, a.a.O., S. 55–72.

Die traditionelle rabbinische Gelehrsamkeit hat auch die amoräische Zeit in verschiedene Generationen unterteilt, wobei *die erste Generation* direkt an die letzte tannaitische anschließt. Es ist unklar, was sie bereits zur Entstehung des palästinischen Talmuds beigetragen hat. Aus dieser Generation seien hier nur zwei Namen erwähnt, Rabbi Jehoschua ben Levi und Rabbi Chanina. *Jehoschua ben Levi* war Oberhaupt des Lehrhauses in Lydda, das besonders in der frühen amoräischen Zeit eine bedeutende Rolle neben Sepphoris, Caesarea und Tiberias spielte. Von ihm ist besonders zahlreiches aggadisches Material überliefert. Er galt als besonders frommer Mann, der dadurch die Gunst erwarb, mit dem Propheten Elia des öfteren zu verkehren und in die Geheimnisse des Paradieses eingeführt zu werden. Die Geschichte seiner Begegnung mit dem Messias ist im Textteil mitgeteilt.[86]

Rabbi Chanina, mit vollem Namen Chanina bar Chama, war wie so viele wichtige palästinische Gelehrte aus Babylonien eingewandert und hatte bei Rabbi gelernt. Rabbi schätzte Chanina dermaßen, daß er ihn kurz vor seinem Tode zu seinem Nachfolger einsetzte, was jener aus Bescheidenheit ablehnte und nach dem Tode eines anderen Gelehrten erst viel später annahm. Chanina hat sehr viel zur Verfestigung der zu seinen Lebzeiten redigierten Mischna Rabbis beigetragen. Als wichtige Aussprüche sind von ihm überliefert: »Alles ist vom Himmel vorausbestimmt, nur die Gottesfurcht alleine liegt in der Hand des Menschen«[87] und »Die Gelehrtenjünger stiften viel Frieden in der Welt«[88], was soviel bedeutet, daß durch Wissen Menschen friedliebend werden.

Wenn es heißt, daß Rabbi Chanina Vorsitzender des Lehrhauses wurde, so muß gefragt werden, wie sich dieses Amt zum Patriarchenamt verhielt, das selbstverständlich auch nach Rabbi in Händen seiner Nachkommen und damit in der erblichen Hilleldynastie verblieb. Wie es aber schon vor Rabbi Patriarchen gegeben hatte, die zwar erfolgreich die politischen Geschicke der jüdischen Gemeinschaft zu leiten verstanden, selbst aber nicht die größten halachischen Lehrer waren, so galt dies bis zum Ende des Patriarchats auch für die Nachkommen Rabbis. Sein Sohn, *Rabban*

86. S. 170 ff.
87. bBrachot 33b.
88. bBrachot 64a.

Gamliel III., war der unbestrittene weltliche Fürst der jüdischen Gemeinschaft im Land Israel, die Lehrautorität aber war an die Vorsitzenden der palästinischen Lehrhäuser übergegangen. Die weiteren Patriarchen bis zur zwangsweisen Auflösung dieses Amtes durch die christlichen Byzantiner waren Juda II. (zweite Generation der Amoräer), Gamliel IV. (dritte Generation), Juda III. (vierte Generation), Hillel II. (vierte Generation), Gamliel V. (fünfte Generation), Juda IV. (fünfte Generation) und schließlich Gamliel VI. (bis 429).

War die erste Generation der Amoräer eine echte Generation des Übergangs gewesen und sicher mehr mit der Bewahrung und Durchsetzung der Mischna beschäftigt als mit der Schaffung eines Neuen, das sich später zum palästinischen Talmud hätte entwickeln können, so wurde die *zweite Generation,* und besonders ihr Hauptvertreter, Rabbi Jochanan, zur eigentlichen Gründergeneration des Talmuds des Landes Israel. Rabbi Jochanan und sein Schwager Rabbi Schimon ben Lakisch, sind die am meisten im Jeruschalmi genannten Rabbinennamen, und besonders Rabbi Jochanan ist in allen Diskussionen so dominant, daß der mittelalterliche Religionsphilosoph Maimonides der Meinung war, er sei der Redaktor des palästinischen Talmud gewesen. Wenn dies auch aufgrund der Namensnennung vieler späterer Rabbinen im Jeruschalmi nicht möglich ist, so ist doch sein Einfluß in der Bildung des Talmuds in Palästina gar nicht hoch genug einzuschätzen.

Rabbi Jochanan, dessen Vater schon vor seiner Geburt und dessen Mutter bei seiner Geburt gestorben war, war bei seinem reichen Großvater aufgewachsen. Er hatte noch bei Rabbi auf der Lehrhausbank gesessen, war dann aber besonders bei Rabbi Chanina in die Schule gegangen. Nach der Legende opferte er seinen letzten ihm verbliebenen Reichtum, um sein Studium abschließen zu können, und begann in Sepphoris zu lehren. Aber erst nach der Eröffnung eines eigenen Lehrhauses in Tiberias schuf er sich und der Stadt einen solchen Ruhm, daß auch zahlreiche Schüler aus Babylonien angezogen wurden, um bei ihm und im Land Israel zu studieren. Rabbi Jochanan war einer der schärfsten Interpretatoren der Mischna und schuf ein ganzes System zu ihrem rechten Verstehen, das auch in den babylonischen Talmud aufgenommen wurde.

Rabbi Jochanan ist nach der Tradition ein über die Maßen

schöner Mann gewesen. Er soll dem späteren Gelehrten Schimon ben Lakisch, der zuvor Bändiger wilder Tiere in Zirkusspielen und Straßenräuber gewesen war, bei einem Bad im Jordan zugerufen haben: »Deine Kraft für die Tora«, wonach ihm jener geantwortet haben soll: »Und deine Schönheit für die Frauen«. Erst als Jochanan ben Lakisch versichert habe, daß er eine noch viel schönere Schwester habe, die er ihm antrauen werde, wenn er mit dem Torastudium beginnen würde, sei dieser zu einem der größten Gelehrten Israels aufgestiegen.[89] Das Eheleben war für Rabbi Jochanan ein Spiegel für das Verhältnis von Gott und Mensch. »Wenn eines Mannes Wege Gott gefallen können, dann muß es

---

89. bBaba Mezia 84b. Hier sei die ganze Geschichte von der merkwürdigen Freundschaft der beiden großen so unterschiedlichen Lehrer entsprechend der Talmudstelle mitgeteilt: »Einmal badete Rabbi Jochanan im Jordan. Da sah ihn Resch Lakisch und sprang ihm in den Jordan nach. Da sprach jener: Deine Kraft für die Tora. Dieser entgegnete: Deine Schönheit für die Frauen. Da sprach er zu ihm: Wenn du Buße tust, gebe ich dir meine Schwester, die schöner ist als ich. Da willigte er ein. Als er darauf zurück wollte, seine Kleider zu holen, hatte er keine Kraft mehr. Darauf unterrichtete er ihn in der Schrift und in der Mischna und machte ihn zu einem bedeutenden Mann. Einmal stritten sie im Lehrhaus, ab wann ein Schwert, ein Messer, ein Dolch, eine Lanze, eine Handsichel und eine Erntesichel, die alle verunreinigen können, wenn sie fertiggestellt sind, als fertiggestellt gelten können. Rabbi Jochanan sagte: Sobald man sie im Ofen geschliffen hat. Resch Lakisch sagte: Sobald man sie im Wasser gestählt hat. Da sprach jener zu ihm: Ein Räuber kennt sein Räuberhandwerkszeug. Darauf entgegnete er ihm: Was habe ich schon bei dir gewonnen; dort nannte man mich einen Meister und hier nennt man mich einen Meister. Er erwiderte ihm: Ich habe dir geholfen; ich habe dich unter die Fittiche der göttlichen Einwohnung gebracht. Rabbi Jochanan wurde darüber traurig und Resch Lakisch krank. Da kam seine Schwester zu ihm, weinte und sprach: Tu es (bete für ihn) um meiner Kinder willen. Er antwortete ihr: *Laß nur deine Waisen, ich will sie ernähren* (Jeremia 49,11). Tu es wegen meiner Witwenschaft! Er erwiderte: *Und deine Witwen mögen auf mich vertrauen* (Daselbst). Darauf starb Rab Schimon ben Lakisch. Rabbi Jochanan aber trauerte über ihn sehr. Da sprachen die Schüler: Wer soll zu ihm gehen und ihn trösten? Es soll Rabbi Elasar ben Pedat gehen, denn seine Lehren sind sehr scharfsinnig. Darauf ging er zu ihm und setzte sich vor ihm nieder, und bei jeder Lehre, die Rabbi Jochanan vortrug, sagte er zu ihm: Dabei gibt es eine Lehre als Stütze für dich. Da entgegnete er: Du willst dem Ben Lakisch gleichen? Wenn ich etwas vortrug, erhob er gegen mich vierundzwanzig Einwände, und ich schmetterte ihm vierundzwanzig Antworten entgegen, und dadurch wurde die Lehre vergrößert. Du aber sagst immer

auch möglich sein, daß seine Frau mit ihm auskommen kann«, ist
einer der Aussprüche Jochanans,[90] und ein anderer lautet: »Wenn die
Frau seiner Jugend stirbt, ist die Trauer des Ehemanns so groß wie
über den Tempel, der zu seinen Lebenszeiten zerstört wurde.«[91]
Rabbi Jochanan ist sehr alt geworden. Nachdem alle seine zehn
Söhne vor ihm gestorben waren, erfreute er sich daran, daß ihm im
hohen Alter noch Töchter geboren wurden, die ihn überlebten.[92]

Der bereits erwähnte *Rabbi Schimon ben Lakisch,* gewöhnlich
abgekürzt Resch Lakisch, liegt in seinen Gesetzesentscheidungen
fast immer im Streit mit Rabbi Jochanan, gegen dessen Meinung er
sich fast nie durchsetzen kann. Dieses Phänomen der eng zusammen
gehörenden Lehrerpaare, die sich bedürfen und sich aneinander
reiben, um die Höhe der intellektuellen Argumentation zu erreichen, ist eine häufige Erscheinung im talmudischen Gelehrtenleben
und begegnet auch in Babylonien wieder.

Mit Rabbi Jochanan und Resch Lakisch war die Blütezeit des
palästinischen Talmuds bereits überschritten. Die herkömmliche
Zählung weist noch drei weitere Gelehrtengenerationen auf, unter
denen es aber nicht mehr solch hervorragende Lehrer wie die beiden
Genannten gibt. Die wichtigsten seien hier wenigstens namentlich
erwähnt: in der dritten Generation Rav Ammi, der Jochanans
Nachfolger in der Leitung des Gelehrtenhauses in Tiberias wurde,
und sein Kollege Rav Assi; in der vierten Generation Rav Jeremia,
Rav Jona, sein Sohn Rav Mana, der in Sepphoris wirkte, und Rav
Bun in Tiberias. Damit war die Gelehrsamkeit im Land Israel an ihr
Ende gekommen, obwohl die Tradition noch von einer fünften
Generation spricht, die aber im Jeruschalmi kaum noch vorkommt.
Der immer stärker werdende Druck auf die palästinische jüdische
Bevölkerung und damit auch auf die Gelehrten, führte zu einer
immer stärker werdenden Flucht aus dem Land. Die jüdische
Gelehrsamkeit fand ihre neue Heimat: an den Gelehrtenschulen in
Babylonien.

---

nur: Es gibt eine Lehre als Stütze für mich. Weiß ich denn nicht selbst, daß
ich recht habe? Hierauf ging er fort, zerriß seine Kleider, weinte und rief:
Wo bist du, Ben Lakisch? Er schrie so lange, bis er seinen Verstand verlor.
Da baten die Schüler um Erbarmen, und er starb.«

90. Bereschit Rabba 54,1.
91. bSanhedrin 22a.
92. bSchabbat 111a und öfter.

Der babylonische Talmud − Nationalenzyklopädie des antiken Judentums

Es ist nicht bekannt, was die jüdischen Gelehrten in Babylonien in der Zeit der Mischnabildung gelehrt haben. Babylonien war immer ein Zentrum großer jüdischer Gelehrsamkeit. Wie schon erwähnt, stammte auch Hillel, der Begründer der jüdischen Schriftauslegung im Land Israel, aus Babylonien. Es ist also anzunehmen, daß auch die Gelehrten in Babylonien nicht müßig waren während der Zeit, in der ihre Brüder im Land Israel so intensiv mit der Lehrtradition und ihrer Formulierung der Mischna beschäftigt waren. Das Erstaunliche ist nun, daß, nachdem die Mischna von Rabbi Jehuda ha-Nassi in Palästina autoritative Anerkennung gefunden hatte, sie sofort durch Boten, die die Mischna wahrscheinlich extra zu diesem Zweck auswendig gelernt hatten, nach Babylonien kam und dort einmütig akzeptiert wurde. Dies ist für die gesamte Entwicklung des Judentums von Bedeutung, denn so gab es nur eine Basis, auf der sich das Judentum in aller Welt geeinigt hatte, und es zerfiel − trotz unterschiedlicher Aufenthaltsländer − nicht in mehrere Strömungen. Das zeigt aber auch, mit welcher Ehrfurcht die Rabbinen in Babylonien auf ihre Kollegen im Land Israel, die ihnen an Bildung zumindest nicht überlegen waren, blickten. Diese Ehrenstellung genossen die Gelehrten aus dem Land Israel während der ganzen Zeit der Talmudbildung, auch wenn die babylonischen Gelehrten es sich vorbehielten, in vielen Einzelfragen einen abweichenden Standpunkt zu vertreten. Gab es doch das im Judentum anerkannte Prinzip der Ortstradition, die ihren Eigenwert hat und bei der Gesetzesbildung mit berücksichtigt werden muß.

Nach der Tradition hat Rav[93] die Mischna sofort nach Abschluß ihrer Redaktion nach Sura gebracht und dort in seinem Lehrhaus mit deren Studium begonnen. Vorausgesetzt wird, daß auch in anderen Lehrhäusern in Babylonien, besonders in dem zweiten großen Zentrum jüdischer Gelehrsamkeit neben Sura, Nahardea,

---

93. Abba ben Aivu, normalerweise *Rav*, der Meister, genannt.

zu dieser Zeit mit der Diskussion der palästinischen Mischna
begonnen wurde.[94] Die Diskussion der Mischna führte — genauso
wie in Palästina — zur ersten Herausbildung von Talmudmaterial.
Es ist allerdings nicht möglich, genau zu sagen, wann dieser Prozeß
begann. Nimmt man die Mischnabildung selbst als Analogie,
dürfte er nicht vor der zweiten Generation eingesetzt haben. Am
wahrscheinlichsten ist, daß diese Entwicklung um die Mitte des
dritten Jahrhunderts begann. Entsprechend den Verhältnissen in
Palästina kann man davon ausgehen, daß auch in Babylonien in
vielen Gelehrtenhäusern gleichzeitig die Mischna und später ihre
Auslegung diskutiert und anschließend gesammelt wurde.

Da Gegenstand des Studiums fast ausschließlich die Mischna
war, besteht auch die Hauptmasse des Talmud aus einer Diskussion zur Mischna. Die Mischna war die Autorität, auf die man sich
verpflichtet hatte, auch wenn sie im Gegensatz zu vielen Gesetzesentscheidungen stand, die man selber in Babylonien entwickelt
hatte. Hier versuchte man dann allerdings durch Uminterpretation
des Stoffes die Mischna den eigenen Vorstellungen anzupassen.
Man tat das häufig mit dem Hinweis, daß die Mischna nicht
vollständig überliefert worden sei und deshalb ergänzt werden

---

94. Das System der drei großen Lehrhäuser in Babylonien, Sura, Nahardea,
und nach Nahardeas Zerstörung Pumpedita, ist vielleicht von den
Geschichtsschreibern, die über diese Zeit berichtet haben, aus einer späteren Zeit auf die Frühzeit übertragen worden. Wie das frühe Schulwesen in
Babylonien aussah, weiß man nicht sicher. In späterer Zeit sind diese
Lehrhäuser tatsächlich die führenden Lehrhäuser Babyloniens gewesen
und haben ihren entscheidenden Anteil an der Redaktion des Talmud
gehabt. Im Talmud selbst findet sich für den Begriff Lehrhaus meistens *be
rav,* das Haus des Rav. Vermutlich ist es so, daß der Lehrbetrieb im
Privathaus des Rav stattfand und mit dessen Tod oder Wegzug zu Ende
war. Man hat sich vorzustellen, daß die Schüler im Haus des Rav in einer
Wohngemeinschaft lebten. Das Schülersein konnte mehrere Jahre dauern.
In Babylonien gab es zum Abschluß des Studiums keine formale Ordina-
tion wie in den ersten Jahrhunderten in Palästina. Sicher aber ist, daß ein
Schüler, der bei seinem Lehrer mit Erfolg gelernt hatte, befugt war, selbst
Recht zu sprechen, Tora auszulegen und auch eine Gelehrtenschule zu
eröffnen. Solche Lehrzentren hat es wahrscheinlich im ganzen Land gege-
ben, aber auch in Sura und Nahardea und später in Pumpedita.

müsse.[95] Eine andere Methode, im babylonischen Talmud die Mischna umzuinterpretieren, ist die Annahme, die Mischna selbst sei nicht schlüssig, sondern widersprüchlich und müsse deshalb neu erklärt werden.[96]

In die Kommentierung der Mischna sind immer wieder kürzere oder längere Partien zusätzlichen Materials eingeordnet worden. Dies wird, wie gesagt, an verschiedenen Orten gleichzeitig geschehen sein. Wie diese verschiedenen Lehrtraditionen nun zusammengekommen sind, ist nicht ganz klar. Vermutlich bildeten sich besonders anerkannte Lehrschulen heraus, die viele Schüler anzogen. Diese wechselten hin und wieder die Schulen, so daß auch dadurch ein Austausch stattfand. Auch mit den Gelehrtenschulen im Land Israel bestand ein ständiger Kontakt. Durch die hohe Wertschätzung, die die palästinische Gelehrsamkeit auch in Babylonien genoß, gingen viele Schüler an die palästinischen Gelehrtenhäuser, um dort zu studieren, und brachten bei ihrer Rückkehr viel Material nach Babylonien mit. Zahlreiche babylonische Lehrer hatten selbst im Land Israel studiert. Außerdem gab es einen ständigen Austausch durch Geschäftsleute, die zwischen Babylonien und Palästina hin und herzogen und zeitweilig auch in den verschiedenen Schulen beider Länder studierten. Bei aller gegenseitigen Beeinflussung zwischen den Ländern ist hervorzuheben, daß der babylonische Talmud den Jeruschalmi, wie er uns heute vorliegt, nicht gekannt oder zumindest nicht benutzt hat. Dasselbe trifft auch für alle anderen in Palästina entstandenen rabbinischen Werke zu. Es gibt nur inhaltliche Berührungspunkte, was darauf schließen läßt, daß der jerusalemische wie der babylonische Talmud lediglich gemeinsame mündliche Quellen benutzt haben. Das ist insofern erstaunlich, als der Jeruschalmi zumindest 100 Jahre vor dem babylonischen Talmud abgeschlossen wurde und die Redaktion am babylonischen Talmud noch bis zum Ende des 7. Jahrhunderts währte.

Das Zusammenkommen der verschiedenen Traditionen wurde

---

95. Der Fachausdruck heißt hier *chasore mechasra*: Die Mischna ist unvollständig. Dies ist eine im Talmud häufig vorkommende Formel.
96. Hier heißt der Fachausdruck *ha-gufia qaschia:* Die Schwierigkeit liegt in der Sache selbst.

besonders durch ein institutionalisiertes Lehrverfahren gefördert, das wahrscheinlich seit dem vierten Jahrhundert in Babylonien anzutreffen ist. An zwei Monaten im Jahr, im Elul und Adar, kamen Gelehrte aus allen Teilen Babyloniens zusammen, um einen Talmudtraktat gemeinsam zu studieren. Solche Sitzungsperioden hießen *Kala,* wobei die Bedeutung des Begriffs in diesem Zusammenhang unklar ist. Später aber brachte man ihn mit dem gleichlautenden *kala,* Braut, in Verbindung, wobei dann die Tora als Braut angesehen wurde.[97] Noch in den Handschriften und Drucken des Talmud kann man diesen Brauch der Kala-Treffen ablesen. Jedes Kapitel endet mit der Formel *hadaran alech perek nn,* wir kommen auf dich zurück, Kapitel NN, und jeder Talmudtraktat endet mit der Formel *hadaran alech masechta nn,* wir kommen auf dich zurück, Traktat NN. Von den sechzig Traktaten konnte man so zwei im Jahr studieren. Das heißt, man konnte in dreißig Jahren den Talmud einmal ganz beenden. Die Schlußformel sollte die Hoffnung zum Ausdruck bringen, daß es einem vergönnt sein möge, noch einmal das abgeschlossene Kapitel oder den gerade beendeten Traktat studieren zu können. Es ist vorstellbar, daß vieles an Vorbereitung zur Redaktion des Talmud auf diesen Kala-Sitzungen erreicht wurde. Aber auch die Redaktion selbst mag auf solchen Kala-Versammlungen vorgenommen worden sein.

Die klassische rabbinische Überlieferung läßt die Redaktion am Talmud Anfang des 5. Jahrhunderts beginnen und sieht sie im Jahr 500 als beendet an. Schon im Talmud selbst[98] finden sich Hinweise darauf, daß dessen Redaktion mit Rab Aschi begann und mit Rabina zu ihrem Ende kam. So sieht jedenfalls die Interpretation dieser Talmudstellen durch die frühsten Quellen aus, die sich mit dieser Angelegenheit beschäftigt haben. Das sind das *Sendschrei-*

---

97. Später war dies ein ganz fester Brauch in Babylonien, der noch lange nach Abschluß des Talmud bis zum Ende der gaonischen Zeit im 11. Jahrhundert angewandt wurde. Die gaonischen Geschichtsschreiber nehmen diesen Brauch auch schon für die frühe Zeit der Talmudbildung an. Dies ist aber wahrscheinlich nicht richtig. In späteren Zeiten nahmen die Kala-Treffen riesige Ausmaße an, an denen fast die ganze Bevölkerung teilnahm. Im modernen Israel haben religiöse Kreise versucht, diesen alten Brauch wieder mit neuem Leben zu füllen.

98. Baba Batra 157b und Baba Mezia 86a.

ben des Gaon Scherira[99] und das Werk *Die Ordnung der Tannaiten und Amoräer,* beides Schriften aus dem Babylonien des 10. Jahrhunderts. Diese Redaktionsarbeit darf man sich aber nicht als das Werk von Einzelgelehrten vorstellen, sondern sie ist wie die Tradition selber durch ein Kollektiv von Lehrern im Schul- und Lehrbetrieb erarbeitet worden. Sie haben das gesamte Material, soweit es ihnen vorlag, gesichtet und zu einem einheitlichen Ganzen verarbeitet.

Von der Form her muß man hier folgende literarische Gattungen unterscheiden:

Memra, Ausspruch, ist ein kurzer amoräischer Ausspruch in Aramäisch oder Hebräisch, ohne Diskussion. Ein Memra kann sich auf einen Bibelvers oder eine Mischna beziehen, es kann anonym sein oder einen Autorennamen tragen. Ein Memra kann vereinzelt oder mit anderen Aussprüchen zusammen stehen. Schließlich kann es auch Teil einer Diskussion sein.

Sugia, vielleicht mit »Gedankenprozeß« zu übersetzen, meint eine Abfolge von Diskussionen über einen bestimmten Gegenstand meist gesetzlicher Natur. Eine solche Sugia, die sich über mehrere Talmudseiten hinziehen kann, ist eine abgerundete Einheit.

Midraschim, Bibelauslegungen. Während diese Art von Literatur in Palästina in eigenen Werken gesammelt wurde, ist sie im babylonischen Talmud in den Text aufgenommen worden und zuweilen als geschlossene Einheit in einen bereits fertigen Text hineingestellt worden. Dies kann man leicht erkennen, wenn man den Midrasch herausnimmt und sieht, daß der ursprüngliche Text nicht unterbrochen ist.

Erzählerische Einheiten. Dies können historische Abhandlungen sein, so die Erzählungen von der Zerstörung des Tempels im Traktat Gittin, die Geschichten von den Naturwundern in Baba Batra oder das Traumbuch in Brachot.[100]

Aus diesen unterschiedlichen Überlieferungen haben die Redaktoren eine Einheit zu schaffen gesucht, die man aber nicht mit dem

---

99. Sendschreiben an Rabbenu Nissan in Kairuan, Nordafrika, der angefragt hatte, wie Mischna, Tosefta und die Talmude entstanden seien.
100. Alle hier angeführten Beispiele werden eventuell in einem Nachfolgeband behandelt werden.

Aufbau uns bekannter Literatur vergleichen darf, nicht einmal mit rabbinischen Vorbildern wie dem Buch der Mischna. Die Mischna macht durchaus als Buch einen einheitlichen Eindruck. Sie enthält verwandtes Material und ist mehr oder weniger logisch, kontinuierlich und nach einem durchschaubaren Gedankensystem zusammengestellt. Dieser Eindruck ergibt sich hingegen nicht beim Lesen des Talmud. Das gilt in sehr viel stärkerem Maße für den babylonischen als für den jerusalemischen Talmud. Vieles sieht im babylonischen Talmud nicht zusammengehörend aus. Die Übergänge sind abrupt und ein inneres Ordnungsschema ist nicht immer erkennbar.

Wie dieser angeblich um das Jahr 500 abgeschlossene Talmud ausgesehen hat, ist schwer zu sagen. An ihm wurden anscheinend noch nach 500 wesentliche Veränderungen – wahrscheinlich auch Glättungen – von den sogenannten *Saboräern*[101] in den nächsten Generationen vorgenommen. Die Zeit der Saboräer hat nach heutiger Erkenntnis gut zwei Jahrhunderte gedauert, bis zum Ende des 7. Jahrhunderts. In dieser Zeit wurde der Talmud anscheinend gründlich überarbeitet und neu geordnet. Viele Abschnitte wurden als Verbindungsstücke zwischen den einzelnen Teilen wahrscheinlich erst von den Saboräern abgefaßt und eingefügt. Das erklärt auch die zahlreichen Unterschiede zwischen den einzelnen Handschriften.

Ähnlich wie beim Jeruschalmi lassen sich auch beim babylonischen Talmud Unterschiede in der Redaktion der einzelnen Traktate feststellen. So weisen die Traktate Nedarim und Nazir aus der Ordnung Naschim, sowie die Traktate Meila, Keritot und Tamid aus der Ordnung Kodaschim besondere Merkmale auf, die nur damit erklärt werden können, daß sie zu einer anderen Zeit, an einem anderen Ort oder von anderen Rabbinen endredigiert sein müssen als das Gros des Talmud. Diese Unterschiede bestehen in der Verwendung einer anderen Terminologie, eines anderen aramäischen Dialektes und eines anderen Wortschatzes. Es wurde vorgeschlagen, das Problem durch die Annahme zu lösen, daß die Hauptmasse des Talmud in Sura, und die abweichenden fünf

---

101. Das Wort Saboräer kommt von *sabar:* prüfen, folgern, erklären.

Traktate in Nahardea oder Pumpedita redigiert wurden, wo eine dem palästinischen Aramäisch verwandtere Sprache gebräuchlich war. Allgemein gilt es festzuhalten, daß die Unterschiede in der Redaktion zwischen den einzelnen Traktaten sehr groß sind und jeder Traktat für sich untersucht werden muß.

Schließlich erhebt sich anläßlich der Redaktion des Talmud noch die Frage, warum der Talmud von den 60 bzw. 63 Mischnatraktaten nur 37 Traktate behandelt, denn auch der babylonische Talmud umfaßt ähnlich wie der Jeruschalmi nur einen Teil der Mischna. Das Fehlen mancher Traktate ist allerdings leicht erklärbar. So fehlt eine Gemara zum Traktat Avot, Sprüche der Väter, da dieser Traktat ein Stück Weisheitsliteratur ist, das nicht dazu angetan ist, in der nüchternen Form des Talmud erklärt zu werden, zumal es das Hauptanliegen des Talmud ist, Halacha zu erklären, die im Traktat Avot nicht vorkommt. Auch im Jeruschalmi gab es keinen Kommentar zu Avot. Ferner fehlt im babylonischen Talmud eine Kommentierung der ganzen ersten Ordnung Zeraim mit der Ausnahme des ersten Traktats, Brachot, der aber, wie schon gesagt, nicht zu dieser Ordnung gehört. Auch dies kann man damit erklären, daß alle landwirtschaftlichen Bestimmungen, die in dieser Ordnung behandelt werden, nur im Land Israel Bedeutung haben und im Ausland ungültig sind. Warum sollte man sich damit in Babylonien beschäftigen? Dasselbe Argument könnte man für die Ordnung Toharot, Rein- und Unreinheitsbestimmungen, anführen, die ebenfalls – mit Ausnahme des Traktates Nidda – in beiden Talmuden nicht erklärt wird. Die Reinheitsbestimmungen hatten nur einen Sinn, solange es den Tempel gab. Dies könnte man aber auch für die Ordnung Kodaschim anführen, die größtenteils im Babli kommentiert ist, im Jeruschalmi aber fehlt. Für das Vorhandensein dieser Ordnung im Babli könnte man den rabbinischen Ausspruch anführen, daß die Beschäftigung mit den Opfern dem Opferdienst gleichkommt. Dies sind aber alles nur Vermutungen. Eine überzeugende Erklärung ist das nicht. Nach talmudischen Aussagen wurde zumindest die sechste Ordnung gelernt und gelehrt, aber ein schriftlicher Niederschlag davon hat sich nicht erhalten.

Um die Zeit Ende des 7. bis Mitte des 8. Jahrhunderts wurde die Arbeit am Talmud endgültig abgeschlossen, wobei er jetzt mehr oder weniger die Form angenommen haben dürfte, die er heute hat. Zu dieser Zeit kam in Babylonien eine andere Art von Literatur auf, die *Halachot-Literatur,* die das gesamte gesetzliche Material ohne Diskussion in einer Form neu zusammenstellte, die eher an die Mischna als an den Talmud erinnert. Das führte dazu, daß man die Arbeit am Talmud einstellte. Trotzdem haben sich im Laufe der Jahre noch Veränderungen ergeben. Viele Verbesserungen und Randbemerkungen wichtiger Kommentatoren, vor allem des größten Talmudkommentators, Raschi,[102] sind von den Abschreibern in den Text mit aufgenommen worden.

Wie diese große Stoffmasse, die weit umfangreicher als die Mischna ist – der Talmud umfaßt in der Wilna-Ausgabe 20 Bände - je im Kopf behalten werden konnte, ist nicht vorstellbar. Von ersten Aufzeichnungen ist jedoch erst ab der Mitte des 8. Jahrhunderts – also immerhin direkt nach Abschluß der endgültigen Redaktion – die Rede. In einer legendären Mitteilung aus Spanien heißt es, der aus Babylonien nach Spanien verbannte Natronai bar Chakinai habe 773 für die spanischen Juden aus dem Kopf einen Talmud niedergeschrieben.[103] In der Geniza von Kairo wurde ein Brief aus dem Jahr 953 gefunden, der von Babylonien nach Spanien geschickt worden war, in dem es heißt, Gaon Paltoi[104] habe ein Talmudexemplar mit Erläuterungen für die spanischen Juden anfertigen lassen. Aus dieser frühen Zeit hat sich kein einziges vollständiges Talmudexemplar erhalten, aber einige Fragmente aus der Kairoer Geniza dürften aus dem 9. Jahrhundert stammen. Die frühste datierte Talmudhandschrift ist auch in der Geniza von Kairo gefunden worden und ist in Spanien im Jahr 1123 geschrieben worden. Sie enthält den halben Traktat Kritot. Die nächst älteren Handschriften sind drei Handschriften, die sich heute in Florenz befinden und deren älteste 1177 geschrieben wurde, ver-

---

102. Raschi ist die Abkürzung von »Rabbi Schlomo ben Jitzhak«. Raschi ist der bedeutendste Bibel- und Talmuderklärer des Judentums. Es gibt keine rabbinische Ausgabe ohne seine Kommentare. Er ist in Troyes 1040 geboren und dort 1105 gestorben. Ein Teil seiner Wirksamkeit verbrachte er in Worms, wo heute noch die sogenannte »Raschi-Kapelle« gezeigt wird, die von den Nazis zerstört und nach dem Kriege wieder aufgebaut wurde.
103. Sefer ha-Ittim von Jehuda aus Barcelona.
104. Gaon von 842–858.

mutlich in Aschkenaz[105] oder in Italien. In Hamburg wird eine
Musterhandschrift aus Spanien aufbewahrt, die 1184 in Gerona
geschrieben wurde. Sie enthält die drei Babot aus der Ordnung
Neziqin. Die einzige Talmudhandschrift, die den gesamten Talmud
enthält, wurde 1343 in Aschkenaz geschrieben und wird heute in
München aufbewahrt. Sie steht der Wissenschaft durch eine
äußerst gelungene Faksimileausgabe zur Verfügung, die H. L.
Strack 1912 herstellen ließ. Leider ist diese Handschrift von einem
besonders oberflächlichen Abschreiber angefertigt, der durch
Unachtsamkeit fast 10 Prozent des gesamten Textes ausgelassen
hat. Größere Sammlungen von Talmudhandschriften gibt es noch
in den drei Haupt-Bibliotheken Englands, in Cambridge, Oxford
und London.[106] Die bei weitem aber größte Sammlung von Talmudhandschriften befindet sich heute im Vatikan. Hier werden
unter den zahlreichen hebräischen Handschriften auch 57 Talmudhandschriften aufbewahrt. Das Gros dieser Handschriften stammt
aus der Bibliothek der deutschen Humanisten, aus der Palatina in
Heidelberg, die mit viel Fleiß im 16. Jahrhundert auf ausgedehn-
ten Reisen auch im Orient erworben worden war. Im dreißigjährigen Krieg kam sie als Beute nach Rom und überdauerte dort bis
heute alle unruhigen Zeiten.[107] Hatte der Vatikan in früheren
Jahren zahlreiche Restriktionen, die es besonders Juden schwer

---

105. Unter Aschkenaz versteht man Deutschland, Frankreich und teilweise
auch Italien. Eine dieser in Florenz liegenden Handschriften ist besonders
interessant. Sie war schon früh in christlichem Besitz und enthält am Rand
zu Partien, die der Kirche wichtig waren, eine lateinische Übersetzung,
die wahrscheinlich aus dem 13. Jahrhundert stammt. Aus dieser Handschrift läßt sich ablesen, was die Kirche am Talmud interessierte und was
sie überhaupt vom Talmud wußte. Vgl. auch Anm. 360, S. 179.

106. Das »goldene Dreieck« hebräischer Handschriften. In London befinden
sich die wichtigsten hebräischen Handschriften im Britischen Museum. In
Oxford, besonders aber in Cambridge, lagert das Gros der Genizafrag-
mente, die ansonsten über 50 Bibliotheken in der Welt verstreut sind, so
daß heute die Hälfte einer Seite in Cambridge, die andere Hälfte in
Leningrad zu finden ist.

107. Die Heidelberger Universität besaß eine große Sammlung von Genizafragmenten aus Kairo, die im Zweiten Weltkrieg verbrannte. Vielleicht
wäre das auch das Schicksal der Humanistensammlung geworden, wäre
sie in Heidelberg verblieben.

machte, die reichen Bestände des Vatikans zu benutzen, so gehört
er heute zu den Bibliotheken, die am liberalsten in der Benutzung
ihrer Handschriftenbestände sind.[108]

Zum Schluß sei als kurios noch eine Talmudhandschrift in der
Badischen Hof- und Landesbibliothek Karlsruhe genannt, die den
Traktat Sanhedrin enthält und aus dem Besitz des großen deutschen Humanisten Reuchlin stammt. Reuchlin ist durch seinen
Streit mit dem getauften Juden Pfefferkorn[109] in den »Dunkelmän-
nerbriefen« bekannt geworden, in denen er den Talmud aufs
Energischste gegen christliche Beschlagnahmung und Verbrennung verteidigt. Pfefferkorn sollte für Kaiser Maximilian ein Gut-
achten über die jüdischen Schriften erstellen und kam dabei zu
dem Schluß, daß der Talmud die Juden daran hindere, zum
Christentum überzutreten. Deshalb sei der Talmud den Juden
wegzunehmen und zu vernichten. Reuchlin dagegen erwartete sich
vom Studium des Talmud wie die meisten seiner Humanisten-
Kollegen den Schlüssel zur Erkenntnis der Welt, indem sie davon
ausgingen, daß der Talmud kabbalistische Geheimnisse enthalte.
Reuchlin berichtet, daß er jahrelang versucht habe, einen Talmudtraktat zu finden. Dies sei ihm jedoch erst gelungen, nachdem er
den Gedanken daran schon fast aufgegeben habe. Der Traktat
Sanhedrin, den er schließlich erwerben konnte, ist einer der wenigen Traktate, zu denen sich eine Reihe guter Handschriften erhalten hat. Er enthält unter anderem interessantes Material zu Jesus
und seinen Jüngern, das im Codex Reuchlinus noch vorhanden ist,
in den späteren Drucken jedoch von der Zensur gestrichen wurde.

Die Handschrift München ist die einzige Handschrift, die den
gesamten Text des Talmud enthält. Dies sagt aber nicht, daß der
babylonische Talmud nur in einer Handschrift erhalten blieb. Hier
ist zu berücksichtigen, daß es bei einem solch großen Werk nicht
üblich war, den Gesamttext in einer Handschrift abzuschreiben. In
Aschkenaz kopierte man den Talmud jeweils nach Ordnungen. In
Spanien wurden mehrere Traktate, die zusammengehörten,

---

108. Dies hat der Verfasser bei einigen Besuchen selber erfahren.
109. Pfefferkorn war ein ungebildeter Jude, der nach einem Einbruch zu
     Kerkerhaft verurteilt wurde und dann zum Christentum übertrat. Er
     wurde dann Aushängeschild der judenfeindlichen Dominikaner, die ver-
     mutlich einen Teil seiner antijüdischen Hetzschriften geschrieben haben.

gemeinsam abgeschrieben, während man im Orient nur Einzeltraktate kopierte. So hat sich zu jedem Traktat neben der Handschrift München zumindest noch eine weitere Handschrift erhalten, manchmal sind aber heute bis zu acht Handschriften von
einem Traktat vorhanden.

Dies ist verglichen mit anderen literarischen Werken trotz allem
sehr wenig. Tausende Bibelhandschriften befinden sich in den
großen Bibliotheken der Welt, sowie Hunderte Codices von griechischen Klassikern und christlichen Kirchenvätern. Und das
Hauptwerk des Judentums ist im glücklichsten Fall maximal nur
acht Mal vorhanden? Dies liegt vor allem an der Verfolgungswut
der Kirche durch die Jahrhunderte nicht nur gegen die Juden,
sondern auch gegen ihre Schriften. Die ersten großen Talmudverbrennungen fanden in Europa im 13. Jahrhundert statt. Den
Anfang machte Paris. Hier wurden 1242 vierundzwanzig Wagenla-
dungen hebräischer Handschriften verbrannt. Die Juden selber
wurden außer Landes verwiesen. Rabbi Jechiel, der führende
Rabbiner jener Zeit, eröffnete kurz darauf sein neues »Pariser
Lehrhaus« in Akko, das damals noch unter Kreuzfahrer-Herr-
schaft war.[110] Weitere Bücherverbrennungen folgten in allen europäischen Ländern, aus denen Juden noch nicht vertrieben waren.
In Italien, dem klassischen Land der ersten Talmuddrucke, wurden
nach dem Erstdruck des Talmud durch den privilegierten christlichen Verleger Bombergi 1520 noch im selben Jahrhundert drei
Talmudverbrennungen durchgeführt, so daß wenig von diesen
Erstdrucken überlebte.

Nachdem aber einmal ein hebräisches Werk im Druck erschienen war, war es nicht mehr zu vernichten. Schon vor dem erwähnten Erstdruck der Gesamtausgabe des Talmud durch Bombergi ab
1520 in Venedig waren bereits in Spanien, in Marokko und in
Italien ab den achtziger Jahren des 15. Jahrhunderts an die dreißig
Einzeltraktate des Talmud illegal erschienen. Von diesen Drucken
haben sich Reste erhalten. Sie sind besonders wertvoll, da die
Drucker zuweilen Handschriften vorliegen hatten, die heute nicht
mehr vorhanden sind. So wird jede Seite dieser Frühdrucke, die in

---

110. Vgl. Michael Krupp, Die Geschichte der Juden im Land Israel, a.a.O.,
    S. 108.

Buchrücken[111] oder Genizen zum Vorschein kommen, mit großer Liebe restauriert und aufbewahrt.

Die Talmudausgabe von Bombergi[112] wurde zur Musterausgabe bis auf den heutigen Tag. Das Prinzip der Seitenanordnung entnahm er den Ausgaben des jüdischen Druckers Soncino.[113] In der Mitte einer jeden Seite befindet sich der Talmudtext, am Innenrand der Raschikommentar, der wichtigste Kommentar zum Talmud, außen die Ergänzungen zu Raschi, die Tosafisten. Die Paginierung, jedes Blatt ist mit einer Numerierung in hebräischen Buchstaben versehen, wurde von allen Druckern bis in die Gegenwart übernommen. So genügt es, die Seitenzahl einer der Ausgaben anzugeben, da sie in allen Ausgaben gleich ist.

Bis zur Mitte des 16. Jahrhunderts ist der Talmud noch zwei weitere Male in Italien, jeweils in Venedig, gedruckt worden, ab

---

111. Buchrücken sind eine weitere wichtige Quelle für alte Handschriften. Bei den mittelalterlichen Judenverfolgungen wurden nicht alle hebräischen Handschriften verbrannt. Viele wertvolle Manuskripte, besonders solche aus Pergament, wanderten zu den Buchhändlern, die sie als Einbandmaterial verwandten. In einigen Klöstern sind Hunderte von wertvollen Pergamentfragmenten aus mittelalterlichen Einbänden abgelöst worden. So finden sich zum Traktat Avoda Sara, Götzendienst, von dem sich neben der Handschrift München nur zwei weitere Handschriften erhalten haben, Fragmente von über einem Dutzend weiterer, zum Teil älterer Handschriften allein in den Klöstern Süddeutschlands und Österreichs. Vieles von diesen Schätzen ist bisher noch nicht entdeckt worden. Auch jüdische Buchbinder haben trotz des Einspruchs der Rabbinen abgelegte Handschriften, die eigentlich in die Geniza gehört hätten, zum Einbinden benutzt. Besonders im Orient war dieser Brauch sehr beliebt. So enthält fast jeder alte jemenitische Einband wichtige Handschriftenschätze, so daß der Einband häufig wertvoller ist als die eingebundene Handschrift.
112. Daniel Bomberg aus Antwerpen bekam als erster das Privileg, den Talmud zu drucken. Der christliche Unternehmer hat von 1516 bis 1538 die ganze damals bekannte rabbinisch-hebräische Literatur gedruckt. Er warb für diese Arbeit die besten jüdischen Gelehrten seiner Zeit wie Elia Levita und Cornelio Adelkind an und ließ durch sie die besten Handschriften, die es damals aufzutreiben gab, als Vorlage für seine Publikationen ankaufen.
113. Die berühmte Familie, die später auch in Saloniki, Konstantinopel und Kairo druckte, nannte sich nach dem italienischen Ort, in dem sie mit dem Drucken begonnen hatten. Die meisten Bücher der Soncinos wurden in Pesaro gedruckt.

1528 noch einmal von Bombergi und ab 1546 von Justinian. Dies sind die drei klassischen unzensierten Talmudausgaben. Ab der 4. Ausgabe, Basel ab 1578, durfte der Talmud nur noch mit christlicher Zensur erscheinen. Der Talmudtraktat Avoda Sara, »Götzendienst«, der das Verhältnis zu den Nichtjuden behandelt, erschien in Basel erst gar nicht, wurde aber später 1579 in Krakau nachgedruckt. Hier in Polen erschienen in der Folgezeit noch weitere Talmudausgaben, da Polen in dieser Zeit besonders judenfreundlich war und vieles tat, um die Ansiedlung der Juden im eigenen Land zu fördern. Allerdings sind auch die polnischen Ausgaben zensiert. Ein weiteres Land mit liberalen Tendenzen war Holland. Hier erschien in Amsterdam 1645 der Talmud sogar noch einmal − und bis heute zum letzten Mal als Gesamtausgabe ohne Zensur. Danach konnte er auch in Holland − weitere drei Mal − nur mit christlicher Zensur gedruckt werden.

Die christliche Zensur war beim Talmud viel einschneidender als bei der Mischna. Auch im Talmud wurden wie in der Mischna alle Ausdrücke wie »Fremde«, »Samaritaner« und ähnliches mit »Stern- und Sternzeichenanbeter« ersetzt, damit die Juden nicht auf den Gedanken kämen, daß mit den »Fremden«, die im Talmud erwähnt werden und bei denen es sich meist um Heiden handelt, Christen gemeint sein könnten. Die Zensur hat vermutlich bei den jüdischen Lesern das Gegenteil erreicht. Zusätzlich dazu wurden in den Talmudausgaben jedoch noch ganze Partien gestrichen. In der Mischna kamen Jesus und die Kirche nicht vor. Auch im Talmud sind solche Stellen selten, aber sie sind da. Alle diese Stellen wurden jetzt von der Zensur verboten und mußten weggelassen werden. Viele weitere Stellen, die mit Jesus und den Christen nichts zu tun haben, die die ungebildeten Zensoren − meist getaufte Juden im Sold der Inquisition − aber für Anspielungen auf das Christentum hielten, fielen ebenso der Zensur zum Opfer. Da die Drucker sich an die alte Seitenaufteilung des Bombergischen Erstdruckes hielten, ließen sie die zensierten Stellen frei. Einige Talmudbesitzer trugen sich handschriftlich die zensierten Stellen nach. Zensoren gingen von Haus zu Haus, um derartige Praktiken zu unterbinden. Schwere Strafen drohten demjenigen, der mit einem solchen »verbesserten« Talmudexemplar angetroffen wurde. Illegal wurden kleine Büchlein, die alle zensierten Stellen enthielten, herausgegeben. In Amsterdam erschien 1708 eine solche Ausgabe einseitig bedruckt, dazu angetan, die betreffenden Abschnitte auszuschneiden und in die erste deutsche Talmudausgabe, die ab 1695 in Frankfurt an der Oder herauskam, einzukleben.

Die Talmudherausgabe war für alle Drucker immer ein großes Risiko. Es gab wenige so umfangreiche Werke, an deren Herausgabe manchmal jahrelang gearbeitet wurde, wie den Talmud. Außerdem konnte man niemals sicher sein, wie die christliche Welt auf eine neue Talmudausgabe reagierte und wieweit eine solche Ausgabe frei über die Grenzen in Nachbarländer exportiert werden konnte. So verlangten die Herausgeber, um wenigstens einigermaßen wirtschaftlich abgesichert zu sein, von den Rabbinen der europäischen Länder Sicherheiten, die es einem jeden Konkurrenten untersagten, in den nächsten Jahrzehnten eine Talmudausgabe zu drucken. Solche Versicherungen finden sich meistens auf den ersten Seiten der Talmudausgaben. Das ist auch bei der oben erwähnten ersten in Deutschland hergestellten Ausgabe der Fall. Wenige Jahre darauf erschien jedoch mit Erlaubnis derselben Rabbiner eine Neuausgabe in Amsterdam, obwohl die gesetzte Frist noch nicht um war. Der Grund für die Aufhebung der Restriktionen durch die Rabbiner war die große Fehlerhaftigkeit in der Frankfurter Ausgabe. Inzwischen war in Berlin und Frankfurt an der Oder zusammen eine neue Ausgabe erschienen, die ebenso bei den Rabbinen nicht sehr beliebt war. Erst die nächste deutsche Ausgabe, Frankfurt am Main, in kleinerem Format, beim christlichen Verleger Kellner 1720 erschienen, galt als vorbildliche und sorgfältig hergestellte Ausgabe, die sich noch heute bei Talmudwissenschaftlern großer Beliebtheit erfreut. Weitere berühmte deutsche Talmudausgaben erschienen im oberpfälzischen Sulzbach[114] und Dyhernfurth an der Oder.[115] Darauf wurde Wien zum

---

114. In der Nähe Nürnbergs gelegen. In Sulzbach wurden zwischen 1669 und 1851 mehr als 700 hebräische Werke gedruckt. Die hebräische Buchdruckerei wurde zeitweise durch christliche Kabbalisten gefördert. Der Talmud erschien in Sulzbach dreimal in besonders schönen Ausgaben, 1694 (nicht vollständig), 1756–1763 und 1766–1770.
115. Dyhernfurth liegt in der Nähe Breslaus. Häufig konnten die großen Städte im 17. Jahrhundert nicht so leicht eine Druckerlaubnis für hebräische Bücher bekommen. In diesem Fall verdankt Dyhernfurth seine jüdische Gemeinde der hebräischen Druckkunst. 1689 begann Sabbatai Baß hier,

Mittelpunkt wichtiger Prachtausgaben des Talmud.[116] Im 19. Jahrhundert verlagerte sich dann die Talmudherausgabe in den Osten, wo in Warschau und im litauischen Wilna mehrere Talmudausgaben erschienen. Hier in Wilna erschien 1883 eine Ausgabe, die »die Witwe Rom und Söhne« auf besonders gutem Papier und in großem Format mit breiten Rändern herausgab, und die seitdem als Musterausgabe benutzt und immer wieder auf photomechanischem Wege nachgedruckt wurde. Von 1520 bis 1883 ist der Talmud ca. 50 Mal gedruckt worden. Seit 1883 ist die Wilnaer Ausgabe in über 50 photomechanischen Nachdrucken erschienen, die im Schnitt eine weit größere Auflage hatten als die alten Talmudausgaben vor Wilna. Das zeigt den großen Siegeszug des Talmud durch die jüdische Welt. Und heute gibt es in religiösen Kreisen des Judentums fast keinen Haushalt mehr ohne Talmudausgabe.

Der Siegeszug der Wilnaer Ausgabe ist abgesehen von der äußeren Pracht unter inhaltlichen Gesichtspunkten infolge der christlichen Zensur eher als bedauerlich einzustufen. Ab 1835 verbot die russische Zensur – und Wilna und Warschau befanden sich im 19. Jahrhundert unter russischer Herrschaft – für die zensierten Stellen Freiräume zu lassen. Wußte man in den alten Talmudausgaben aufgrund der Lücken, daß hier etwas aufgrund der Zensur fehlte, so verwischten sich jetzt die Grenzen und vieles wurde einfach unverständlich. Zwar hielten sich auch die russischen Ausgaben an dieselbe Seiteneinteilung wie alle Talmudausgaben, so daß die zensierten Seiten durch ihre Kürze auffielen, man wußte aber nicht, aus welchen Partien die zensierten Stellen herausgenommen worden waren. Manche neuere Ausgaben haben

---

hebräische Bücher zu drucken, nachdem die Stadt schon 1667 ein kaiserliches Privileg erhalten hatte. Die ca. dreißig jüdischen Angestellten dieser Druckerei bildeten den ersten Kern der jüdischen Gemeinde, die bis zum Ende der Drucktätigkeit 1834 über 200 Seelen zählte. Zeitweise war Dyhrenfurth neben Prag die bedeutendste hebräische Druckerei und versorgte den ganzen südlichen Raum Mitteleuropas mit hebräischen Gebrauchsdrucken, neben dem Talmud besonders Gebetsbüchern. Der Talmud wurde in Dyhernfurth zweimal gedruckt: 1800–1804 von dem jüdischen Gelehrten Josef May und 1816–1821 von seiner Witwe Reichel May.

116. Fünf Ausgaben zwischen 1791 und 1873.

sich bemüht, diese Zensurlücken wieder zu beseitigen — nicht immer mit Erfolg und richtig -, die große Masse der Talmudausgaben aber enthält weiterhin die Zensur, die heute von keiner Stelle mehr verlangt oder kontrolliert wird.

All dies zeigt, daß auch die heute gebräuchlichen Talmudausgaben keine idealen Textausgaben sind. Da der Talmud ein solch großes Werk ist, war es bisher nicht möglich, eine wissenschaftliche Ausgabe herauszugeben, die das gesamte Handschriftenmaterial gesammelt und in eine kritische Ausgabe eingearbeitet hätte. Zwar gibt es seit den siebziger Jahren in Jerusalem ein orthodoxes Talmudinstitut, an dem an die hundert Rabbiner an einer neuen Textausgabe arbeiten. Bisher haben sie aber nur einige Traktate veröffentlichen können. Hinzu kommt, daß man hier als Ausgangsbasis die Wilnaer Ausgabe gewählt hat, die in orthodoxen Kreisen zuweilen den Charakter einer inspirierten Ausgabe hat. Wenige Einzeltraktate sind von anderen Bearbeitern erschienen.

Für eine echte wissenschaftliche Ausgabe muß vor allem das Genizamaterial gesichtet werden. Hier hat die Hebräische Universität Jerusalem Pionierarbeit geleistet und ein Verzeichnis aller Fragmente erstellt, das bisher aber noch nicht veröffentlicht ist.

Auch Übersetzungen zu diesem Monumentalwerk gibt es erst seit hundert Jahren. Eine Reihe von Traktaten war bereits von Ugolini ins Lateinische übersetzt und 1744—1769 veröffentlicht worden. Deutsch war die erste moderne Sprache, in die der Talmud ab Ende des letzten Jahrhunderts vollständig übersetzt wurde. Es handelt sich um die Übersetzung des jüdischen Gelehrten Lazarus Goldschmidt, die bis in die Gegenwart nachgedruckt wurde. Als das Werk eines einzelnen und als Pionierwerk solchen Ausmaßes verdient diese Übersetzung alle Bewunderung. Allerdings ist sie ohne Einsicht in den Originaltext nur schwer zu verstehen. Besser ist die englische Übersetzung, die von einem Kollektiv erstellt wurde und sich nach dem ersten Druckort des Talmud *Soncino-Talmud* nennt. In anderen Sprachen sind bisher nur Teile des Talmud erschienen.

Die wichtigsten Talmudlehrer in Babylonien

Die babylonischen Gelehrtenschulen sind besonders in ihrer Anfangszeit stark vom Land Israel beeinflußt. Die Gründung der Gelehrtenschule hier ist besonders einem Gelehrtenpaar zu verdanken, das die palästinische Tradition im Land Babel verankerte und auf eine bisher nicht gekannte Höhe führte. Es waren dies die beiden Gelehrten Rav und Schmuel.

Rav, der Meister, hieß eigentlich Abba ben Aivu. Wegen seiner Körpergröße wird er auch Abba Areka genannt. Rav war in Südbabylonien geboren und entstammte einer vornehmen Familie, die ihren Ursprung auf König David zurückführte. Er studierte im Land Israel und war Schüler von Rabbi Jehuda ha-Nassi. Nach Babylonien zurückgekehrt gründete er das Lehrhaus von *Sura,* das unter seiner Regie zum wichtigsten Lehrzentrum Babyloniens wurde. Seinem Ansehen und seinem Einfluß ist die Durchsetzung der palästinischen Mischna als Autorität in Babylonien zu verdanken.

Schmuel, meistens *Mar Schmuel,* Meister Samuel, genannt, hatte wie Rav bei Rabbi Jehuda ha-Nassi gelernt, war aber früher als Rav in seine babylonische Heimat zurückgekehrt und hatte in seinem Geburtsort *Nahardea* ein Lehrhaus errichtet. Als hervorragender Astronom[117] verfaßte er ein Werk über den jüdischen Kalender, um von den Kalenderberechnungen im Land Israel unabhängig zu sein, veröffentlichte es aber nicht, um die Autorität des palästinischen Patriarchats nicht zu untergraben. Eine seiner wichtigsten Entscheidungen, die für die gesamte Entwicklung des Judentums in der Diaspora von größter Wichtigkeit sein sollte, war sein Grundsatz *dina demalchuta dina,* das Staatsgesetz ist gültiges Gesetz. Er setzte auch den Grundsatz durch, daß Juden im Umgang mit Nichtjuden dieselben Gesetze und dieselbe Redlichkeit anzuwenden haben wie mit ihresgleichen. Rav und Schmuel wurden durch ihre Gelehrsamkeit die eigentlichen Begründer der talmudischen Argumentationskunst in Babylonien, und auf sie ist schließlich das hohe Niveau zurückzuführen, auf dem der babylonische Talmud diskutiert wurde.

---

117. «Mir sind die Himmelsbahnen ebenso bekannt wie die Straßen Nahardeas, nur die Kometen machen mir Schwierigkeiten.« bBrachot 58b.

Nachfolger Ravs in Sura wurde sein Hauptschüler *Rav Huna,* der bedeutendste Amoräer im Babylonien der *zweiten Generation.* Streng, konservativ und erschwerend erlangte er durch seine eigene fromme Lebensweise die Achtung seiner Kollegen und Schüler und war nach Schmuels Tod in Nahardea die uneingeschränkte Autorität in Babylonien, deren Einfluß sich bis ins Land Israel erstreckte.

Nach Rav Huna ist in der zweiten Generation noch *Rav Jehuda,*[118] mit vollem Namen Rav Jehuda bar Ezechiel, zu nennen. Er begründete nach dem Tod Mar Schmuels und der Auflösung des Lehrhauses in Nahardea ein neues Lehrhaus in *Pumpedita,* das für mehrere Generationen neben Sura das führende Lehrhaus Babyloniens wurde. Er gilt als Begründer der für den babylonischen Talmud sprichwörtlichen Spitzfindigkeit und erhielt so den Beinamen Schinena, der Scharfsinnige. In dem immer deutlicher werdenden Kampf um die Vormachtstellung unter den Lehrhäusern Babyloniens und des Landes Israel vertrat Rav Jehuda rigoros die Seite Babyloniens, so daß ihn einer seiner Hauptschüler, Rav Se'ira, nur heimlich verlassen konnte, um in Tiberias zu lernen.

Die dritte Generation hat eine Fülle ausgezeichneter Lehrer aufzuweisen, von denen aber hier nur das die Generation beherrschende Paar, *Rabbah* und *Rav Josef,* erwähnt werden soll. Beide waren Schüler Rav Jehudas in Pumpedita und folgten ihm einer nach dem anderen in der Leitung dieses inzwischen wichtigsten Lehrhauses in Babylonien nach. Rabbah, mit vollem Namen Rabbah bar Nachmani, wurde aufgrund seiner Scharfsinnigkeit in der halachischen Diskussion und seiner mitreißenden Art in seinen Lehrvorträgen *Oker harim,* Entwurzeler von Bergen, genannt. Rav Josef, einer der am meisten im babylonischen Talmud erwähnten Gelehrten, erhielt aufgrund seiner großen Beschlagenheit den Ehrentitel »Sinai«. Auf ihn werden eine Reihe prophetischer Targume, aramäischer Übersetzungen, zurückgeführt. Von ihm stammt der selbstkritische Ausdruck: »Dreierlei Menschen ist kein Leben beschieden, dem, der sich leicht ekelt, dem allzu Mitleidigen und dem Jähzornigen. Alle drei verkörpere ich in mir.«[119]

---

118. Zu unterscheiden von Rabbi Jehuda, dem Tannaiten, vgl. S. 46 f.
119. bPessachim 113b.

Ihre Schüler, *Abbaje,* eigentlich Nachmani, und *Raba,*[120] eigentlich Abba ben Chama, führten die talmudische Dialektik auf ihren Höhepunkt. Sie sind die Hauptvertreter *der vierten Generation.* Beide sind zusammen im Hause Rabbahs aufgewachsen und erzogen worden. Hunderte von Diskussionen zwischen ihnen sind im Talmud überliefert und sprichwörtlich geworden für die Art und Weise der Argumentation. Während Abbaje zu einem gewissen Formalismus und zur Abstraktion neigte, war Raba weit stärker dem Realismus verbunden. Seine Diskussionsweise war andererseits verschrobener und komplizierter als die seines Partners. Aufgrund seiner bestechenderen Gedankenführung richtete sich die Rechtsprechung in der Regel nach ihm. Von beiden sind auch eine große Anzahl von Erzählungen und Lebensweisheiten überliefert, wobei wiederum Raba der glänzendere ist und sich besonders durch Kürze auszeichnet, die an die biblischen Spruchsammlungen erinnert: »Entweder Gesellligkeit oder Tod«,[121] oder »Die Bresche ruft den Dieb.«[122] Abbaje wurde Vorsitzender des Lehrhauses in Pumpedita. Nach seinem Tode verlegte Raba den Sitz des Lehrhauses ins benachbarte *Machoza,* das zeitweilig das einzige bedeutende Lehrhaus Babyloniens war.

Die Diskussionen der beiden Großen, Fülle und Tiefe ihrer Gedankenführung, beschäftigten durchaus auch noch die nächste, *die fünfte Generation,* aus der besonders das Gelehrtenpaar Rav Papa und Rav Papi zu nennen ist. Die Diskussion hat seit dieser Zeit eine neue Wendung bekommen. Der Talmud war nicht mehr nur eine Diskussion der Mischna, sondern wurde zu einem selbständigen Werk der Gelehrtendiskussion, das sich weit von seiner Ausgangsbasis, der Mischna, entfernen, sie zuweilen sogar in Vergessenheit geraten lassen konnte.

Von den nächsten Generationen seien nur noch *Rav Aschi* in der sechsten und Ravina, im Unterschied zu einem früheren Gelehrten gleichen Namens *Ravina II.* genannt, in der letzten und achten Generation angeführt. Auf beide wird die Endredaktion des Talmud zurückgeführt. Ravina starb 499 n. d. Ztr., wonach das Jahr

---

120. Im Unterschied zu Rabbah mit nur einem b geschrieben, im Aramäischen schreibt sich Rabbah mit *he* am Ende, Raba mit *alef.*
121. bTaanit 23a.
122. bSukka 26a.

500 als Ende der Talmudredaktion angesehen wird. Rav Aschi, der nach einer Legende am Todestag Rabas geboren sein soll, erneuerte wieder das Gelehrtenhaus in Sura und war 52 Jahre ihr Vorsitzender. In diesen Jahren soll Rav Aschi zweimal das gesamte talmudische Material gesichtet und geordnet haben. Das Werk wurde von Ravina II. vollendet, der auch Nachfolger Rav Aschis im Vorsitz des Lehrhauses von Sura wurde. Trotz der Bedeutung, die beide Gelehrte durch die Endredaktion des Talmud erworben haben, sind über ihr Leben oder auch nur über ihre Vorgehensweise bei der Arrangierung des ins Unermeßliche angewachsenen Materials, das sie zu bewältigen hatten, nur Legenden, kaum aber historisch verläßliche Nachrichten erhalten geblieben.

Der Sieg des babylonischen Talmud in der jüdischen Welt

Im Streit um die Vormachtstellung der beiden Talmude hatte der babylonische Talmud von vornherein die besseren Chancen. Dies war zum Teil Folge der politischen Situation in Palästina und in Babylonien während und nach Abschluß der Redaktion. Wie bereits oben beschrieben waren die politischen Verhältnisse in Palästina schon gegen Ende der Bearbeitungsphase des Jeruschalmi alles andere als günstig für die Juden. Mag man nun an die »Katastrophentheorie«, die als Grund für den Torso-Charakter des Jeruschalmi angeführt wird, glauben oder nicht, die Situation nach der Beendigung des Jeruschalmi und nach Aufhebung des jüdischen Patriarchats im Land Israel wurde von Jahrzehnt zu Jahrzehnt für die jüdische Bevölkerung schlimmer und endete gegen Ende der byzantinischen Herrschaft im Heiligen Land mit dem Versuch einer Zwangsbekehrung der jüdischen Bevölkerung zum Christentum.[123] Eine Massenflucht der Juden war die Antwort, und viele siedelten sich in Babylonien an, wo sie den jüdischen Bevölkerungsanteil, der um diese Zeit die Zahl der Juden im Land Israel wohl schon übertroffen hatte, weiter vergrößerte. Diese Situation veränderte sich auch nicht wesentlich mit der Eroberung Palästinas durch die Perser und kurz darauf durch den Islam. Der

---

123. Vgl. Michael Krupp, Die Geschichte der Juden im Land Israel, a.a.O., S. 72 ff.

jüdische Bevölkerungsanteil war zu sehr zurückgegangen, als daß sich die Lage trotz größerer Freiheit unter persischer und islamischer Herrschaft grundsätzlich zum Besseren hätte wenden können.

Ganz anders stand es um die Situation der Juden in Babylonien. Sie führten – verglichen mit dem Schicksal ihrer Geschwister unter christlicher Herrschaft – ein verhältnismäßig freies Leben und machten in manchen Städten einen wesentlichen Bestandteil der Bevölkerung aus. Mit dem Sieg des Islam verstärkte sich die Vormachtstellung der babylonischen Juden im islamischen Bereich, besonders nachdem die Abassiden im 8. Jahrhundert, also kurz nach endgültigem Abschluß der Redaktionsarbeit am babylonischen Talmud, ihr Machtzentrum in Bagdad aufrichteten, im Herzen des jüdischen Siedlungsgebietes in Babylonien. Damit war bereits eine politische Vormachtstellung der babylonischen Juden gegenüber der Judenschaft im ganzen islamischen Reich von Persien über das Land Israel, Ägypten, Nordafrika bis hin nach Spanien gegeben, wo der größte Teil der Juden in der damaligen Zeit lebte. Lediglich das italienische, deutsche und französische, das sogenannte aschkenasische Judentum, befand sich außerhalb der islamischen Welt, war jedoch zahlenmäßig damals nicht so bedeutsam.

Für den Sieg des babylonischen Talmud um die Vormachtstellung in der jüdischen Welt ist noch ein anderer Faktor bedeutsam. Im 8. Jahrhundert kam in Babylonien in einem Streit um die geistige Führung des Judentums in diesem Land eine neue Bewegung auf, die über Jahrhunderte in Rivalität zum rabbinischen Judentum verharren und eine ernste Bedrohung auch für den Talmud werden sollte, die karäische Bewegung.[124] Von Babylonien aus erreichten die Karäer Jerusalem und das Land Israel, wo sie wahrscheinlich durch Auffinden von Schriftrollen am Toten Meer zusätzlich stark antipharisäisch beeinflußt wurden und die ganze pharisäische Tradition, einschließlich des Talmud, ablehnten. In Jerusalem, das Juden seit der islamischen Zeit wieder betreten durften, wurde die karäische Bewegung stärker als die rabbinische, so daß die rabbinische Richtung, um sich überhaupt in dem antital-

---

124. Vgl. ebd., S. 92 ff.

mudischen Kampf der Karäer behaupten zu können, bereit war,
dem babylonischen Talmud, gegen den die Karäer in besonderer
Weise polemisierten und den es deshalb zu verteidigen galt, gegenüber dem eigenen, dem Jeruschalmi, den Vorzug zu geben. Dies
bedeutete einen folgenschweren Sieg des babylonischen Talmud
über den Jeruschalmi in dessen eigenem Land. Inzwischen über-
nahmen auch die großen Gelehrtenhäuser in Nordafrika, besonders in Kairuan, den babylonischen Talmud als autoritative Richt-
schnur in Gesetzesentscheidungen. Da es eine bedeutende geistige
Führerschaft der Juden im Land Israel nicht mehr gab, wandte
man sich in allen Anfragen der richtigen Gesetzesfindung an die
Rabbinatsakademien in Babylonien, die zu dieser Zeit zweifelsohne auch die geistige Führerschaft im Judentum weltweit einnah-
men. Die rege Korrespondenz der babylonischen Gaonen mit fast
allen Teilen der jüdischen Welt, die abgeschrieben und von vielen
jüdischen Gemeinden gesammelt wurde, ist in reichem Maße in
der Kairoer Geniza zum Vorschein gekommen und gibt darüber
beredtes Zeugnis. So ist hier auch ein Dokument gefunden worden, in dem der um 800 in Babylonien fungierende Gaon Pirqoi
ben Baboi in einem Brief an eine Gemeinde in Kairuan, die sich als
mit dem Land Israel verbunden versteht, vehement für die Autorität des babylonischen Talmud gegenüber dem jerusalemischen
eintritt. Das Vorrecht der babylonischen Gesetzesentscheidung
gegenüber der palästinischen versuchte ein weiterer großer Tal-
mudgelehrter Nordafrikas, Alfasi in Fez, zwei Jahrhunderte später
mit dem Argument zu begründen, daß die palästinische Gesetzesauslegung schon den Gelehrten in Babylonien vorgelegen habe,
und daß diese als abgelehnt zu betrachten sei, wenn der babylonische Talmud sich anders entschieden habe.

Dasselbe Bild ergibt sich in Spanien, wo die Beziehungen zu den
Akademien Babyloniens besonders eng waren, und wohin der
babylonische Talmud ja auch schon früh – wie bereits berichtet in
Handschriftenform gelangt war.

Schließlich beugte sich auch Aschkenaz, das Abendland, der
Vormacht des babylonischen Talmud, obwohl Süditalien und
Aschkenaz traditionell als dem Land Israel treu ergeben anzusehen
sind. Beide haben lange eine Anzahl palästinischer Sitten bewahrt,
die im gesamten übrigen Judentum schon längst durch den babylonischen Brauch verdrängt worden waren. Das gilt bis heute zum

Beispiel für die Aussprache des Hebräischen, wobei sich Aschkenaz und der Jemen als einzige Länder seit dem 11. Jahrhundert an der palästinischen Aussprache des Hebräischen und nicht an der babylonisch-spanischen orientieren.

Während der großen Talmudrenaissance in Osteuropa mit seinem Zentrum in Wilna im 18. Jahrhundert wurde praktisch nur noch der babylonische Talmud studiert. Dies sieht man bereits an der Druckgeschichte beider Talmude: Während der babylonische Talmud bis zur klassischen Wilnaer Ausgabe an die 50 Mal gedruckt wurde, reichen für die Anzahl der Drucklegungen des Jeruschalmi die Finger einer Hand aus.

Erst in moderner Zeit ist der Jeruschalmi, besonders in Israel, wieder zu größerem Ansehen gekommen, wo man sich in stärkerem Maße an die Wurzeln palästinischer Traditionen erinnert. Insbesondere wird auch in der wissenschaftlichen Welt immer mehr der Wert des Jeruschalmi erkannt, enthält er doch viel häufiger als der babylonische Talmud Traditionen aus der eigentlichen Heimat des Judentums. Auch für die christliche Forschung ist die Bedeutung des Jeruschalmi immer größer geworden, ist er doch in dem Land entstanden, in dem auch das Christentum seine Wurzeln hat. Er ist so viel eher dazu angetan, aus der frühchristlichen Umwelt Zeugnis zu geben.

Anfeindungen und Renaissance

Da der Talmud so sehr mit dem Wesen des Judentums selbst identifiziert wurde, richteten sich alle Angriffe gegen das Judentum gleichzeitig auch gegen den Talmud oder umgekehrt. Schon während seiner Entstehungszeit war Juden mehrfach die Beschäftigung mit der Lehre verboten worden. Dieses Verbot wird von der rabbinischen Geschichtsschreibung bereits als einer der Gründe für den Ausbruch des Bar-Kochba-Krieges gegen Rom 133–135 n. d. Ztr. angeführt. Auch das christliche Rom und Byzanz sind nicht anders verfahren. Im Jahre 553 erließ Justinian ein Gesetz, das den Juden das Studium der *deuterosis* verbot, das wahrscheinlich alles einschloß, was nicht reines Bibelstudium war. Der römische Papst Leo VI. (886–912) erneuerte dieses Verbot, es ist aber nicht bekannt, ob dies praktische Folgen für das Studium des

Talmud hatte. Die eigentlichen Angriffe gegen den Talmud begannen in der Blütezeit des Mittelalters. Viele solcher Angriffe stammten von Juden selbst, die zum Christentum übergetreten waren. Sie versuchten, ihren christlichen Freunden klarzumachen, wieviel Gotteslästerliches in diesem Buch enthalten sei und wie darin der Christen Herr und Heiland verunglimpft werde. Der erste große Angriff gegen den Talmud mit verheerenden Auswirkungen ging von einem Juden aus, der nach seiner Taufe Nikolaus Donin hieß. Die Rabbinen hatten ihn 1224 in den Bann getan, worauf er 1236 zum Christentum übertrat und 1238 in einer Schrift mit 35 Punkten gegen den Talmud von Papst Gregor IX. das Verbot des Talmud forderte. Dies führte 1240 zu der berüchtigten Disputation zwischen Donin und Rabbi Jechiel in Paris, in der der Vorsteher der Judengemeinde keine Chance hatte. Die bereits erwähnte erste große Talmudverbrennung 1242 war die Folge, sowie die Vertreibung Rabbi Jechiels in die Kreuzfahrerstadt Akko.

Aber nicht alle Streitgespräche verliefen in dieser Weise. Auf der berühmten vor dem spanischen Königspaar stattfindenden *Disputation von Barcelona* 1263 zwischen dem getauften Juden Pablo Christiani und dem großen jüdischen Religionsphilosophen und Schriftgelehrten Nachmanides versuchte die christliche Seite, die den Talmud gründlicher studiert hatte als ihre judenchristlichen Vorgänger, gerade diesen für ihre Sache einzuspannnen und die christliche Wahrheit mit dem Talmud zu beweisen. Über diese Disputation wird noch im Zusammenhang mit den Messiasgeschichten im Textteil zu berichten sein. Obwohl der König Rabbi Nachmanides zum Sieger in diesem Wettstreit erklärte, mußte Nachmanides das Land verlassen und landete ebenso wie sein Kollege Rabbi Jechiel aus Paris einige Jahrzehnte vor ihm in Akko. In Jerusalem hat er später wieder eine jüdische Ansiedlung durchgesetzt.[125] Diese Disputation, die aufgrund ihres besonderen Charakters keine Verfolgung des Talmud nach sich zog – wie konnte man auch ein Buch verbrennen, das die christliche Wahrheit bewies? – sollte eine Ausnahme bleiben. Bis zum Ende des 16. Jahrhunderts sind Disputationen, Konzile und Kirchenver-

---

125. Vgl. ebd., S. 108 ff.

sammlungen mit Verboten, Beschlagnahmungen und Verbrennungen des Talmud einhergegangen, die, wie schon erzählt, bis in die Druckgeschichte des Talmud hineinreichten. Auch die Liebe einiger christlicher Humanisten zu diesem Buch − von Reuchlin war bereits die Rede − konnte den Talmud nicht vor der Verfolgung retten und brachte seinen Verteidigern große Schwierigkeiten ein. So hatte sich Reuchlin langwierig vor dem Inquisitionsgericht zu verteidigen und entkam nur mit Mühen den Schlingen seiner Verfolger. In dem Kampf der katholischen Kirche gegen die Reformation kam 1559 auch der Talmud auf den ersten Index verbotener Bücher. Aber auch Luther erwies sich nicht als Freund des Talmud. In seiner Schrift *Von den Juden und ihren Lügen*[126] ordnete er nach dem Verbrennen der Synagogen und Häuser auch die Konfiszierung aller jüdischen Bücher, einschließlich des Talmud, an.[127]

Der Gegenzug christlicher Verteidiger sollte aber nicht auf einige wenige Humanisten beschränkt bleiben. Das 17. Jahrhundert kennt eine Reihe von christlichen Hebraisten, die versuchten, mit Hilfe des Talmud und der sonstigen rabbinischen Literatur das Neue Testament und das Christentum besser zu verstehen. Hervorgehoben seien hier nur John Lightfoot mit seinen Horae Hebraicae Talmudicae von 1658[128] und J. Buxtorf mit seinem Lexicon chaldaicum, talmudicum et rabbinicum aus dem Jahr 1639.[129]

In diese Zeit fällt aber auch das Erscheinen eines Werkes, das

126. Zum ersten Mal 1543 erschienen. Hier zitiert nach dem 3. Sonderband der »Ausgewählten Werke«, München 1936, S. 61−228.

127. A. a.O., S. 190: »Zum dritten, daß man ihnen nehme alle ihre Betbüchlein und Talmudisten, darin solche Abgöttereien, Lügen, Fluch und Lästerung gelehrt wird.«

128. Das Werk stellte zum ersten Mal die talmudischen Parallelen zum Neuen Testament zusammen. Lightfoot war anglikanischer Theologe und galt als bester christlicher Kenner der talmudisch-rabbinischen Literatur seiner Zeit.

129. Johannes Buxtorf entstammte einer gelehrten Professorenfamilie in Basel, die sich vorwiegend mit den rabbinischen Schriften und dem Alten Testament befaßte. Um seine verschiedenen Studien fortsetzen zu können, gelang es Buxtorf, seinen jüdischen Lehrern eine besondere Aufenthaltserlaubnis in Basel zu besorgen.

der Stammvater aller modernen Angriffe gegen den Talmud werden, und das die Polemik bis in das 20. Jahrhundert hinein, einschließlich der Nazipropaganda, bestimmen sollte. Das »Verdienst«, geistiger Vater des modernen Antisemitismus geworden zu sein, fällt einem Mann zu, der sich zwanzig Jahre lang bemüht hat, bei Rabbinen den Talmud zu lernen, immer unter dem Vorwand, er selbst wolle zum Judentum übertreten. Es handelt sich hierbei um Johann Andreas Eisenmenger, der die Frucht seiner Nachforschungen unter dem Titel *Entdecktes Judentum* in Frankfurt am Main im Jahre 1700 in einem zweibändigen, über 1000 Seiten umfassenden Werk der judenfeindlichen Mitwelt zur Kenntnis bringen wollte, daran aber vom Magistrat der Stadt »auf Betreiben der Juden« gehindert wurde. Es ist tatsächlich erstaunlich zu sehen, wie ein antijüdisches Werk dieser Art ebenso auf Zensurschwierigkeiten stieß wie der Talmud selbst, der in »Entdecktes Judentum« angeprangert wurde. Es bedurfte 11 Jahre, bis ein illegaler Druck dieses Werkes angeblich in Königsberg, weit weg von allen Zensurbehörden, erscheinen konnte und damit das Verbot des Frankfurter Magistrats unterwanderte. Daß das Buch unter falschem Verlagsort erscheinen mußte − man nimmt an, daß es tatsächlich in Berlin gedruckt wurde − ist auch bezeichnend für diese Zeit, die dafür eintrat, daß tödliches Gift auch gegen Juden nicht vogelfrei verspritzt werden durfte. Nachdem 1732 noch eine englische Ausgabe erschienen war, konnte der Magistrat von Frankfurt sein Verbot nicht mehr länger aufrecht erhalten. Immerhin benötigte man vom ersten Versuch der Veröffentlichung an gerechnet ganze vierzig Jahre, bis der eingelagerte Originaldruck von 2000 Exemplaren mit revidiertem Titelblatt in Frankfurt selber erscheinen konnte, wie Eisenmenger auf besagter Titelseite 1740 mitteilt.

Das Buch ist eine Fundgrube für Liebhaber an rabbinischen Texten, die das Verhältnis von Juden und Nichtjuden zum Thema haben. Es ist Eisenmenger gelungen, die meisten Texte aus dem großen Meer der rabbinischen Literatur, einschließlich des Talmud, aufzustöbern, die irgendwie als Anlaß für eine christenfeindliche Haltung des Judentums dienen könnten. Dabei übersieht oder verschweigt Eisenmenger, daß viele Stücke einer heidenpolemischen Diskussion entnommen sind oder es sich um Texte handelt, die einer längeren Diskussion entlehnt sind und von der -

Mehrheit der Rabbinen abgelehnt wurden. Eisenmenger veröffentlicht hier auch die nachtalmudischen antichristlichen Toldot Jeschu, ein jüdisches Antievangelium zur Abwehr der christlichen Judenmission, die vor ihm schon Wagenseil und andere christliche Drucker herausgegeben hatten. Die Texte sind im hebräischen bzw. aramäischen Original mit deutscher Übersetzung abgedruckt und von Eisenmenger mit entsprechenden Kommentaren versehen worden. Sie sind meist richtig übersetzt, und wenn die Übersetzung zuweilen unkorrekt ist, liegt das weniger an der bösen Absicht Eisenmengers als an der Tatsache, daß er in den zwanzig Jahren illegalen Talmudstudiums doch noch nicht alles verstanden hatte.

Kann man Eisenmengers Versuch, das Judentum einer antichristlichen Haltung zu bezichtigen, noch als ein Unternehmen eines von Judenhaß beseelten Geistes bezeichnen, der sich bemüht, keine Fälschungen in die rabbinische Literatur einzutragen, so gilt das für seine zahlreichen Abschreiber, die weder orientalische Sprachen beherrschten noch irgendeinen Text im Original gesehen hatten, keineswegs. Hier ist besonders das Standardwerk des Antisemitismus des 19. Jahrhunderts, August Rohlings »Der Talmudjude« zu nennen, das nach seinem Ersterscheinen in Münster 1871 noch 17 weitere Auflagen erlebte und auch von den Nazis weidlich ausgeschlachtet wurde. Rohling benutzte Eisenmenger für den »Beweis« jüdischen Ritualmordes, jüdischer Brunnenvergiftungen und anderer »jüdischer Verbrechen«. Hier wird sinnlos aus dem Kontext gerissen, gefälscht, falsch verbunden und falsch interpretiert. Große christliche Kenner des Judentums wie Franz Delitzsch, Hermann L.Strack und andere schrieben bedeutende Gegenveröffentlichungen, in denen sie jede einzelne Fälschung Rohlings nachwiesen. Rohling, von Hause aus Priester, mußte schließlich auf Druck der öffentlichen Meinung und der Gerichte eine Professur, zu der ihm die katholische Kirche an der deutschen Universität in Prag verholfen hatte, zurückgeben, hörte aber nicht auf, auch weiterhin sein antisemitisches Gift zu verspritzen.

Der Talmud hat in der modernen Zeit aber auch seine innerjüdischen Feinde gehabt. Die jüdische Aufklärung und später die Reformbewegung sahen im Talmud den Grund für die Verhaftung des Judentums in mittelalterlicher Tradition und betrachteten ihn als Hemmschuh beim Eintritt des Judentums in die Neuzeit und die moderne Gesellschaft. An Reform-Rabbinerseminaren wurde der

Talmud nicht mehr studiert. Er enthielt ja auch all die Gesetze, von denen das Reformjudentum meinte, sich befreien zu müssen. Erst im 20. Jahrhundert und besonders in der zweiten Hälfte dieses Jahrhunderts gab es auch hier eine Rückbesinnnung auf die Ursprünge des Judentums – zeigt doch der Talmud, wie modern Juden in der Antike denken konnten und wie anpassungsfähig die Halacha war – und in den meisten Reform- und konservativen Rabbinerseminaren, besonders in Israel und Amerika, wird der Talmud heute wieder studiert. Auch an der Hebräischen Universität Jerusalem, wie später an allen anderen Universitäten des Landes, ist von ihrer Gründung an eine besondere Fakultät zum Studium des Talmud eingerichtet worden. Gerade durch diese Lehrstühle, die meist von orthodoxen Juden besetzt sind, ist das Talmudstudium in eine moderne Phase eingetreten, die versucht, den Talmud wie andere antike Texte zu analysieren und zu verstehen.

Neben solchen neuen Versuchen, mit dem Talmud umzugehen, nimmt der althergebrachte Lernbetrieb an den Jeschiwot, den Talmudhochschulen, unvermindert und mit den altbewährten Methoden seinen Gang. Es gibt derzeitig allein in Israel 20 000 Talmudschüler auf den verschiedenen Jeschivot.

Erklärung einer Talmudseite

Zwischen Einleitung und kommentierter Textauswahl soll für den Leser, der auch mal einen originalen Talmud aufschlägt, eine Seite erklärt werden. Es handelt sich um die erste Seite des babylonischen Talmud, wie man sie in der klassischen Wilnaer Augabe und all ihren Nachdrucken findet.

Die *Überschrift* enthält links den Traktatnamen, in diesem Fall *Berachot,* in der Mitte die Kapitelangabe, *Perek rischon,* Erstes Kapitel, und rechts den Namen des Kapitels, *meimatai,* Von wann an.[130] Links außen steht die Seitenangabe, der Buchstabe *bet,* Blatt 2. Das Blatt 2 ist jeweils die erste Seite, als Seite 1 hat man

---

130. Jedes Kapitel hat einen eigenen Namen, der aus dem Kapitelanfang besteht. In der älteren hebräischen Literatur wurde der Talmud nach diesen Kapitelnamen zitiert und nicht nach Traktatsnamen und Seitenangabe.

מאימתי פרק ראשון ברכות ב

מאימתי קורין את שמע בערבית. משעה שהכהנים נכנסים לאכול בתרומתן עד סוף האשמורה הראשונה דברי רבי אליעזר. וחכמים אומרים עד חצות. רבן גמליאל אומר עד שיעלה עמוד השחר. מעשה ובאו בניו מבית המשתה אמרו לו לא קרינו את שמע אמר להם אם לא עלה עמוד השחר חייבין אתם לקרות. ולא זו בלבד אמרו אלא כל מה שאמרו חכמים עד חצות מצותן עד שיעלה עמוד השחר. הקטר חלבים ואברים מצותן עד שיעלה עמוד השחר. וכל הנאכלים ליום אחד מצותן עד שיעלה עמוד השחר. אם כן למה אמרו חכמים עד חצות כדי להרחיק אדם מן העבירה:

גמ׳ תנא היכא קאי דקתני מאימתי. ותו מאי שנא דתני בערבית ברישא לתני דשחרית ברישא. תנא אקרא קאי דכתיב בשכבך ובקומך והכי קתני זמן קריאת שמע דשכיבה אימת משעה שהכהנים נכנסים לאכול בתרומתן. ואי בעית אימא יליף מברייתו של עולם דכתיב ויהי ערב ויהי בקר יום אחד.

באי שמש וטהר שמשו מעיקרא מעכבא מלאכול בתרומה ביאת שמשו והאי ומטהר מאי ניהו טהר יומא.

sich die Titelseite vorzustellen. Der Talmud ist wie die alte hebräische Literatur überhaupt blattweise numeriert. Die Seite, die die
Numerierung aufweist, ist die Vorderseite. Üblicherweise zitiert
man sie als 2a. Die Rückseite ist die Seite 2b. Das nächste Blatt
trägt die Numerierung *gimmel*, Blatt 3. Dies wäre dann die Seite 3a.

Bei der weiteren Beschreibung der Seite ist es wichtig, sich
klarzumachen, daß die Aufteilung der hebräischen Seite sich nicht
nach rechts und links orientiert, sondern nach innen und außen.
Die Vorderseite ist jeweils die linke Seite und die Rückseite die
rechte Seite. Die vorliegende Seite 2a hat also ihren inneren Rand
rechts und den äußeren links. Bei der Rückseite ist es genau
umgekehrt.

In der Mitte der Seite steht der Talmudtext, der sich aus Mischna
und Gemara zusammensetzt (FELD 1). Da es sich um die erste
Seite des Traktats handelt, fängt die Seite mit der Mischna an. Am
Anfang eines Kapitels hat sie auch keine besondere Überschrift,
sonst steht hier *matn'*, Abkürzung von matnita, dem aramäischen
Wort für Mischna. In der Mitte der Seite steht *gem'*, Abkürzung
von *gemara*. Dies bezeichnet die Stelle, an der die Gemara
beginnt.

Innen, in diesem Fall rechts, steht der wichtigste Kommentar
zum Talmud, der *Raschi-Kommentar*[131] (FELD 2). Er ist in einer
besonderen Schrift gesetzt, in der sogenannten Raschischrift, die
aus der Quadratschrift des Haupttextes abgeleitet ist.[132]

Außen, in diesem Fall links, steht ein Subkommentar, das heißt
ein Kommentar zum Raschikommentar, der von seinen Schülern
verfaßt ist, die den Namen *Tosafisten*, Zufüger (zu Raschi), tragen
(FELD 3).

Zwischen Haupttext und Kommentaren steht ein Bibelstellen-
verzeichnis, das die Überschrift *tora or* trägt (FELD 4). Es bezieht
sich auf runde Kreise im Haupttext, die den Anfang der jeweiligen
Bibelstelle bezeichnen.

Am inneren Rand, hier rechts, findet sich ein Verzeichnis mit
der Überschrift *masoret ha-schas*, Überlieferung des Talmud
(FELD 5). Dies ist ein Verzeichnis mit Parallelstellen aus der rabbi-

---

131. Vgl. S. 82, Anm. 102.
132. Ähnlich wie zwischen Druck- und Schreibschrift unterschieden wird.

nischen Literatur. Dies ist für den Wissenschaftler besonders hilfreich, da hier auch die Quellen vieler alter Überlieferungen angegeben sind. Der Beginn des Abschnitts, auf den sich die Parallelstellen beziehen, ist mit einem Stern im Haupttext markiert.

Außen oben, in diesem Fall links oben, findet sich ein Verzeichnis mit der Überschrift *ein mischpat, ner mizwa,* Quelle des Rechts und Licht des Gebotes (FELD 6). Hier wird angegeben, wo man etwas in den Gesetzescodices über den betreffenden Abschnitt finden kann. Hier also kann nachgeschlagen werden, wie die heute gültige Halacha lautet. Vier Hauptwerke sind angegeben, wovon das letzte das wichtigste ist, der Schulchan Aruch des Josef Karo, das letzte große halachische Kompendium, das im 16. Jahrhundert in Zefat entstanden ist.[133] Diese Aufteilung findet sich in allen Traktaten. Weitere Kommentare am Rand, in diesem Fall der Kommentar des *Rav Nissim Gaon.*[134] In der Wilnaer Ausgabe finden sich am Ende eines jeden Traktats noch weitere Kommentare, alles in allem handelt es sich für den gesamten Talmud um mehr als hundert Kommentare, die aber nicht zu allen Traktaten existieren.

---

133. Vgl. Michael Krupp, Die Geschichte der Juden im Land Israel, a.a.O., S. 129f.
134. Mit vollem Namen Nissim ben Jakob ibn Schahin (persisch: Der Falke). Er lebte um das Jahr 1000 n. d. Ztr. in Kairuan, Nordafrika. Seine Familie stammte aus Babylon. Sein Vater war Oberhaupt dieses wichtigsten Gelehrtenhauses seiner Zeit in Nordafrika. Nissims Kommentar zum Talmud, der nur teilweise erhalten ist, heißt: »Schlüssel für die verschlossenen Teile des Talmud«.

Aus der Mischna

Die Weisheit der Väter

Der Mischnatraktat *Avot*, Väter, stellt in besonderer Art die Weisheitsliteratur des rabbinischen Judentums zusammen. Er ist das Vermächtnis der Rabbinen an Lebensklugheit, die sie durch ein entbehrungsreiches Leben im Studieren der Tora erworben haben. Der Anfang des Traktates beschwört die ungebrochene Traditionskette von Moses auf dem Berg Sinai bis zu den Mischnalehrern. Die Aussagen der Gelehrten und Rabbinen der Traditionskette sind in der Regel aber gerade keine wichtigen Gesetzesentscheidungen, die ineinander greifen und die das rabbinische Rechtsgefüge untermauern würden, sondern ethische Aussagen und Lebensweisheiten, die das hohe geistige Niveau der pharisäischen Lehrer des Volkes unterstreichen. Deshalb ist es gerechtfertigt, mit einer Auswahl aus diesen Sprüchen wie einer Art Erbe und Vermächtnis der Rabbinen als Grundlegung für alles folgende zu beginnen. Weisheitsliteratur bedarf zum Verstehen keiner Voraussetzungen, sondern nur eines meditativen Geistes, der willig ist, sich auf die zuweilen aphorismenartigen Sprüche einzulassen. Deswegen ist auf eine Kommentierung weitgehend verzichtet worden. Nur wo geschichtliche Zusammenhänge unklar oder Hintergründe zum Verstehen des Textes notwendig sind, wird in den Anmerkungen darauf eingegangen.

Der Aufbau des Traktates zeigt eine Reihe von Brüchen und Überarbeitungen, späterer Einfügungen und dergleichen. Hier sollen nur die ersten beiden Kapitel übersetzt werden, die eine gewisse geschlossene Einheit gegenüber dem Rest des Traktats aufweisen. Sie behandeln die Traditionskette von Moses bis zu dem Vertreter der ersten Generation der Mischnalehrer, Rabban Jochanan ben Sakkai, und seiner Schüler. Da all dieses Spruchgut um die Zeit Jesu entstanden ist, mag diese Auswahl für die christliche Leserschaft ganz nützlich sein. Als Textgrundlage dient die Handschrift Kaufmann in Budapest, die aus dem 10. Jahrhundert stammt, im Land Israel oder Süditalien geschrieben wurde und die die älteste und trotz aller Fehler des Abschreibers beste Textüberlieferung der Mischna bewahrt hat.

1.1 Moses erhielt die Tora vom Sinai und übergab sie Josua (bin Nun); Josua den Ältesten; die Ältesten den Propheten, und die Propheten übergaben sie den Männern der großen Versammlung.[135] Sie sagten drei Dinge: Seid zurückhaltend im Gericht, stellt viele Schüler auf und macht einen Zaun um die Tora.[136]

1.2 Schimon der Gerechte[137] gehörte zu den letzten der großen Versammlung. Er pflegte zu sagen: Auf drei Dingen ruht die Welt, auf der Tora, auf dem Dienst[138] und der Liebestätigkeit.

1.3 Antigonos von Soko[139] erhielt (die Tora) von Schimon dem Gerechten. Er pflegte zu sagen: Seid nicht wie die Knechte, die ihrem Herrn dienen, um Lohn zu empfangen, sondern seid wie Knechte, die ihrem Herrn dienen, nicht um Lohn zu empfangen.[140] Die Furcht aber des Himmels[141] sei über euch.

1.4 Jose ben Joeser aus Zreda und Jose ben Jochanan aus Jerusalem[142] erhielten (die Tora) von ihm. Jose ben Joeser aus Zreda sagt: Dein Haus sei ein Haus der Versammlung für die Gelehrten. Bedecke dich mit dem Staub ihrer Füße und trinke durstig ihre Worte.

1.5 Jose ben Jochanan aus Jerusalem sagt: Dein Haus sei weit offen und Arme seien deine Hausgenossen und rede nicht viel mit einer Frau. Gemeint ist »mit seiner Frau«, um wieviel mehr gilt das

---

135. Oder auch: Männer der großen Synagoge. Gemeint ist ein bestimmter Zeitraum, die persische und hellenistische Epoche, in der die ersten Anfänge des nachbiblischen Judentums liegen, über die aber sehr wenig bekannt ist.
136. Der »Zaun um die Tora« ist eines der Grundprinzipien des Judentums. Bildlich gesprochen darf Israel den Berg Sinai nicht betreten, weil es durch die Gegenwart Gottes verbrennen würde. Der Zaun um den Berg soll wie der Zaun um die Tora verhüten, daß es überhaupt zu einer Gesetzesübertretung kommen kann. Dieser Zaun ist die Halacha, das Gesetz. So ist das Gebot Jesu, keine fremde Frau anzuschauen, der Zaun, der verhindern soll, schließlich die Ehe zu brechen.
137. Vermutlich handelt es sich bei ihm um den bei Josephus erwähnten Hohenpriester gleichen Namens, der im 3. Jahrhundert v. d. Ztr. lebte.
138. Das hebräische Wort *avoda* hat die Doppelbedeutung »profane Arbeit« und »Gottesdienst«.
139. Antigonos von Soko ist nur aus dieser Mischna bekannt.
140. Vgl. Lukas 17,10.
141. Die Rabbinen reden nicht von Gott direkt. »Himmel« ist eine der Umschreibungen für Gott.
142. Diese beiden bilden das erste der sogenannten fünf Gelehrtenpaare.

für die Frau seines Nächsten.[143] Aufgrund dessen sagten die
Gelehrten: Jeder, der viel mit der Frau (in den Tagen ihrer
periodischen Unreinheit)[144] redet, schafft sich selber Übel, hebt
die Worte der Tora auf, und am Ende erntet er das Gehin-
nom.[145]

1.6 Jehoschua ben Perachja und Matai aus Arbel erhielten
(die Tora) von ihnen. Jehoschua ben Perachja sagt: Nimm dir
einen Lehrer und erwirb dir einen Kollegen und richte jeden
Menschen nach der guten Seite.

1.7 Mattai aus Arbel sagt: Halte dich fern von einem bösen
Nachbarn, verbinde dich nicht mit einem Bösewicht und ver-
zweifle nicht im Unglück.[146]

1.8 Jehuda ben Tabai und Schimon ben Schetach erhielten
(die Tora) von ihnen. Jehuda ben Tabai sagt: Mache dich nicht
wie die Rechtsanwälte.[147] Wenn die streitenden Parteien vor dir
stehen, halte sie beide für schuldig. Wenn sie von dir scheiden,
seien sie vor dir wie Gerechte, denn sie haben ja den Rechts-
spruch akzeptiert.

1.9 Schimon ben Schetach sagt: Verhöre die Zeugen gründlich und nimm deine Worte in acht, damit sie darauf nicht Lügen
bauen.

---

143. Der letzte Satz und die Fortsetzung ist nachträgliche Interpretation zum
     Ausspruch von Joeser ben Jochanan und stammt nicht von ihm selber.
     Zur Regel Kal wechomer vgl. S. 49, zum Inhalt Anm. 50 S. 44.
144. »In den Tagen ihrer periodischen Unreinheit« fehlt im Druck, steht aber
     in Handschrift Kaufmann; ist dort aber nicht vokalisiert. Das bedeutet,
     daß der Zusatz auch nicht in der Vorlage stand, die der Vokalisator
     benutzte. Es ist aber fraglich, ob es hier ursprünglich ist, oder hier
     – allerdings in sehr früher Zeit – nur eingeschoben wurde, um die
     Schärfe der Aussage zu mildern. Interessant ist die Variante in der
     Handschrift Parma, die um das Jahr 1073 (vgl. meinen Aufsatz in Tarbiz
     49, 1980, 194-196) geschrieben wurde und die vielleicht den richtigen
     Wortlaut erhalten hat. Hier heißt es im vorhergehenden Satz: Von seiner
     Frau in der Zeit der Unreinheit ist die Rede, wieviel mehr gilt das für die
     Frau seines Nächsten.
145. Die Hölle.
146. Dieser schwierige und dunkle Satz kann auch übersetzt werden: Und
     verzweifle nicht an der Vergeltung.
147. Gemeint ist wahrscheinlich, bediene dich nicht der spitzfindigen Argu-
     mentation von Rechtsanwälten, um im Prozeßverfahren zu gewinnen,
     denke an die Rechtssituation.

1.10 Schmaja und Abtaljon erhielten (die Tora) von ihnen. Schmaja sagt: Liebe die Arbeit, hasse das Herr-Sein[148] und lasse dich nicht mit der Obrigkeit ein.

1.11 Abtaljon sagt: Gelehrte, hütet euch mit euren Worten, damit ihr nicht die Schuld der Verbannung auf euch zieht und an einen Ort des bösen Wassers verbannt werdet, und eure Schüler davon trinken und dadurch umkommen, so daß der Name des Himmels dadurch entweiht wird.[149]

1.12 Hillel und Schammai erhielten (die Tora) von ihnen. Hillel sagt: Gehöre zu den Schülern von Ahron, den Frieden liebend und dem Frieden nachjagend, liebe die Geschöpfe und bringe sie zur Tora.

1.13 Er pflegte zu sagen: Wer seinen Namen groß macht, verliert seinen Namen;[150] wer nicht zufügt, vermindert;[151] und wer nicht lernt, ist des Todes schuldig;[152] und wer sich der Krone[153] bedient, vergeht.[154]

1.14 Er pflegte zu sagen: Wenn nicht Ich[155] (für mich)[156] ist, wer ist für mich? Und wenn ich für mich allein bin, was bin ich? Und wenn nicht jetzt, wann?[157]

---

148. Auf Hebräisch *rabbanut,* was normalerweise mit Rabbinat zu übersetzen ist.

149. Verbreitet keine Irrlehren, denn das führt zur Gotteslästerung und eure Schüler, oder die Generation nach euch, kommen darin um.

150. Das Original ist aramäisch und klingt so: Ne-gad Sche-ma A-bad Sche-ma. (So ist es in der Handschrift Kaufmann punktiert.)

151. Oder: verschwindet. Diesmal ist das Wortspiel hebräisch: Udela mo-sif − je-suf. Vgl. Matthäus 13,12.

152. Dieser und der nächste Satz sind wieder aramäisch.

153. Der Tora.

154. Wer nicht lernt, ist des Todes schuldig, wer aber aus seinem Lernen ein Geschäft macht, ist ebenso verurteilt.

155. Doppelsinnig. Mit der Großschreibung will ich auf die Möglichkeit hinweisen, daß mit dem »ich« mehr gemeint sein kann: das göttliche »Ich« der Mystiker, *Ich bin der Herr, dein Gott* (2 Mose 20,2). Für eine solche Möglichkeit spricht auch die Fortsetzung.

156. Das Eingeklammerte fehlt in der Handschrift Kaufmann, ist aber in den anderen Handschriften vorhanden. Auch dies mag von Bedeutung sein.

157. Hier wird die Reihe der Hillelsprüche abgebrochen, in 2.4 aber wieder aufgenommen.

1.15 Schammai sagt: Mach deine Tora[158] fest.[159] Rede wenig, aber tue viel und empfange jeden Menschen mit freundlichem Gesicht.

1.16 Rabban Gamliel[160] sagt: Nimm dir einen Lehrer und vermeide (dadurch) Zweifel. Und verzehnte nicht häufig (nur) nach Schätzung.[161]

1.17 Schimon, sein Sohn, sagt: Alle meine Tage bin ich unter den Gelehrten aufgewachsen und habe für einen selbst nichts Besseres gefunden als Schweigen. Und nicht das Studium ist die Hauptsache, sondern die Tat. Und jeder, der viel redet, schafft Sünde.

1.18 Rabban Schimon ben Gamliel sagt: Auf drei Dingen steht die Welt, auf dem Recht, auf der Wahrheit und auf dem Frieden, wie es heißt: *Wahrheit und Recht, Frieden richtet in euren Toren.* (Sacharja 8,16).

2.1 Rabbi[162] sagt: Welchen geraden Weg soll der Mensch sich wählen? Jeder, der eine Auszeichnung ist für den, der ihn geht, ist eine Auszeichnung für ihn unter den Menschen. Nimm ein leichtes Gebot so ernst wie ein schweres, denn du kennst den Lohn der Gebote nicht. Rechne die Last eines Gebots mit seinem Gewinn auf, und den Gewinn einer Übertretung mit ihrer Last.[163] Denke an drei Dinge, dann kommst du nicht zu

---

158. Dein Torastudium.
159. Lerne zu festen Zeiten.
160. Hier beginnt ein Einschub, der bis 2.7 reicht. Dies wird deutlich daran, daß es in 2.8 ganz im gewohnten Schema weitergeht: Rabban Jochanan ben Sakkai erhielt (die Tora) von Hillel und Schammai. Im Einschub erscheint die Generationsabfolge des Hauses Hillel. Diese Abfolge: Gamliel, Schimon sein Sohn, Schimon ben Gamliel, Rabbi, Gamliel ben Jehuda ha-Nassi, ist aber unklar. Die Frage ist, wer mit dem ersten Gamliel gemeint ist, Rabban Gamliel der Alte oder Rabban Gamliel von Javne. (Vgl. S. 33 ff.) Dies hängt davon ab, ob »Schimon sein Sohn« und »Schimon ben Gamliel« identisch sind oder nicht. Die eigentliche Abfolge wäre: Gamliel I., Schimon I., Gamliel II., Schimon II., Rabbi, Gamliel III. Entweder beginnt die Reihe hier mit Gamliel II., und die folgenden Schimon sind identisch, oder die Reihe beginnt mit Gamliel I., und Gamliel II. ist ausgelassen. Letzteres ist wahrscheinlicher.
161. Sondern: Miß genau ab.
162. Der Redaktor der Mischna, vgl. S. 47 f.
163. Strafe.

einer Übertretung, wisse, was über dir ist: Ein sehendes Auge, ein hörendes Ohr und alle deine Taten werden in das Buch eingetragen.

2.2 Rabbi Gamliel, der Sohn von Rabbi Jehuda ha-Nassi, sagt: Schön ist das Studium der Tora zusammen mit einer Berufsausübung, denn die Mühe um beides läßt die Sünde vergessen. Jede Tora aber, die nicht durch Arbeit begleitet wird, hebt sich am Ende selbst auf und führt zur Sünde. Alle, die für die Allgemeinheit arbeiten, sollen das um des Himmels willen tun,[164] denn das Verdienst ihrer Väter hilft ihnen, denn ihre Gerechtigkeit hat ewig Bestand. Euch aber rechne ich viel Lohn an, als ob ihr es selber getan habt.[165]

2.3 Seid vorsichtig mit der Obrigkeit, denn sie kümmert sich um den Menschen nur, wenn sie ihn braucht, sie erscheint ihm wie ein Freund, wenn es ihm gutgeht, sie steht aber niemandem bei in der Stunde der Not.

2.4 Er pflegte zu sagen: Tue seinen Willen wie deinen Willen, damit er deinen Willen tut wie seinen Willen. Unterdrücke deinen Willen aufgrund seines Willens, damit er den Willen anderer unterdrückt aufgrund deines Willens.

Hillel[166] sagt: Sondere dich nicht von der Gemeinschaft ab; traue dir selber nicht bis zum Tage deines Todes; richte deinen Mitmenschen nicht, bis du in seine Lage kommst; sage nicht, das verstehe ich nicht, denn zum Schluß ist es doch verständlich; und sage nicht, wenn ich Zeit habe, werde ich lernen, vielleicht hast du nie Zeit.

2.5 Er pflegte zu sagen: Kein Unwissender[167] ist gottesfürch-

---

164. Und nicht um Lohn und Ansehen zu bekommen.
165. Und dabei war es doch das Verdienst und die Gerechtigkeit der Väter.
166. Gegen Ende des Einschubs folgen noch mal Aussprüche Hillels, die in 1.14 unterbrochen worden waren. Handschrift Kaufmann verschreibt sich und beginnt diesen Satz mit »Rabbi s(agt)«. Dies ist von einigen Interpreten als »Rabbi Hillel« gelesen und so verstanden worden, daß hier nicht von Hillel dem Alten, sondern einem anderen Hillel, vielleicht Hillel II. (vgl. S. 72) die Rede ist. Dies ist aber unwahrscheinlich, weil es schwer zu verstehen wäre, daß man von einem sonst fast unbekannten Hillel mehr Aussprüche als von jedem anderen Gelehrten im Traktat Avot überliefert hat. Außerdem werden in den Parallelstellen der rabbinischen Literatur alle folgenden Aussprüche Hillel dem Alten zugesprochen.
167. In der Tora.

tig, und kein Ungelernter ist ein Hassid.[168] Kein Schüchterner kann Schüler sein und kein Pedant Lehrer.[169] Niemand, der sich viel mit Handel beschäftigt, wird weise werden, und wo es keine Menschen gibt, bemühe dich, ein Mensch zu sein.

2.6 Einmal sah er einen Totenschädel, der auf dem Wasser schwamm, da sagte er zu ihm: Weil du ertränkt hast, haben sie dich ertränkt, und das Ende derer, die dich ertränkt haben, wird sein, daß sie selber ertrinken.[170]

2.7 Er pflegte zu sagen: Viel Fleisch — viel Wurm; viel Besitz — viel Prozesse;[171] viele Sklavinnen — viel Unzucht; viele Knechte — viel Diebstahl; viele Frauen — viel Zauberei; viel Tora — viel Leben.[172] Wer einen guten Namen erworben — hat für sich etwas erworben; wer die Worte der Tora erworben — hat das Leben der kommenden Welt erworben.

---

168. Ein Frommer. Es gab zur Zeit Hillels eine Bewegung von Frommen, denen man Laxheit in der Befolgung der Gebote nachsagte. Nach Hillel kann jemand, der die Gebote nicht kennt und deshalb nicht einhält, kein Frommer oder Hassid sein. Vgl. S. 205 ff.

169. Dieser Ausspruch berührt das Wesen des antiken jüdischen Lernens, das ganz im sokratischen Sinn davon lebt, daß der Schüler fragt und der Lehrer durch seine Antworten lehrt. Ein schüchterner Schüler, der nicht zu fragen versteht, kann also nichts lernen, und ein pedantischer Lehrer, der die Schüler abschreckt, Fragen zu stellen, kann kein Lehrer sein.

170. Dieser Ausspruch wird gemeinhin so wie der Ausspruch in Mischna Sota 1,7 verstanden: »Mit dem Maß, mit dem ein Mensch mißt, wird er selber gemessen.« Das gleiche findet sich im Mund Jesu, Matthäus 7,2 oder Matthäus 26,52. (Vgl. aber dagegen Lukas 13,1-5.) Jonah Fraenkel hat aber in seinem Buch, Darke ha-agada weha-midrasch, 1991, S. 401f, darauf hingewiesen, daß dieser Ausspruch unter Berücksichtigung des genauen Wortlautes gerade eine Durchbrechung dieses Schemas bedeutet. Am Anfang steht der Urheber des Unrechts, wie der Mörder Kain. Seine Tat verdoppelt das Unrecht, denn der nächste Satz steht im Plural. Im dritten Glied aber kommt das Unrecht zu seinem Gott gefügten Ende, denn die Mörder des Mörders kommen um von Gottes Hand. Es heißt hier nicht, man wird sie ertränken, sondern sie werden selber ertrinken. Gott bringt also das ewige Rad vom Unrecht, das Unrecht zeugt, zum Stillstand. Es beginnt erst wieder von neuem sich zu drehen, wenn ein anderer Kain aufsteht.

171. So in Handschrift Kaufmann, sonst: viel Sorge.

172. Die letzte Aussage zeigt die Intention der Reihung. In anderen Handschriften finden sich noch drei weitere Glieder, die ebenso einen schönen Schluß haben: Viel Sitzung — viel Weisheit; viel Rat — viel Klugheit; viel Gerechtigkeit — viel Friede.

2.8 Rabban Jochanan ben Sakkai[173] erhielt (die Tora) von Hillel und Schammai. Er pflegte zu sagen: Hast du viel Tora erfüllt, halte dir darauf nichts zugute, denn dafür bist du geschaffen.

Fünf Schüler hatte Rabban Jochanan ben Sakkai. Und das sind folgende: Rabbi Elieser ben Hyrkanos,[174] Rabbi Jehoschua ben Hananja,[175] Rabbi Jose ha-Kohen, Rabbi Schimon ben Netanael und Rabbi Elasar ben Arach. Er gab einem jeden Auszeichnungen: Rabbi Elieser ben Hyrkanos – eine gekalkte Zisterne, die keinen Tropfen verliert;[176] Rabbi Jehoschua – glücklich, die ihn geboren hat; Rabbi Jose – ein Hassid;[177] Rabbi Schimon ben Netanael – sündenscheu; und Rabbi Elasar ben Arach – eine aufsprudelnde Quelle.[178]

Er pflegte zu sagen: Wenn alle Gelehrten Israels in einer Waagschale wären, und Rabbi Elieser ben Hyrkanos in der anderen, er würde sie alle aufwiegen. Abba Schaul sagt in seinem Namen: Wenn alle Gelehrten in einer Waagschale wären und Rabbi Elieser ben Hyrkanos mit ihnen, und Rabbi Elasar in der anderen – er würde sie alle aufwiegen.

2.9 Er sprach zu ihnen: Geht aus und seht, welches der gute Weg ist, auf den der Mensch sich heften soll. Rabbi Elieser sagt: Ein gutes Auge. Rabbi Jehoschua sagt: Ein guter Freund. Rabbi Jose sagt: Ein guter Nachbar. Rabbi Schimon sagt: Wer die Folgen voraussieht. Rabbi Elasar sagt: Ein gutes Herz. Sagte er zu ihnen: Ich erkenne die Worte Rabbi Elasar ben Arachs mehr an als eure Worte, denn eure Worte sind in seinen enthalten. Er sagte zu ihnen: Geht aus und seht, welches der schlechte Weg ist, von dem der Mensch sich fernhalten soll. Rabbi Elieser sagt: Ein schlechtes Auge. Rabbi Jehoschua sagt: Ein schlechter

---

173. Diese Mischna schließt wie gesagt an 1,15 an. Zu Rabban Jochanan ben Sakkai vgl. S. 34.
174. Vgl. S. 36f.
175. Vgl. S. 37f.
176. Vgl. S. 37.
177. Ein Frommer.
178. Ein Schüler, der zu dem, was er von seinen Lehrern gelernt hat, hinzufügt; vgl. dagegen den Spruch über Rabbi Elieser ben Hyrkanos.

Freund. Rabbi Josef[179] sagt: Ein schlechter Nachbar. Rabbi
Schimon sagt: Der leiht und nicht zahlt. Einer, der von einem
Menschen leiht, ist wie einer, der vom Ort[180] leiht, denn es heißt:
*Der Böse leiht und zahlt nicht, der Gerechte aber ist barmherzig
und gibt.* (Psalm 37,21). Rabbi Elasar sagt: Ein böses Herz.
Sagte er zu ihnen: Ich erkenne die Worte Rabbi Elasar ben
Arachs mehr an als eure Worte, denn eure Worte sind in seinen
enthalten.

2.10 Sie sagten drei Dinge. Rabbi Elieser sagt: Die Ehre
deines Mitmenschen sei dir so wert wie deine eigene; neige nicht
zum Zürnen; tue Buße einen Tag vor deinem Tod. Wärme dich
am Feuer der Gelehrten, aber nimm dich in acht vor ihren
Kohlen, damit du dich nicht verbrennst. Denn ihr Biß ist der Biß
eines Fuchses, ihr Stich ist der Stich eines Skorpions, und ihr
Zischen ist das Zischen einer Schlange, denn alle ihre Worte sind
glühende Kohlen.

2.11 Rabbi Jehoschua sagt: Das böse Auge, der böse Trieb
und der Haß auf die Schöpfung bringen den Menschen aus der
Welt.

2.12 Rabbi Josef sagt: Das Vermögen deines Mitmenschen sei
dir so wert wie dein eigenes; mach dich daran, die Tora zu
lernen, denn sie fällt dir nicht als Erbe zu; alles, was du tust, sei
um des Himmels willen.[181]

2.13 Rabbi Schimon sagt: Sei achtsam beim Lesen des »Höre
Israel« und der Tefilla.[182] Wenn du betest, halte dich nicht an ein
festes Gebet,[183] sondern an Gebete um Erbarmen und Verge-

---

179. In der Handschrift Kaufmann steht hier der volle Name Josef, statt der
     normalen Abkürzung Jose.
180. »Ort« ist eine alte Gottesbezeichnung im rabbinischen Judentum.
181. Vgl. S. 107, Anm. 141.
182. »Tefilla« heißt Gebet, gemeint ist das Achtzehn-Bitten-Gebet. »Höre
     Israel« und »Tefilla« sind die beiden Hauptteile der Gottesdienstordnung.
     »Morgengebet« und »Abendgebet« bestehen aus beiden, das »Nachmit-
     tagsgebet« nur aus der »Tefilla«.
183. Gemeint sind die im Wortlaut feststehenden Stammgebete der beiden
     Gottesdienstteile »Höre Israel« und »Tefilla«.

bung[184] vor dem Ort,[185] gepriesen sei er, wie es heißt: *Denn Gott ist vergebend und barmherzig, langmütig und voller Gnade* (Joel 2,13). Und sei kein Frevler vor dir selber.[186]

2.14 Rabbi Elasar sagt: Sei eifrig bemüht, zu lernen, was du einem Gottesleugner antwortest; wisse, vor wem du dich mühst und wer der Herr der Arbeit ist.[187]

2.15 Rabbi Tarfon[188] sagt: Der Tag ist kurz, die Arbeit ist viel, die Arbeiter sind faul, der Lohn ist hoch und der Hausherr drängt.

2.16 Er pflegte zu sagen: Du mußt die Arbeit nicht beenden, du bist aber nicht frei, sie zu lassen. Wenn du viel Tora gelernt hast, ist der Herr der Arbeit treu, dir den Lohn deines Tuns zu zahlen.[189]

Der Traktat »Götzendienst« – Das Verhältnis zu den Heiden

Der Traktat Avoda Sara, Götzendienst, steht in der vierten Ordnung. Sein Hauptanliegen ist die Regelung des gesellschaftlichen und geschäftlichen Verkehrs mit den Nichtjuden. Hierbei handelt es sich ausschließlich um die im Land Israel lebenden Heiden in den ersten beiden Jahrhunderten n. d. Ztr. Christen kommen hier noch nicht vor. Halachisch gesehen haben die Rabbinen die Chri-

---

184. Auf Hebräisch »Tachanunim«, freie Bitten, auch persönlicher Natur, die leise gesprochen werden. Heute sind sowohl die Stammgebete als auch die »Tachanunim« Bestandteil eines jeden Gebetes.

185. Vgl. Anm. 180, S. 114.

186. Das heißt, tue nicht, was in deinen Augen frevelhaft ist, auch wenn es bei der Allgemeinheit nicht als das gilt.

187. In anderen Handschriften findet sich statt des letzten Satzes: Und treu ist der Herr der Arbeit, der dir deinen Lohn zahlt nach deinem Tun. Vgl. die Fortsetzung.

188. Rabbi Tarfon war Zeitgenosse der fünf Schüler Rabban Jochanan ben Sakkais und vielleicht auch sein Schüler. So ist die Einfügung seines Ausspruchs am Ende dieser Reihe ganz sinnvoll.

189. So in Handschrift Kaufmann. In anderen Handschriften und im Druck: Wenn du viel Tora gelernt hast, gibt man dir viel Lohn. Und treu ist der Herr der Arbeit, der dir deinen Lohn zahlt nach deinem Tun. Aber wisse: Der Lohn der Gerechten ist in der kommenden Welt.

sten keiner besonderen Kategorie zugerechnet. Judenchristen werden als abgefallene Juden, auf Hebräisch *Minim*, Häretiker,[190]
angesehen worden sein und Heidenchristen als Heiden. Die »Heiden« im Traktat Avoda Sara sind immer wirkliche Götzenanbeter,
nur heidnischer Kult wird erwähnt, aber keine christlichen
Gebräuche.

Um einen besseren Eindruck vom Wesen der Mischna zu ermöglichen, ist hier wieder ein fortlaufendes Stück des Traktats ausgewählt, das ganze erste Kapitel und der Anfang des zweiten Kapitels. Danach folgen noch einige Stücke aus den übrigen Kapiteln
des Traktats. Textgrundlage für die Übersetzung ist wieder die
Handschrift Kaufmann.

Der Traktat Avoda Sara ist als Textbeispiel gewählt worden,
weil er ein typischer Traktat der Mischna ist. Zum anderen ist aber
gerade dieser Traktat immer wieder als Beispiel der jüdischen
Fremdenfeindschaft und des Fremdenhasses von christlichen Antisemiten zitiert worden. Tatsächlich enthält der Traktat schwerwiegende Aussagen, besonders zu Beginn des zweiten Kapitels, den
ich deshalb mit in die hier gebotene Auswahl eingeschlossen habe.
Für die richtige Einordnung dieser Aussagen kommt es aber darauf
an, den historischen und geographischen Bezug des Traktates nicht
aus den Augen zu verlieren. Wenn dies geschieht, wird deutlich,
daß die Auseinandersetzungen zwischen Juden und der hellenistisch-heidnischen Bevölkerung groß waren, und daß sich in den
Aussagen der Mischna und später des Talmud der Überlebenskampf des Judentums in seinem Land widerspiegelt. Deutlich wird
aber auch das Motiv vieler Gebote und Verbote: Es kommt alles
darauf an, zu verhindern, daß ein Jude zum Götzendienst in der
Welt beiträgt. Das eigentliche Anliegen des Traktats ist es, trotz all
dieser Schwierigkeiten einen modus vivendi zwischen jüdischer
und heidnischer Bevölkerung im Land Israel zu finden.

---

190. Wobei es zur Zeit der Mischnabildung eine ganze Reihe jüdischer Gruppen gab, die unter dieser Gruppe aufgezählt werden können, so zum
     Beispiel Dualisten oder Gnostiker. In der gesamten Mischna kommt keine
     Stelle vor, die es erlauben würde, Minim als Judenchristen zu interpretieren. Dies ist erst im Talmud der Fall.

1.1 Vor den Festen der Heiden[191] ist es drei Tage verboten, mit ihnen Handel zu treiben, zu leihen und zu verleihen, ein Darlehen zu geben oder zu nehmen, Schulden zu zahlen oder einzutreiben.[192] Rabbi Jehuda sagt: Man kann Schulden eintreiben, denn das schmerzt ihn.[193] Sprachen sie zu ihm:[194] Obwohl es ihn jetzt schmerzt, freut er sich nach einiger Zeit.[195]

1.2 Rabbi Jischmael sagt: Drei Tage davor und drei Tage danach ist es verboten. Die Weisen aber sagen: Vor ihren Festen ist es verboten, nach ihren Festen ist es erlaubt.[196]

1.3 Folgendes sind die Feste der Heiden: Die Kalenden, Saturnalien, der Siegestag, der Geburtstag der Könige, sowie (Privat?-)Geburtstag und Todestag[197] – Das sind die Worte Rabbi Meirs,[198] die Weisen aber sagen: Jede Totenfeier, bei der es Verbrennung gibt, ist Götzendienst, bei der es aber keine Verbrennung gibt, ist kein Götzendienst.[199] Der Tag des Bartschneidens oder der Kopfrasur, der Tag, an dem er von einer Seereise zurückkehrt, und der Tag, an dem er aus dem Gefäng-

---

191. Im Hebräischen steht hier in den unzensierten Texten immer das Wort *gojim*, Nichtjuden, Völker. Die Zensur hat das Wort wie andere immer mit dem Begriff *'aku''m*, Anbeter von Sternbildern und Sternen, ersetzt.

192. Drei Tage vor den Festen ist der gesamte Geschäftsverkehr verboten, weil der Heide bei gutem Geschäftsabschluß ein Opfer am Fest darbringen würde und der Jude damit Anlaß für den Götzendienst des Heiden geben würde.

193. Dafür wird er kein Dankesopfer im Tempel darbringen.

194. Die Mehrheit der anwesenden Gelehrten. Dadurch ist der Vorschlag Rabbi Jehudas abgelehnt.

195. Die Schulden endlich los zu sein. Dann könnte er doch noch seinen Götzen dafür danken.

196. Die Entscheidung richtet sich wie immer nach der Mehrheit. Manche Ausleger haben in diesem Satz von Rabbi Jischmael eine antichristliche Spitze sehen wollen. Er hätte mit dieser Entscheidung jeden Verkehr mit den Christen verhindern wollen, denn wenn man den Sonntag als christlichen Feiertag nimmt, dann bleibt bei einem Verbot von drei Tagen davor und drei Tagen danach kein Tag der Woche mehr frei. Diese ganze Annahme ist aber eine Spekulation, die wenig für sich hat.

197. Die zuerst aufgeführten Feste sind Teile des römischen Kalenders. Bei den beiden letzten, Geburts- und Todestag, streiten Bavli und Jeruschalmi um die richtige Auslegung. Nach dem Bavli handelt es sich hier auch um Staatsfeiertage, nach dem Jeruschalmi um Privatfeste.

198. Sie beziehen sich nur auf den Todestag.

199. Also wird sie nicht zu den verbotenen Tagen gerechnet.

nis kommt,[200] sind (allgemein) nicht verboten, (die Einschränkung) gilt lediglich für einen Tag und ist auf diese Person bezogen.

1.4 Wird innerhalb einer Stadt Götzendienst gefeiert, ist (der Handel) außerhalb erlaubt, wird der Götzendienst außerhalb gefeiert, ist er innerhalb erlaubt. Wie verhält es sich mit dem Weg zu einer solchen Stadt? Wenn der Weg nur zu dieser Stadt führt, ist er einem verboten, wenn er auch zu einem anderen Platz führt, erlaubt. Wenn in einer Stadt Götzendienst gefeiert wird und es gibt in ihr bekränzte und unbekränzte Läden – dies ereignete sich einmal in Bet Schean[201] – da sagten die Weisen: Die bekränzten sind verboten und die nicht bekränzten sind erlaubt.[202]

1.5 Folgende Gegenstände darf man den Heiden nicht verkaufen: Tannenzapfen, weiße Feigen mit ihren Stilen, Weihrauch und einen weißen Hahn.[203] Rabbi Jehuda sagt: Man darf ihnen einen weißen Hahn mit anderen Hähnen zusammen verkaufen, bei einem (weißen Hahn) alleine hackt man ihm eine Zehe ab und verkauft ihn, denn sie opfern nichts den Götzen, das fehlerhaft ist. Bei allen übrigen Dingen ist es erlaubt, wenn es nicht festgelegt ist, bei bestimmten[204] ist es verboten. Rabbi Meir sagt: Auch Weichdatteln, Hartdatteln und Nikolausdatteln[205] sind verboten.

1.6 An einem Ort, an dem man Heiden Kleinvieh zu verkaufen pflegte, verkauft man es, an einem Ort, wo es nicht Brauch war, verkauft man es nicht.[206] Man soll aber den Brauch nicht

---

200. Also alles Privatfeiertage, die aber anscheinend auch religiös gefeiert wurden.

201. Eine der Städte der Dekapolis, eine der größten hellenistischen Städte der Gegend mit einer großen jüdischen Minorität. In ihr sind mehrere Synagogen aus byzantinischer Zeit ausgegraben worden.

202. Dies ist ein Beispiel dafür, wie durch einen Paradefall die Gesetzesentscheidung bestimmt wird.

203. Alles Dinge, die im heidnischen Opferkult verwandt oder dargebracht wurden.

204. Wenn der Heide also sagt: Verkaufe mir das, weil ich es im Tempel darbringen will.

205. Drei verschiedene Dattelsorten, die vermutlich beim Opfer besonders bevorzugt waren.

206. Zu den Verbotsgründen vgl. 2.1.

wegen Meinungsstreitigkeiten ändern.[207] An keinem Ort darf man ihnen aber Großvieh verkaufen, Kälber und Eselsfüllen, versehrt oder unversehrt.[208] Rabbi Jehuda erlaubt es bei Versehrtem, Ben Betera[209] erlaubt es beim Pferd.[210]

1.7 Man darf ihnen keine Bären, Löwen oder irgend etwas verkaufen, wodurch Schaden für die Allgemeinheit entstehen könnte. Man baut mit ihnen nicht an einer Basilika,[211] einem Richtplatz, einem Stadion oder einem Richterstuhl. Man darf aber mit ihnen Volkshäuser[212] und Badehäuser bauen. Kommt man an die Nische, wo man das Götzenbild aufstellt, darf man nicht weiterbauen.

1.8 [Man darf keinen Schmuck für Götzen machen, Halsketten, Nasen- oder Fingerringe. Rabbi Elieser sagt: Für Lohn ist es erlaubt.][213] Man darf ihnen nichts verkaufen, was mit dem Boden verbunden ist.[214] Aber man darf es verkaufen,[215] wenn es abgeschnitten ist. Rabbi Jehuda sagt: Er verkauft es ihm unter der Bedingung, es abzuschneiden. Man vermietet ihnen keine

---

207. Dieser Satz fehlt in der babylonischen Texttradition, findet sich aber bei allen Handschriften des palästinischen Texttypus. Gemeint ist, wenn es Unterschiede in Lokalbräuchen gibt, soll man die Gesetzessprechung nicht ändern, auch wenn es aus verschiedenen Gründen zu empfehlen wäre. Der feste, akzeptierte Ortsbrauch hat ein Eigenrecht.

208. Nach dem babylonischen Talmud zur Stelle hat man dies verboten, um nicht in die Verlegenheit zu kommen, Großvieh ausleihen zu müssen. Dies würde dann auch am Schabbat zu arbeiten haben, was für Vieh von Juden nach biblischem Gesetz verboten ist.

209. Mit vollem Namen Jehuda ben Betera. Er gehörte zur dritten Generation, lehrte gleichzeitig wie die anderen in der Diskussion hier vorkommenden Gelehrten, war aber etwas älter als sie. Es handelt sich um die Zeit nach dem Bar-Kochba-Aufstand.

210. Das Pferd war kein Arbeitstier, sondern wurde nur als Reittier benutzt.

211. Basilika, eigentlich königliches Gebäude, ist jedes öffentliche Gebäude. Hier ist wahrscheinlich an ein Gerichtsgebäude gedacht. Natürlich darf man sich an dem Bau einer solchen Einrichtung nicht beteiligen, weil dort vielleicht in Zukunft unschuldige Juden verurteilt werden.

212. Die allgemeinen sozialen und kulturellen Zwecken dienten.

213. Dieser Satz fehlt im palästinensischen Texttypus und damit auch in der Handschrift Kaufmann.

214. Das gilt natürlich nur für das Land Israel. Wenn etwas mit dem Boden verbunden ist, verkauft man auch den Boden. Nichtjuden aber darf man kein Land im Land Israel verkaufen.

215. Zum Beispiel Getreide.

Häuser im Land Israel,[216] unnötig zu sagen, Felder.[217] In Syrien[218] vermietet man Häuser, aber keine Felder. Im Ausland verkauft man Häuser und vermietet man Felder. Das sind die Worte Rabbi Meirs, Rabbi Jose sagt: Auch im Land Israel vermietet man ihnen Häuser, in Syrien verkauft man Häuser und vermietet Felder, und im Ausland verkauft man beides.

1.9 Auch wo man gesagt hat, man vermietet[219], haben sie nicht gesagt, als Wohnhaus,[220] weil er nämlich ein Götzenbild darin aufstellt, wie es heißt: *Bring kein Greuel in dein Haus, damit du nicht dem Bann verfällst wie jene.*[221] *Du sollst dich davor ekeln und Abscheu davor haben, denn es ist gebannt* (5 Mose 7,26). Nirgends darf man ihm ein Bad vermieten, denn man benennt es nach dem Besitzer.[222]

2.1 Man stellt kein Vieh in den Gasthäusern der Heiden ab, weil sie der Unzucht mit Tieren verdächtig sind.[223] Eine Frau soll mit ihnen nicht allein sein, weil sie der Unzucht verdächtig sind. Auch ein Mann soll mit ihnen nicht allein sein, weil sie des Blutvergießens verdächtig sind. Eine Israelitin soll keine Hebamme bei einer Fremden[224] sein, [weil sie einem Götzendie-

---

216. Weil Heiden hier Götzenbilder aufstellen würden.
217. Vermieten kann leicht zu einem Besitzwechsel führen.
218. Im Gegensatz zum Land Israel ist Syrien wie der Sinai halbheiliges Land. Syrien gilt als »Eroberung eines einzelnen« (König Davids) und befand sich zeitweise unter der Herrschaft israelitischer Könige. Es war aber nicht jüdisch besiedelt.
219. Nach der Meinung Rabbi Joses nämlich.
220. Sondern nur als Lagerhaus.
221. Die Heiden.
222. Das Badehaus trüge dann den Namen seines jüdischen Besitzers und würde, wenn es am Schabbat geöffnet ist, einen falschen Eindruck erwekken.
223. Auf Unzucht mit Tieren steht in der Bibel die Todesstrafe. In der heidnischen Umwelt Israels in der Antike war dieser Sittenverfall weit verbreitet.
224. Hier steht das Wort *nukrit*. Ein *nukri* ist in der Bibel und bei den Rabbinen ein Heide, der im Land Israel wohnt, aber kein Ger oder »Beisasse« ist, der unter dem Schutz Israels lebt und dafür durch sein Verhalten dafür sorgt, das Land durch Götzendienst nicht zu verunreinigen. Ein *nukri* ist damit ein Fremder, der Götzendienst treibt.

ner zur Geburt verhilft,][225] eine Fremde darf aber Hebamme bei einer Israelitin sein. Eine Israelitin darf das Kind einer Fremden nicht stillen, aber die Fremde darf das Kind einer Israelitin stillen unter ihrer Aufsicht.

2.2 Man darf seinen Besitz[226] durch sie heilen lassen, nicht aber sich selber. Man darf sich von ihnen an keinem Ort rasieren lassen. Dies sind die Worte Rabbi Meirs, die Weisen aber sagen: An einem öffentlichen Ort ist es erlaubt, aber nicht privat.

Es folgt eine Liste von Dingen, die man von Heiden nicht zum Verzehr erwerben darf, eine Liste von Dingen, mit denen man auch nicht handeln darf, und eine Liste erlaubter Waren. Unter den Waren, die zum Verzehr verboten sind, mit denen man aber handeln darf, befindet sich auch heidnischer Käse. In Mischna 5 hat sich eine interessante Diskussion darüber zwischen zwei Rabbinen erhalten:

2.5 Es sagte Rabbi Jehuda:[227] Es fragte Rabbi Jischmael Rabbi Jehoschua,[228] als sie auf dem Wege hin- und hergingen:[229] Warum hat man den Käse der Heiden verboten? Er sprach zu ihm: Weil man ihn durch den Magen eines Aases[230] dick werden läßt. Er sprach zu ihm: Ist es nicht beim Magen eines Opfertieres strenger als beim Magen eines Aases? Und trotzdem hat man gesagt: Ein Priester, der sich nicht ekelt, kann ihn roh ausschlür-fen. Die Gelehrten haben ihm aber nicht zugestimmt, sondern gesagt: Man darf ihn nicht genießen, man begeht dadurch aber

---

225. Die eingeklammerte Stelle fehlt im palästinischen Texttypus, ist aber natürlich die richtige Erklärung.
226. Sein Vieh.
227. Rabbi Jehuda ist der Tradent der Geschichte. Er gehört der nachfolgen-den Generation der in der Erzählung erwähnten Rabbinen an.
228. Rabbi Jehoschua war älter als Rabbi Jischmael. Sie gehören zwar zur selben Generation, aber doch ist hier eher an ein Lehrer-Schüler-Verhält-nis zu denken.
229. Im Lehrdisput.
230. Mit Magen ist hier der Inhalt, die geronnene Milch im Magen eines geschlachteten Kalbes, gemeint. Als Aas wird auch ein nicht geschächte-tes Tier bezeichnet, das natürlich nicht koscher ist.

auch keine Veruntreuung.[231] Er sagte ihm: Weil man ihn im
Magen eines Götzenopferkalbes[232] dick werden läßt. Er sagte
ihm: Wenn das so ist, warum hat man es dann nicht auch zum
Handel verboten? Da brachte er ihn auf eine andere Sache. Er
sprach zu ihm: Jischmael, mein Bruder, wie liest du: *ki tovim
dodecha mijain* oder *ki tovim dodaich mijain*?[233] Sagte er ihm: *Ki
tovim dodaich mijain.*[234] Sagte er ihm: Das ist nicht so, denn sein
Nachbarvers lehrt über ihn: *Denn der Duft deiner Salben ist
köstlich.*[235]

---

231. Der letzte Satz ist hier sekundär eingeschoben, unterbricht den Erzählfluß
     und zerstört gewissermaßen die Pointe, denn Rabbi Jehoschua läßt das
     Argument Rabbi Jischmaels gelten. Die späteren Mischnalehrer wollten
     dadurch aber, obwohl es sich hier um eine aggadische Erzählung handelt,
     – sicher gehen, daß keine falsche Halacha beigebracht wird.
232. Ein Götzenopferkalb ist ein jedes von Heiden geschlachtete Tier, denn
     bei jeder Schlachtung wurde etwas für den Tempel abgesondert. Vgl. auch
     Paulus im Neuen Testament: 1 Korinther 8 und 10.
233. Hohes Lied 1,2. »Denn deine Liebe ist köstlicher als Wein«. Die Frage
     Jehoschuas ist: Ist das »dein« maskulin oder feminin zu lesen.
234. Feminin.
235. Und die Fortsetzung des Verses heißt: Darum lieben dich die jungen
     Frauen. Es ist hier also aufgrund des Zusammenhangs nur die maskuline
     Form denkbar. Die ganze hier geführte Diskussion ist natürlich nur
     möglich, solange der Bibeltext nicht vokalisiert ist. Dies geschieht erst im
     8. nachchristlichen Jahrhundert. Hier geht es aber gar nicht um die
     Diskussion darüber, wie der betreffende Vers im Hohen Lied zu verste-
     hen ist, denn der bibelkundige Jischmael – er war ja seinerzeit deswegen
     durch Rabbi Jehoschua aus einem römischen Freudenhaus losgekauft
     worden (bGittin 58a und Parallelstellen) – hat das bestimmt gewußt. Hier
     muß also etwas anderes gemeint sein. Wahrscheinlich handelte es sich bei
     dem Verbot des heidnischen Käses um eine neue Lehre. Rabbi Jehoschua
     wollte Rabbi Jischmael zu verstehen geben, daß er ihm auf seine Fragen
     bezüglich des heidnischen Käses nicht antworten will. Denn tatsächlich
     hatte Rabbi Jischmael richtig gemerkt, daß die Antworten Rabbi Jeho-
     schuas nicht stichhaltig waren. Rabbi Jehoschua wollte Rabbi Jischmael
     beibringen, daß es verboten ist, nach den Gründen einer Halacha, einer
     Gesetzesentscheidung, zumal einer neuen, zu fragen. Denn dann könnte
     man ja sagen, da ich die Begründung ablehne, brauche ich die Halacha
     nicht zu halten. Bei der Frage nach dem richtigen Verständnis des Zitates
     aus dem Hohen Lied geht es um die richtige Erkenntnis des Verhältnisses
     zwischen Tora und Lehre der Schriftgelehrten. Die Lehre der Weisen ist
     süßer als Wein und deshalb nicht zu hinterfragen. Rabbi Jischmael will das
     mit seiner Antwort nicht anerkennen. Er liest den Vers so: »Ihre« Liebe

Im dritten und in der ersten Hälfte des vierten Kapitels des Traktates geht es um das Problem, wie man sich als Jude zwischen den götzendienerischen Heiden und ihren Tempeln und heiligen Plätzen überall im Land, und manchmal in unmittelbarer Nachbarschaft der Juden, bewegen kann, ohne einerseits dadurch selber verunreinigt zu werden und ohne andererseits dadurch allzu großen wirtschaftlichen Schaden zu erleiden. Der Rest des vierten Kapitels und das fünfte Kapitel behandeln Fragen des Weingenusses. Da von jedem Wein, den die Heiden herstellen oder den sie trinken, etwas ihren Göttern ausgegossen wird, ist dieser Wein verboten. Zum Abschluß der Auswahl aus diesem Traktat soll hier noch der Anfang des dritten Kapitels und eine Mischna aus dem vierten Kapitel übersetzt werden.

3.1 Alle Bilder sind verboten, denn sie werden einmal im Jahr angebetet. Das sind die Worte Rabbi Meirs, die Weisen aber sagen: Nur die mit einem Stab, einem Vogel oder einer Kugel in der Hand[236] sind verboten. Rabban Schimon ben Gamliel[237] sagt: Jedes Bild, das irgendetwas in der Hand hält.

3.2 Findet jemand Bruchstücke von Bildern, so sind die erlaubt.[238] Findet jemand die Gestalt einer Hand oder eines Fußes, so sind sie verboten, weil derartiges bei ihnen angebetet wird.

3.3 Findet jemand Gegenstände und darauf eine Abbildung der Sonne, des Mondes oder eines Drachens, so versenkt man sie im Salzmeer.[239] Rabban Schimon ben Gamliel sagt: Ist es wertvolles Material, ist es (zum Gebrauch) verboten, nicht wertvolles, erlaubt. Rabbi Jose sagt: Er zerreibt es und zerstreut es

---

ist süßer als Wein, und meint damit die Tora. Da die Lehre der Schriftgelehrten aber immer schwächer ist als die schriftliche Tora, die zu diesem Problem allerdings schweigt, ist der Lehre der Schriftgelehrten immer ein Vorrecht einzuräumen.

236. Solche Abbildungen finden sich zum Beispiel auf den Alexandermünzen, wo Alexander als Zeus mit einem Adler auf der Hand dargestellt ist.

237. Im Zusammenhang mit den anderen hier genannten Gelehrten handelt es sich um den Sohn Rabban Gamliels von Javne und den Vater Rabbis.

238. Zum Verkauf.

239. Im Toten Meer.

im Wind, oder er wirft es ins Meer. Sagten sie zu ihm:[240] Auch
dann wird es Dünger, es heißt aber: *Es soll an deiner Hand nichts
von dem Bann haften bleiben* (5 Mose 13,18).[241]

3.4 Es fragte Proklos, der Philosoph,[242] Rabban Gamliel[243] in
Akko, als er im Bad der Aphrodite badete. Er sagte: Es steht in
eurer Tora: *Es soll an deiner Hand nichts von dem Bann haften
bleiben* (5 Mose 13,18). Wieso badest du also im Bad der
Aphrodite? Er sagte: Man antwortet nicht im Bad.[244] Als er
herauskam, sagte er zu ihm: Ich bin nicht in ihr Gebiet gekommen. Sie ist in mein Gebiet gekommen. Man sagt nicht: Wir
wollen ein Bad für Aphrodite bauen, sondern wir wollen Aphrodite zur Zierde des Bades machen. Ein anderer Grund: Auch
wenn man dir viel Geld geben würde, würdest du nackt, zumal
nach einem nächtlichen Samenerguß, zu deinem Götzen eintre-
ten und vor ihm urinieren? Diese aber steht an der Rinne, und
alles Volk uriniert vor ihr. Es heißt aber nur: *Ihre Götter* (5 Mose
7,16). Was man wie einen Gott zu behandeln pflegt, ist verboten, was man aber nicht wie einen Gott behandelt, ist erlaubt.[245]

4.7 Man fragte die Ältesten in Rom:[246] Wenn er keinen
Gefallen hat am Götzendienst, warum vernichtet er ihn nicht?
Sagten sie zu ihnen: Wenn sie etwas anbeten würden, dessen die
Welt nicht bedarf, würde er es vernichten. Diese aber verehren
die Sonne, den Mond und die Sterne. Soll er seine Welt vernichten wegen der Toren? Da sprachen sie zu ihnen: Wenn das so ist,
soll er das vernichten, dessen die Welt nicht bedarf, und das

---

240. Die Gelehrtenmehrheit zum Ausspruch Rabbi Joses.
241. Dieses Bibelzitat ist Anlaß zur Anfügung der nächsten Geschichte, die
neben dem oben zitierten Lehrgespräch zwischen Rabbi Jehoschua und
Rabbi Jischmael und dem letzten hier noch folgenden Stück ein Beispiel
für die auch in der Mischna hin und wieder vorkommende Aggada ist.
242. Eine auch sonst vorkommende griechische Philosophengestalt im Land
Israel, über die historisch nichts bekannt ist. Vielleicht handelt es sich
auch nur um eine angenommene Figur zum Zwecke solcher Dialoge.
243. Sicherlich Rabban Gamliel von Javne.
244. Im nackten Zustand spricht man nicht über heilige Worte der Tora.
245. Das Bad der Aphrodite in Akko ist uns von einer Münze der Stadt Akko
aus dieser Zeit gut bekannt. Abgebildet ist in der Mitte in einer Nische die
Göttin Aphrodite, rechts und links von ihr zwei kleine Figuren.
246. Hier handelt es sich um eine der berühmten Romreisen der jüdischen
Führung und des Patriarchen. Vgl. S. 36.

erhalten, dessen die Welt bedarf. Da antworteten sie ihnen: Damit würden wir die Hände der Götzendiener stärken, denn die würden sagen: Wißt, daß diese Götter sind, denn sie werden nicht vernichtet.

Aus alten Quellen – Über Lämmerkammer, Tempelmusik und dergleichen

In der Mischna haben sich eine Reihe alter Mischnaspruchsammlungen erhalten, die vor der Entstehung der uns bekannten Mischna liegen. Das erkennt man daran, daß das Ordnungsprinzip ein anderes ist als das in der Mischna sonst übliche. Häufig hat man eine Reihe von Mischnaaussprüchen unter einem äußeren Prinzip zusammengefaßt, unter dem man sich die einzelnen Aussprüche, die inhaltlich nichts miteinander zu tun haben, gut merken konnte. Zahlreiche solcher alten Sammlungen, die meistens noch aus der Zeit des Zweiten Tempels stammen, sind von Rabbi unbearbeitet in die Mischna aufgenommen worden. Sie sind häufig dort eingeordnet worden, wohin das erste Glied der Reihe inhaltlich paßt. Manche der Einzelsätze kommen dann ein weiteres Mal vor, und zwar in den Traktaten, zu denen sie inhaltlich gehören. Trotzdem hat der Redaktor auch die vollständige Sammlung überliefert, weil er die Ganzheit der Quelle bewahren wollte. Inhaltlich sind diese Sammlungen häufig besonders interessant, weil sie aus einer sehr frühen Zeit stammen.

Als Beispiel einer solchen alten Sammlung ist hier das zweite Kapitel des Traktates Arakin gewählt, der unter anderem besonders historisch wichtiges Material über den Levitenchor im Tempel und das Tempelorchester bewahrt hat. Ordnungsprinzip ist die Formulierung: »Es gibt nicht weniger ... es gibt nicht mehr«, oder ähnlich. Als Übersetzungsgrundlage gilt auch hier die Handschrift Kaufmann.

2.1 Bei Schätzungen[247] gibt es nicht weniger als einen Sela und nicht mehr als 50 Sela.[248]

---

247. Zur alttestamentlichen Einrichtung der Schätzungen vgl. Anm. 65, S. 51.
248. Einen Sela zahlt man nach 3 Mose 27,8, wenn man arm ist, fünfzig Sela ist nach 3 Mose 27,3 der Schätzungswert für einen Mann im Alter von 20 bis 60.

Wieso? Hat er einen Sela gezahlt, und ist reich geworden — hat er nichts (mehr) zu zahlen, weniger als einen Sela, und ist reich geworden — hat er fünfzig Sela zu zahlen.[249] Besaß er fünf Sela — Rabbi Meir sagt: Er hat nur einen zu zahlen, die Weisen[250] sagen: Er hat alle zu zahlen.

Bei Schätzungen gibt es nicht weniger als einen Sela und nicht mehr als fünfzig Sela.[251]

Bei einer unsicher Gewordenen gibt es einen Anfangstermin nicht weniger als nach sieben und nicht mehr als nach siebzehn (Tagen).[252]

Beim Aussatz gibt es nicht weniger als eine Woche und nicht mehr als drei Wochen.[253]

2.2 Man zählt nicht weniger als vier volle Monate im Jahr und — so scheint es angebracht — nicht mehr als acht.[254]

---

249. Weil mit der Bezahlung von unter einem Sela sein Schätzwert noch nicht bezahlt war, muß er jetzt, nachdem er reich geworden ist, den vollen Preis zahlen.
250. »Die Weisen« sind die Rabbinenmehrheit. Die Halacha richtet sich nach ihnen.
251. Dies ist eine Wiederholung des ersten Satzes, der danach erklärt worden war. Jetzt folgt dieser Satz hier noch einmal, weil nun die ganze Quelle angehängt wird. Daran kann man erkennen, daß die Erklärung jüngeren Datums war.
252. Es handelt sich um eine Frau, die bei der Feststellung einer Blutung nicht sicher ist, ob sie sich in den Tagen ihrer Periode oder danach befindet. Ausgegangen wird von einem Mindest-Periodenrhythmus von 18 Tagen, wobei 7 Tage der Periode und 11 reine Tage angenommen werden. Zu Einzelheiten, hier und im folgenden, vgl. Michael Krupp, Arakin, a.a.O., S. 33 ff.
253. Es handelt sich um die Abschließung von Aussätzigen oder aussätziger Gegenstände. Eine Woche bei Menschen, vgl. 3 Mose 13,4 f. und 21, drei Wochen gilt für vom Aussatz befallene Häuser, vgl. Mischna Negaim 3,8.
254. Bei der Kalenderbestimmung. Volle Monate haben 30, die anderen Monate 29 Tage. Der pharisäische Kalender ist im Gegensatz zum essenischen ein Mondkalender. Die Festlegung von vollen und kurzen Monaten geschah durch Himmelsbeobachtung. Der Mischnasatz, der aus der Frühzeit der Kalenderbestimmung stammt, stellt eine Faustregel für die Festlegung auf, die später verfeinert wurde.

Die zwei Brote wurden nicht vor zwei und nicht nach drei (Tagen) gegessen.[255]

Die Schaubrote wurden nicht vor neun und nicht nach elf (Tagen) gegessen.[256]

Ein Junge wird nicht vor acht und nicht nach 12 Tagen beschnitten.[257]

2.3 Man zählt nicht weniger als 21 Posaunenstöße im Heiligtum und fügt nicht mehr als achtundvierzig hinzu.[258]

Man zählt nicht weniger als zwei Harfen und fügt nicht mehr als zwölf hinzu.[259]

Man zählt nicht weniger als zwei Flöten und fügt nicht mehr als zwölf hinzu.

Und an zwölf Tagen im Jahr wird die Flöte vor dem Altar gespielt, beim Schlachten des ersten Pessachopfers, beim Schlachten des zweiten Pessachopfers, am ersten Festtag des Pessachfestes, am Festtag des Wochenfestes und an den acht

---

255. Die beiden Erstlingsbrote des Wochenfestes (3 Mose 23,17). Im Normalfall werden die Brote vor dem Fest gebacken und nach dem Fest, also nach zwei Tagen, von den Priestern gegessen. Fällt das Wochenfest auf einen Sonntag, dürfen sie nicht am Schabbat gebacken werden, sondern einen Tag davor. In diesem Fall werden die Brote nach drei Tage gegessen.

256. Die zwölf Schaubrote wurden jeden Schabbat neu auf den Schaubrottisch aufgelegt und eine Woche später von den Priestern gegessen. Vgl. 2 Mose 25,23 ff.; 3 Mose 24,5 ff.; Matthäus 12,4 und Hebräerbrief 9,2. Die Brote wurden am Freitag gebacken, und nach dem zweiten Schabbat, also nach neun Tagen gegessen. Gingen dem Schabbat die zwei Neujahrstage voraus, wird das Brot zwei Tage früher, also vor dem Neujahrstag, gebacken, und am elften Tag verzehrt.

257. Nach biblischem Gebot, 3 Mose 12,3; vgl. Lukas 2,21, wird das Kind am 8. Tag beschnitten, dies kann sich bis zum 12. Tag herauszögern, wenn das Kind in der Abenddämmerung zum Schabbat geboren wurde und darauf eine Woche später das Neujahrsfest folgt.

258. Es handelt sich um die Mindestanzahl am Alltag bis zur Höchstzahl am Rüsttag eines Schabbats, der in die Festwoche der Wallfahrtsfeste fällt, vgl. Mischna Sukka 5,5.

259. Hier beginnt die Schilderung des Tempelorchesters und seiner Instrumente entsprechend ihrer Stückzahl. Das Verhältnis unter den Instrumenten war genau aufeinander abgestimmt, um einen besonders reinen Klang zu erreichen. Darstellungen der hier genannten Musikinstrumente finden sich auf den Bar-Kochba-Münzen.

Tagen des Laubhüttenfestes.[260] Man blies nicht auf einer Kupfer-
pfeife, sondern auf einer Rohrpfeife, weil ihr Ton angenehm ist.
Man ließ (den Ton) nur auf einer Pfeife ausklingen, weil es so
schön ausklingt. Es[261] waren Diener der Priester. Dies nach der
Meinung von Rabbi Meir. Rabbi Jose sagt: Es waren Familien
aus dem Haus der Pegarer und dem Haus Sipraja, die aus
Emmaus stammten, heiratsfähig für die Priesterschaft. Rabbi
Hananja ben Antignas sagt: Es waren Leviten.

2.5 Man hat nicht weniger als sechs untersuchte Lämmer in
der Lämmerkammer,[262] ausreichend für den Schabbat und die
zwei Festtage des Neujahres, darüber hinaus unbegrenzt.

(Man hat nicht weniger als)[263] zwei Trompeten, darüber hinaus unbegrenzt.[264]

(Man hat nicht weniger als) neun Leiern, darüber hinaus
unbegrenzt.

Die Zimbel gab es nur einmal.[265]

2.6 Man hat nicht weniger als zwölf Leviten, die auf der
Estrade stehen,[266] darüber hinaus unbegrenzt.

Ein Unmündiger[267] wurde nur in den Vorhof zum Gottesdienst eingelassen, wenn die Leviten sangen.[268] Sie trugen nicht
mit der Leier oder Harfe vor, sondern mit dem Mund, um den

---

260. Im Gegensatz zu den anderen Instrumenten wurden die Flöten nur an
besonders hervorgehobenen Tagen gespielt als Begleitung zum Hallel,
dem Lobgesang, der aus den Psalmen 112–118 besteht.
261. Die Flötenspieler. Die ungenaue Erinnerung daran, wer nun eigentlich
die Flötenspieler waren, zeigt, daß dies Zusätze zur alten Mischna sind,
und die Erinnerung an die Zeit des Tempels verschwommen ist. Die
diskutierenden Rabbinen gehören der vierten Generation an und haben in
der Zeit nach dem Bar-Kochba-Krieg, ca. 90 Jahre nach der Tempelzerstörung gelebt.
262. Als Opfertiere. Die Lämmer müssen vorher auf Unversehrtheit untersucht werden.
263. Das Eingeklammerte steht nicht in Handschrift Kaufmann, aber in anderen Texten.
264. Hier kehrt die Mischna wieder zum Tempelorchester zurück. Die Formulierung der Ordnungsstruktur hat sich leicht gewandelt, deshalb ist das
inhaltlich Zusammengehörende hier getrennt.
265. Als tonangebendes Instrument des Dirigenten.
266. Im Tempelchor.
267. Unter 13 Jahren.
268. Das heißt, Jungen unter 13 Jahren sangen im Levitenchor mit.

Wohlklang zu würzen. Rabbi Elieser ben Jaakov[269] sagt: Sie werden nicht mitgerechnet und stehen nicht auf der Estrade, sondern auf dem Fußboden, so daß ihre Köpfe bis an die Füße der Leviten reichten. Man nannte sie die Levitenkadetten.

Über den Sündenbock und den Versöhnungstag

Der Traktat Joma, »der Tag« schlechthin, behandelt den Versöhnungstag und die Opferfeier im Tempel. Er schildert die Vorbereitung des Hohenpriesters auf sein Amt und den Ablauf der Liturgie. Diese ganze Schilderung ist alt und stammt noch aus der Zeit des Zweiten Tempels. Aus diesem Komplex soll das sechste Kapitel ausgewählt werden, das von den zwei Böcken handelt, von denen man einen schlachtet und den anderen in die Wüste schickt. Danach wird das letzte Kapitel des Traktats übersetzt, das von den Gesetzen und vom Charakter des Versöhnungstages handelt. Übersetzungsgrundlage ist wieder Handschrift Kaufmann.

Der Sündenbock

6.1 Die Bestimmung für die zwei Böcke des Versöhnungstages lautet, daß sie gleich aussehen und dieselbe Größe haben sollen und daß sie zur gleichen Zeit zu erwerben sind, obwohl sie auch tauglich sind, wenn sie nicht gleich sind. Hat man den einen heute gekauft und den anderen morgen, so sind sie tauglich. Stirbt einer von ihnen, so nimmt man, wenn man bisher noch nicht ausgelost hat, ein Ersatztier zu dem zweiten hinzu. Wenn er stirbt, nachdem ausgelost wurde, so bringt man zwei (neue) und lost unter ihnen wie am Anfang aus.[270]

Wenn der Gott geweihte umgekommen ist, sagt er: Dieser, auf den jetzt das Los für Gott gefallen ist, trete an seine Stelle.

---

269. Tannait der ersten Generation, der gegen Ende der Zeit des Zweiten Tempels lebte.
270. Über Auslosung war im Vorhergehenden die Rede.

Und wenn der dem Asasel[271] bestimmte umgekommen ist, sagt er: Dieser, auf den das Los für Asasel gefallen ist, trete an seine Stelle. Den zweiten[272] schickt man auf die Weide, bis er untauglich geworden ist.[273] Dann verkauft man ihn, und der Erlös fällt der Spendenkasse zu. Denn man läßt kein Sündopfer, das aus öffentlichen Mitteln bezahlt wurde, umkommen. Rabbi Jehuda sagt: Es kann umkommen. Zusätzlich sagte Rabbi Jehuda: Ist das Blut ausgegossen worden,[274] muß der Wegzuschickende sterben.[275] Kommt der Wegzuschickende um, wird sein Blut weggegossen.[276]

6.2 Er[277] tritt nun an den wegzuschickenden Bock heran, stützt seine beiden Hände auf ihn und spricht folgendes Bekenntnis: Ach Gott, gefrevelt, Unrecht getan und gesündigt hat dein Volk vor dir, das Haus Israel, [wie geschrieben steht in der Tora Moses, deines Knechtes: *An jenem Tag sühnt er euch, um euch zu reinigen, von allen euren Sünden vor Gott sollt ihr rein werden* (3 Mose 16,30).

Die Priester aber und das Volk stehen im Vorhof. Wenn sie aber den ausgesprochenen Namen[278] aus dem Munde des Hohenpriesters hören, knien sie nieder, verbeugen sich und fallen auf ihr Angesicht und sagen: Gepriesen sei der Name seiner königlichen Allmacht von Ewigkeit zu Ewigkeit.][279]

6.3 Er übergab ihn dann dem, der ihn herauszuführen hatte. Alle sind geeignet, ihn herauszuführen, die Hohenpriester haben aber entschieden, daß man es einem Israeliten[280] nicht

---

271. Ein Wüstengeist, dem der Bock nach biblischer Bestimmung übergeben wird, 3 Mose 16,20 ff.
272. Des ersten Paares.
273. Bis ihm irgendwas zustößt, das ihn für jede Opferung verboten macht, indem er zum Beispiel verletzt wird.
274. Ohne daß es zuvor versprengt wurde, vgl. dazu das vorhergehende Kapitel.
275. Und ein neues Paar muß ausgewählt und darüber das Los gefällt werden.
276. Von seinem Blut wird nicht gesprengt, denn er war ja der für Asasel Bestimmte.
277. Der Hohepriester.
278. Nur an diesem Tag, einmal im Jahr, wurde der volle Gottesname JHWH vom Hohenpriester ausgesprochen.
279. Die eingeklammerte Stelle fehlt in Handschrift Kaufmann.
280. Der also kein Priester oder Levit ist.

erlaubt, ihn herauszuführen. Rabbi Jose sagte: Einmal führte ihn Arsala heraus, der aus Sepphoris stammte und ein Israelit war.

6.4 Sie machen ihm einen (abgesperrten) Weg wegen der Babylonier.[281] Die zerren ihn an seinen Haaren und sagen: Nimm und hau ab, nimm und hau ab. Die Vornehmen Jerusalems begleiteten ihn bis zur ersten Hütte. Es gab zehn Hütten von Jerusalem bis zum Abgrund, neunzig Res (entfernt), je sieben und einhalb auf eine Meile.[282] An jeder einzelnen Hütte sagte man ihm: Hier ist Essen, hier ist Wasser.[283] Man gab ihm das Geleit von Hütte zu Hütte mit Ausnahme der letzten, denn man kam mit ihm nicht bis zum Abgrund, sondern man blieb stehen und verfolgte von ferne das Geschehen.

6.6 Was tat er? Er teilte ein rotes Purpurband. Befestigte die eine Hälfte am Felsen und die andere Hälfte zwischen den Hörnern. Dann stößt er ihn von hinten hinunter, so daß er herunterrollt und stürzt. Noch bevor er die Hälfte des Berges erreicht hat, ist er bereits in lauter Stücke zerschmettert. (Sein Führer) aber kehrt um und setzt sich in die letzte Hütte, bis es dunkel geworden ist. Wann werden seine Kleider unrein? Wenn er die Mauern Jerusalems verlassen hat. Rabbi Schimon sagt: Von dem Augenblick an, an dem er ihn den Abgrund hinunter gestoßen hat.

6.7 (Der Hohepriester) wendet sich zum Stier und zum Bock,[284] die verbrannt werden. Er öffnet sie und nimmt die Eingeweide heraus, legt sie in eine Schale und opfert sie auf dem

---

281. Hier: das gemeine Volk.
282. Die Entfernung zwischen dem Tempel und dem Abgrund in der Wüste, von dem aus der Bock heruntergestürzt wurde, betrug 90 Res, bei einem Verhältnis 1 zu 7,5 also 12 Meilen. 1 jüdische Meile beträgt 2000 Ellen oder ein Kilometer, die Wegstrecke, die man am Schabbat oder Festtag gehen darf. Auf dieser Strecke befanden sich 10 Hütten im Abstand von jeweils einer Meile, während die Entfernung von der letzten Hütte bis zum Abgrung zwei Meilen betrug. Zu jeder Hütte hatte sich bereits vor Anbruch des Jom Kippur eine Abgesandtschaft begeben, die den Boten bis zur nächsten Hütte begleiten konnte. Die letzte Gesandschaft konnte den Boten aufgrund der doppelten Schabbatentfernung nur bis zur Mitte des Weges begleiten.
283. Der Führer durfte also trotz des strengen Fasttages essen.
284. Dem, der für Gott geschlachtet wurde.

Altar. (Die Tiere) schlingt er ineinander und schafft sie zum Verbrennungsort hinaus. Und wann verunreinigt er seine Kleider? Sobald er die Mauer des Vorhofs verläßt. Rabbi Schimon sagt: Wenn sie größtenteils verbrannt sind.

6.8 Dann meldete er dem Hohenpriester, daß der Bock die Wüste erreicht hat.[285] Woher wußte man, daß der Bock die Wüste erreicht hatte? Man stellte Posten auf, die Fahnen schwenkten, und so erfuhr man, wann der Bock die Wüste erreichte. Rabbi Jehuda sagte: Sie hatten ein großes Zeichen. Von Jerusalem bis nach Beth Haroro[286] sind es drei Meilen. Man geht eine Meile, geht eine Meile zurück und verweilt für die Zeit einer Meile, dann weiß man, wann der Bock die Wüste erreicht hat. [Rabbi Jischmael sagte: Hatten sie nicht ein anderes Zeichen? Ein Band aus rotem Purpur, wenn der Bock die Wüste erreichte, verfärbt es sich weiß, wie es heißt: Wenn auch eure Sünden wie roter Purpur sind, sollen sie schneeweiß werden (Jesaja 1,18).][287]

Das Wesen des Versöhnungstages

8.1 Am Versöhnungstag ist Essen und Trinken, Sich-waschen und Salben, Sandalen-Tragen und Beischlaf verboten. Der König und die Braut dürfen ihr Gesicht waschen, eine Wöchnerin darf Sandalen tragen. Das sind die Worte Rabbi Eliesers, aber die Weisen verbieten es.[288]

8.2 Wer am Versöhnungstag die Menge einer großen Dattel ißt, so groß wie ihr Umfang und der Umfang ihres Kernes, und wer einen vollen Schluck Wasser trinkt, ist schuldig. Alles was man ißt, summiert sich auf die Größe einer Dattel, und alles was man trinkt, summiert sich auf einen vollen Schluck. Essen und Trinken summieren sich nicht.

---

285. Früher kann er nicht mit der Toravorlesung beginnen, wie aus dem nächsten Kapitel hervorgeht.
286. Es ist fraglich, ob der Ortsname so richtig überliefert ist. Auf jeden Fall ist das die erste Station in der Wüste.
287. Das eingeklammerte Stück fehlt in der Handschrift Kaufmann und ist wahrscheinlich ein späterer Zusatz.
288. Das bezieht sich nur auf das letzte Glied.

8.3 Hat man ohne Absicht gegessen und getrunken, so ist man nur zu einem Sündopfer verpflichtet. Hat man gegessen und gearbeitet, so ist man zu zwei Sündopfern verpflichtet. Hat man etwas Ungenießbares gegessen oder getrunken, sogar Salzlake und Pökelbrühe, so ist man frei.

8.4 Kinder läßt man am Versöhnungstag nicht fasten, aber man erzieht sie ein oder zwei Jahre vorher,[289] um sie mit den Geboten vertraut zu machen.

8.5 Einer Schwangeren, die etwas (Gutes) riecht, gibt man zu essen, bis sie wieder zu sich kommt. Einem Kranken gibt man zu essen auf Empfehlung von Fachleuten.[290] Sind keine Fachleute vorhanden, gibt man ihm nach seinem eigenen Gutdünken, bis er »genug« sagt.

8.6 Wird jemand von einem Heißhunger überfallen, gibt man ihm zu essen, sogar unreine Dinge, bis seine Augen wieder glänzen. Wer von einem tollwütigen Hund gebissen wird, darf nicht vom Zwerchfell des Tieres essen.[291] Rabbi Mattaja ben Harasch[292] aber erlaubt es. Weiter sagte Rabbi Matatja ben Harasch: Wenn jemand Mundschmerzen[293] hat, darf man ihm am Schabbat eine Medizin geben, weil es sich um Lebensgefahr handelt. Jeder Verdacht auf Lebensgefahr verdrängt den Schabbat.[294]

8.7 Wenn jemand verschüttet wurde und es unsicher ist, ob er sich darunter befindet oder nicht, ob er lebendig ist oder tot, ob es ein Heide ist oder ein Jude, so gräbt man ihn aus. Findet man

---

289. Vor der Volljährigkeit, mit zwölf bzw. dreizehn Jahren.
290. Ärzten.
291. Es war vermutlich ein medizinischer Aberglaube, in einem solchen Fall vom Zwerchfell des betreffenden Tieres zu essen, um geheilt zu werden.
292. Hat vermutlich außerhalb Palästinas, nach dem Bar-Kochba-Krieg gelehrt.
293. In anderen Handschriften: Halsschmerzen.
294. Diese Bestimmung hat nichts mit dem Versöhnungstag zu tun, ist aber an den ersten Spruch desselben Gelehrten hier angehängt worden. Nach diesem Ausspruch ist Mataja ben Harasch als besonders großzügig in Gesetzeserleichterungen anzusehen. Der letzte Satz ist eine Grundaussage für die Behandlung der Schabbatfrage im rabbinischen Judentum.

ihn am Leben, so gräbt man ihn (vollends) aus, tot, läßt man ihn liegen.[295]

8.8 Das Sündopfer und das zweifellose Schuldopfer[296] sühnen. Der Tod und der Versöhnungstag sühnt (nur) zusammen mit der Buße. Die Buße sühnt leichtere Vergehen von Geboten und Verboten. Bei schwereren Vergehen bleibt es in der Schwebe, bis der Versöhnungstag kommt und sühnt.

8.9 Wenn jemand sagt: Ich sündige und tue Buße, ich sündige und tue Buße, so gibt man ihm keine Gelegenheit, Buße zu tun. (Wenn jemand sagt:) Ich sündige und der Versöhnungstag wird es sühnen, so sühnt der Versöhnungstag nicht.

Vergehen zwischen Mensch und Gott sühnt der Versöhnungstag. (Vergehen) zwischen Mensch und Mitmensch sühnt der Versöhnungstag nicht, bis er seinem Mitmenschen Genugtuung geleistet hat.

Rabbi Akiba sagte: Glücklich seid ihr, Israel, denn vor wem reinigt ihr euch? Und wer reinigt euch? Euer Vater im Himmel, wie es heißt: *Ich habe über euch reines Wasser gesprengt, damit ihr rein werdet* (Hesekiel 36,25). Und es heißt: *Ein Reinigungsbad für Israel ist der Herr* (Jeremia 17,13). Wie ein Reinigungsbad die Unreinen rein macht, so reinigt auch der Heilige, gepriesen sei Er, Israel.

---

295. Bis zum Ende des Schabbat und holt ihn dann heraus. Auch dies ist wahrscheinlich eine Schabbatbestimmung und ist nicht spezifisch mit dem Versöhnungstag verbunden. Selbstverständlich gelten diese Bestimmungen dann auch für den Versöhnungstag. Diese Mischna ist hier aufgrund des Vorhergehenden eingeordnet worden.

296. Vgl. 3 Mose 4,27ff und 5,15ff.

Aus dem Talmud — Gesetzliche Texte

Zwei Drittel des babylonischen Talmud und fünf Sechstel des jerusalemischen Talmud sind Halacha, das heißt Gesetzesdiskussionen. Die meisten Auswahlsammlungen aus dem Talmud übergehen dieses Material, weil es schwer verständlich und vom Inhaltlichen her gesehen auf den ersten Blick nicht interessant zu sein scheint. Auch in dieser Auswahl überwiegt das haggadische, das erzählerische Material, und nicht das halachische. Halacha sollte aber doch in einer solchen Auswahl nicht fehlen. Bei der Lektüre halachischen Materials besteht nun die Gefahr, daß man zu schnell die Geduld mit dieser Art von Literatur und Denken verliert und nicht weiterliest. Dann bestätigt sich das Vorurteil, der Talmud sei in diesen Partien unverständlich oder langweilig. Erst wenn man sich bemüht, den Diskussionsgang zu verfolgen und die verschiedenen Argumente zu verstehen, wenn man sich die gebührende Zeit dafür läßt, erschließt sich der Reiz gerade auch der Halacha.

In diesem Teil wird immer ein zusammenhängender Textabschnitt gebracht, der anschließend interpretiert wird. Es empfiehlt sich, nach der Erklärung den Abschnitt noch einmal zu lesen. Wenn er dann immer noch nicht verstanden ist, sollte man das Ganze noch einmal wiederholen. Manchmal erschließt sich ein Text erst, wenn man ihn mehrere Male durchgearbeitet hat.

Die rechten Gebetszeiten[297]

Mischna: Die Morgen-*tefilla* bis zum Mittag. Rabbi Jehuda sagt: Bis zur vierten Stunde.[298] Die Nachmittags-*tefilla* bis zum Abend. Rabbi Jehuda sagt: Bis zur Hälfte des Nachmittags.[299] Die Abend-*tefilla* hat keine feste Zeit. Die Zusatzgebete[300] — den ganzen Tag. Rabbi Jehuda sagt: Bis zur siebten Stunde.

---

297. bBrachot 26a
298. Nach Sonnenaufgang.
299. Ungefähr eine Stunde vor Sonnenuntergang.
300. Am Schabbat und den Festtagen.

Dies ist Mischna Berachot 4,1. Sie ist die Grundlage für die folgende Diskussion in der Gemara, im Talmud. Die drei jüdischen Gebetszeiten, Morgengebet, *schacharit,* Nachmittagsgebet, *mincha,* und Abendgebet, *maariv* werden aufgezählt. Das Morgengebet besteht aus den zwei Hauptteilen, *kriat schema* und *tefilla,* das Nachmittagsgebet nur aus der *tefilla* und das Abendgebet wieder aus beiden. Zum Morgen- und Nachmittagsgebet sowie zu den Zusatzgebeten vertritt Rabbi Jehuda, Mischnalehrer der vierten Generation, jeweils eine abweichende Meinung, indem er erschwerend entscheidet und den Gebetszeitenraum weiter einschränkt.

Gemara: Dies ist ja ein Gegensatz, (wenn es heißt): Die gebotene Zeit ist mit dem ersten Morgenlicht, damit die *geula* mit der *tefilla* verschmelze, so daß die *tefilla* am Tage gesagt wird.

Allerdings bezieht sich diese **Lehre** nur auf die »Altfrommen«, denn Rabbi Jochanan sagte: Die »Altfrommen« pflegten sie mit Aufstrahlen der Sonne zu beenden. Die ganze Welt aber bis Mittag.

Die Einleitung: »Dies ist ja ein Gegensatz« weist auf einen möglichen Gegensatz hin. Der Gegensatz findet sich in einer *baraita,*[301] die der Mischna zu widersprechen scheint. Diese *baraita,* hier deutlich aus dem Wort »Lehre«, sagt aus, daß man eigentlich das Morgengebet schon mit den ersten Sonnenstrahlen beginnen soll, so daß der Segensspruch *geula,* der der letzte der beiden Segenssprüche nach dem *kriat schema* ist,[302] beim ersten Tageslicht endet, so daß die anschließende *tefilla* dann schon am Tag gesagt wird. Diese Lehre verträgt sich nun nicht mit der Mischna, wo das Morgengebet bis zum Mittag gesagt werden kann. Der scheinbare

---

301. Eine Lehre aus der Zeit der Mischna, die nicht in die Mischna aufgenommen wurde.

302. Das *kriat schema* wird durch zwei Segenssprüche eingeleitet, dann folgt das *kriat schema* selbst, das mit 5 Mose 6,4 »Höre Israel, der Herr, dein Gott, ist ein Gott« beginnt, dem dann die biblischen Abschnitte 5 Mose 11 und 4 Mose 15 folgen. Abgeschlossen wird das Glaubensbekenntnis mit zwei weiteren Segenssprüchen, von denen der letzte *geula* heißt, der seinen Namen vom Inhalt her hat, da dieser Segensspruch sich mit der Erlösung, auf Hebräisch *geula,* befaßt.

Widerspruch wird dadurch aufgehoben, indem behauptet wird, daß diese *baraita* sich gar nicht auf das normale Volk bezieht, sondern nur auf die sogenannten *vatikim,* die hier mit »Altfrommen« übersetzt sind, Fromme aus der Frühzeit des Judentums, die es mit der Gebetseinhaltung besonders ernst nahmen. Dies verpflichtet aber nicht das allgemeine Volk. Für dieses gilt, daß das Morgengebet bis zum Mittag bzw. bis zur 4. Stunde gesagt werden darf. Für diese Meinung wird ein Ausspruch Rabbi Jochanans zitiert, der dieses beweist.

Nachdem dieser Gegensatz gelöst ist, wird ein viel ernster aussehendes Problem heraufbeschworen, eine Lehre, die der hier verhandelten Mischna zu widersprechen scheint:

Und nicht länger (als Mittag)? Hat nicht Rav Mari, Sohn von Rav Huna, Sohn von Rabbi Jirmija, Sohn von Abba im Namen Rabbi Jochanans gesagt: Hat er sich geirrt, und die *tefilla* abends nicht gesagt, sagt er die *tefilla* im Morgengebet zweimal; im Morgengebet, sagt er sie im Nachmittagsgebet zweimal!?

Er kann den ganzen Tag beten und so fortfahren. Bis zum Mittag erwirkt er das Verdienst für das Sagen der »*tefilla* zu seiner Zeit«, von da ab und danach erwirkt er das Verdienst der *tefilla,* das Verdienst der »*tefilla* zu seiner Zeit« erwirkt er nicht.

Auch der zweite Gegensatz, der mit keiner besonderen Formel eingeleitet wird, wird gelöst. Wenn es also stimmt, daß man bis zum Mittag bzw. bis zur 4. Stunde das Morgengebet verrichtet haben muß, wie kann dann gelehrt werden, daß man, hat man die *tefilla* vergessen – Abend und Morgen werden als Beispiel gebracht – sie bei nächster Gelegenheit nachholen darf? Geklärt wird auch dieser Gegensatz ohne besondere Einleitungsformel mit dem Hinweis auf die verschiedenen Stufen der Verdienstlichkeit des Gebets. Das nachgeholte Gebet ist ein vollgültiges Gebet, es wurde aber nicht zu seiner bestimmten Zeit gesprochen. Dieser Mangel ist nicht mehr auszugleichen. Die Mischna, die besagt, daß man bis zum Mittag das Morgengebet zu beenden hat, bleibt also in Kraft.

Die Frage wurde von ihnen gestellt: Wenn er sich geirrt und die *tefilla* nicht am Nachmittagsgebet gesagt hat, kann er sie am

Abend zweimal sagen? Wenn du von dem Fall »Wenn er irrt und die *tefilla* nicht beim Abendgebet sagt, kann er sie beim Morgengebet zweimal sagen« argumentieren willst, so ist dies je (ein anderer Fall), denn es handelt sich um denselben Tag, denn es heißt: *Und es ward Abend und es ward Morgen, der erste Tag* (1Mose 1,5). Aber hier – das Gebet steht anstelle des Opfers, und da ein Tag vergangen ist, ist sein Opfer hinfällig geworden; vielleicht ist das Gebet aber an die Stelle der Wohltätigkeit getreten, kann er dann nicht den ganzen Tag kommen und beten? **Komm und höre:** Wie Rav Huna, Sohn Jehudas, im Namen von Rav Jitzhak, im Namen von Rabbi Jochanans sagte: Wenn er sich geirrt hat und die *tefilla* im Nachmittagsgebet nicht gesprochen hat, betet er sie im Abendgebet zweimal, und es handelt sich dabei nicht um die Annulierung eines Opfers, weil ein Tag vergangen ist.

In der Diskussion vorher waren die Fälle aufgeführt, daß man am Morgen oder Abend die *tefilla* vergessen hat. In beiden Fällen konnte man die *tefilla* beim nächsten Gebet nachholen. Der Fall des Nachmittagsgebetes war nicht erwähnt worden. Hierauf konzentriert sich nun das Problem der folgenden Diskussion. Die Formel »Die Frage wurde von ihnen gestellt« kündigt an, daß eine neue halachische Frage von der Mehrheit der Diskutierenden gestellt wird. Die Frage zum Nachmittagsgebet geht von der Voraussetzung aus, daß der Fall des Nachmittagsgebets natürlich anders liegt als der Fall des Morgen- oder Abendgebetes. Da der Tag im Judentum am Abend beginnt, dies wird wie üblich durch den Schriftvers 1 Mose 1,5 belegt, ist mit dem Nachmittagsgebet der Tag zu Ende, und mit dem Abendgebet beginnt ein neuer Tag. Es werden nun zwei Möglichkeiten zur Funktion des Gebets angeführt. Das Gebet wird als Ersatz für die Tempelopfer verstanden. In diesem Fall kann man ein ausgefallenes Opfer am nächsten Tag nicht mehr nachholen. Oder das Gebet tritt an die Stelle von Wohltätigkeit. In diesem Fall verfällt das Gebet nicht und kann auch am nächsten Tag nachgeholt werden. Die Antwort und die Entscheidung zwischen den beiden Möglichkeiten wird mit der Formel »Komm und höre« eingeleitet. Die Entscheidung fällt für die zweite Lösung, indem man eine Entscheidung zitiert, die aus dem Mund Rabbi Jochanans stammt.

Ein Einspruch wurde erhoben: *Etwas Verbogenes kann nicht gerichtet werden, und etwas Fehlendes kann nicht aufgezählt werden* (Prediger 1,15). *Etwas Verbogenes kann nicht gerichtet werden,* das ist jemand, der das *kriat schema* des Abendgebets, das *kriat schema* des Morgengebets, die *tefilla* des Abendgebets, oder die *tefilla* des Morgengebets aufhebt. *Und etwas Fehlendes kann nicht aufgezählt werden,* das ist jemand, dessen Freunde sich zu einer Gemeinschaft zusammengeschlossen haben, ein Gebot zu erfüllen, und er wird nicht dazu gerechnet.

Rabbi Jitzchak sagte im Namen Rabbi Jochanans: Wovon handelt dieser Ausspruch? Von jemandem, der bewußt aufhebt.

Rav Aschi sagte: **Dies wird gestützt,** indem er lehrt: »Aufhebt« und er lehrt nicht: »Wenn er irrt«. **Lerne das daraus.**

Die Diskussion der Mischna ist noch nicht zu Ende. Noch geben sich die Gegner der Ansicht, daß das Aufschieben des Gebets möglich sein soll, nicht geschlagen. Die Redewendung »Ein Einspruch wurde erhoben« stellt das bisher Gesagte noch einmal mit einer *baraita,* einem Satz aus der Zeit der Mischna, in Frage. Die *baraita* ist eine ethische Auslegung des Predigerverses, wobei der erste Teil des Verses auf die bezogen wird, die *kriat schema* und *tefilla* aufheben. Wieder ist es Rabbi Jochanan, der – jetzt zum letzten Mal – den erleichternden Standpunkt vertritt und der nicht zuläßt, daß diese Auslegung überhaupt für den hier verhandelten Fall angewendet werden darf. Die *baraita* meint nach Rabbi Jochanan diejenigen, die bewußt das Gebet unterlassen, die Übeltäter, nicht aber den Juden, der aus Versehen das Gebet nicht zur richtigen Zeit gesagt hat. Dies Argument Rabbi Jochanans erfährt eine »Stütze« durch Rav Aschi, der auf die Wortwahl hinweist: »Aufheben« bedeutet »bewußt etwas verändern wollen«, »Irren« bedeutet »versehentlich«.

Damit ist die *sugia,* die Erörterung dieser spezifischen Mischna an ihr Ende gekommen, wobei der erleichternde Standpunkt gegenüber anderen strengeren Ausdeutungen den Sieg davongetragen hat. Die Aussage der anonymen Mischna wird bestätigt. Die Gemara diskutiert nicht über den eigentlichen Streitpunkt in der Mischna, welche Lehre die richtige ist, die erleichternde anonyme Mischna oder die erschwerende Rabbi Jehudas. Die Diskussion führt aber noch weitere Aspekte der betreffenden

Halacha ins Spiel, so daß ein vergessenes Gebet nachgeholt werden kann. Die ganze Diskussion macht jedoch deutlich, daß es am besten wäre, wenn jeder die Gebete zur rechten Zeit spricht, denn dies ist vor Gott am wohlgefälligsten, in der Sprache der Gemara: am verdienstlichsten.

Das Siebentjahr und der Prosbul des Hillel

Das biblische Erlaß-, Siebent- oder Schabbatjahr genannt, auf Hebräisch Schmitta oder Schvi'it, ist eine der revolutionären Einrichtungen in der antiken Welt zur Wiederherstellung einer sozial gerechten Ordnung. Zur Durchsetzung und zur Aufrechterhaltung der biblischen Bestimmungen bedurfte es aber auch einer ideal ausgerichteten Gesellschaft, die vermutlich auch in biblischen Zeiten niemals erreicht wurde. So konnte es geschehen, daß ein biblisches Gebot mit einem hohen idealen Anspruch zu Zuständen führte, die schlimmer waren, als wenn es das Gesetz nie gegeben hätte. Mit diesem Problem beschäftigte sich die rabbinische Gesetzgebung seit Hillel, wobei sie sich bemühte, vom Geist des Gesetzes etwas zu erhalten und trotzdem funktionsfähige Strukturen zu ermöglichen. Wie der Name Siebentjahr schon sagt, wird das Jahr alle sieben Jahre begangen. Das Wort Erlaßjahr meint zweierlei: das Erlassen der Schulden und die Freilassung der hebräischen Sklaven. Da es zur Zeit des Zweiten Tempels und der anschließenden Mischnaperiode vermutlich kaum noch hebräische Sklaven gegeben hat, war das eigentliche Problem der Schuldenerlaß. Schon in biblischer Zeit war die Problematik vorausgesehen worden. In 5 Mose 15,9 taucht bereits der Gedanke auf, daß die Einführung dieses Erlasses dazu führen könnte, kein Geld mehr vor dem Erlaßjahr zu verleihen. In der Zeit des Tempels scheint dies dann gang und gäbe gewesen zu sein. Deshalb sah sich die führende rabbinische Autorität, Hillel der Ältere, gezwungen, die biblische Anordnung zu ändern, um den Geist des Gesetzes, der eine Vergünstigung für die Armen bezweckt, zu retten. Um die Diskussion über die problematische Modifikation eines biblischen Gesetzes zu verstehen, erscheint es ratsam, zuerst den biblischen Wortlaut des Gesetzes nach 5 Mose 15 hier zu zitieren. Auf diese Passage wird in der rabbinischen Diskussion immer wieder hingewiesen.

Das biblische Gesetz vom Erlaßjahr

1 Alle sieben Jahre sollst du ein Erlaßjahr halten. 2 So aber soll es zugehen mit dem Erlaßjahr: Wenn einer seinem Nächsten etwas geborgt hat, der soll es ihm erlassen und soll es nicht eintreiben von seinem Nächsten oder von seinem Bruder; denn man hat ein Erlaßjahr ausgerufen dem HERRN. 3 Von einem Ausländer darfst du es eintreiben; aber dem, der dein Bruder ist, sollst du es erlassen. 4 Es sollte überhaupt kein Armer unter euch sein; denn der HERR wird dich segnen in dem Lande, das dir der HERR, dein Gott, zum Erbe geben wird, 5 wenn du nur der Stimme des HERRN, deines Gottes, gehorchst und alle diese Gebote hältst, die ich dir heute gebiete, daß du danach tust! 6 Denn der HERR, dein Gott, wird dich segnen, wie er dir zugesagt hat. Dann wirst du vielen Völkern leihen, doch du wirst von niemandem borgen; du wirst über viele Völker herrschen, doch über dich wird niemand herrschen.

7 Wenn einer deiner Brüder arm ist in irgendeiner Stadt in deinem Lande, das der HERR, dein Gott, dir geben wird, so sollst du dein Herz nicht verhärten und deine Hand nicht zuhalten gegenüber deinem armen Bruder, 8 sondern sollst sie ihm auftun und ihm leihen, soviel er Mangel hat. 9 Hüte dich, daß nicht in deinem Herzen ein arglistiger Gedanke aufsteige, daß du sprichst: Es naht das siebente Jahr, das Erlaßjahr –, und daß du deinen armen Bruder nicht unfreundlich ansiehst und ihm nichts gibst; sonst wird er wider dich zu dem HERRN rufen, und bei dir wird Sünde sein; 10 sondern du sollst ihm geben, und dein Herz soll sich es nicht verdrießen lassen, daß du ihm gibst; denn dafür wird dich der HERR, dein Gott, segnen in allen deinen Werken und in allem, was du unternimmst.

11 Es werden allezeit Arme sein im Lande; darum gebiete ich dir und sage, daß du deine Hand auftust deinem Bruder, der bedrängt und arm ist in deinem Lande.

Der Prosbul von Hillel dem Älteren[303]

Hillel führte den Prosbul ein.[304] **Dort**[305] **wurde gelehrt:** Ein Prosbul verhindert Erlaß. Das ist eine der Bestimmungen, die Hillel der Ältere verfügte, als er sah, daß das Volk aufhörte, gegenseitig zu leihen und damit das Gebot der Tora übertrat: *Hüte dich, daß nicht in deinem Herzen ein arglistiger Gedanke aufsteige* (5 Mose 15,9). Da stand er auf und verfügte den Prosbul.

Und das ist der Text des Prosbul: Ich übermittle euch, NN und NN, Richter des Ortes NN, daß ich jede Schuld, die mir NN schuldet, zu jeder Zeit einziehen darf. Und die Richter, unterzeichnen unten oder die Zeugen.

Am Anfang steht ein Zitat aus der Mischna. Es heißt vollständig: »Hillel führte den Prosbul ein als vorsorgende Institution.« Der Mischnasatz steht hier, weil im Satz zuvor auch von einer »vorsorgenden Institution« gesprochen worden war, also von einer Einrichtung, die dafür sorgen soll, daß das Gesetz nicht übertreten wird. Da diese Mischna sehr kurz ist, wird zur Erklärung eine andere Mischna herangezogen, die ausführlicher über den Prosbul handelt, Mischna Schvi'it. Die ganze *sugia* ist eigentlich eine Diskussion der Mischna Schvi'it, der hier zitierten und der noch folgenden. Eigentlich also gehört dieses Stück hier gar nicht hin, sondern zum Traktat Schvi'it. Schvi'it steht aber in der ersten Ordnung, die im wesentlichen landwirtschaftliche Bestimmungen behandelt. Da diese Bestimmungen aber nur im Land Israel Geltung haben, ist die Ordnung in ihrer Gesamtheit im babylonischen Talmud nicht behandelt worden. Da der Prosbul aber auch in Babylonien praktiziert wurde, wie die spätere Diskussion in der Gemara zeigt, ist die Diskussion darüber an dieser Stelle, an der der Prosbul erwähnt wird, eingeordnet worden.

Das Wort *Prosbul* ist ein Fremdwort aus dem Griechischen und ist entweder von *prosbolé,* »das Eingereichte«, oder von *pros boule*, »beim Rat«, abgeleitet. Im Talmud folgt noch eine eigene

---

303. Gittin 36a-37b.
304. Mischnazitat Gittin 4,3.
305. In der Mischna Schvi'it 10,3-4.

Erklärung im späteren Verlauf der Diskussion. Die Einrichtung des Prosbul bedeutet, daß der Gläubiger seine Schuld, die aus der Zeit vor dem Schmittajahr stammt, auch nach dem Schmittajahr einziehen kann. Der Mischnatext ist hebräisch. Das Folgende, die Diskussion zur Mischna, ist aramäisch abgefaßt.

Ist es denn möglich, daß nach der Tora das Siebentjahr die Schuld erläßt, Hillel aber angeordnet hat, daß es sie nicht erläßt? Sagte Abbaje: (Er spricht) vom Siebentjahr in der Jetztzeit, und dies nach Rabbi.[306] Es wird gelehrt: Rabbi sagt: *Und dies ist das Gesetz des Erlaßjahres, erlasse.* Die Schrift spricht von zwei Erlassungen, eine ist der Erlaß der Böden und eine ist der Erlaß von Geldern. In einer Zeit, in der du Böden erläßt, erläßt du auch Gelder. In einer Zeit, in der du Böden nicht erläßt, erläßt du auch Gelder nicht. Die Weisen aber verfügten, daß der Schuldenerlaß gültig sei zum Angedenken an das Siebentjahr.

Das Problem besteht für die Diskutierenden darin, ob und wie Hillel ein biblisches Gebot abändern oder aufheben kann. R. Abbaje sieht die Lösung in der Annahme, daß es in der gegenwärtigen Zeit, das ist die Zeit nach der Zerstörung des Ersten Tempels, das biblische Gebot gar nicht mehr besteht, es also überhaupt keinen Schuldenerlaß gibt. Er beruft sich dabei auf eine Entscheidung Rabbis. Rabbi schließt aus der Stelle 5 Mose 15,2, daß das Zusammentreffen von *Erlaßjahr, erlasse,* Wort nach Wort, auf eine Zusammengehörigkeit des Schuldenerlasses mit einem anderen Erlaß verweist und konstatiert, daß es sich dabei um den Erlaß des Bodens, genauer gesagt, um die Rückkehr des Bodens zu seinen ehemaligen Besitzern im siebenmal siebten Jahr, dem 50. Jahr oder Jobeljahr, 3 Mose 25,8 ff., handelt.[307] Durch die Koppelung dieser beiden Erlässe ergibt sich für den Schuldenerlaß, daß dieser für die gegenwärtige Zeit hinfällig geworden ist, weil es seit der Zerstörung des Ersten Tempels keine Rückkehr der Böden mehr gibt, da Israel nicht mehr Herr im eigenen Land und Besitzer aller

---

306. Rabbi Jehuda ha-Nassi, der Redaktor der Mischna.
307. Eine andere Möglichkeit wäre, an das Brachliegen des Landes im siebten Jahr im Abschnitt davor, 3 Mose 25,1 ff., zu denken. Auch bei diesem Gebot ist es fraglich, ob es in der Zeit Rabbis in Kraft war.

Böden ist. Diese Theorie würde den Prosbul des Hillel, der ja 250 Jahre vor Rabbi lebte, unnötig gemacht haben, da ja zu seiner Zeit gar kein Schuldenerlaß gültig gewesen wäre. Daß Hillel den Prosbul einführte, weist also darauf hin, daß er anders argumentierte als Rabbi. Die Mehrzahl der Rabbinen hat anscheinend der Meinung Rabbis nicht widersprochen, sie bedauert dies aber, wie aus der Fortsetzung deutlich wird, und verfügt, um den alten Zustand des Schuldenverfalls wieder zu erreichen, eine neue Takana, Verordnung, die den Schuldenerlaß auch für die Jetztzeit wieder einführt. Die Argumentation ist, daß der Brauch des Schuldenerlasses in Vergessenheit geraten könnte und dann, wenn es eine Wiederherstellung der alten Verhältnisse im Land Israel geben würde, die alten Stammesbesitzverhältnisse also wieder vorhanden wären, niemand mehr wüßte, wie das biblische Gebot zu praktizieren wäre. Aus diesem Grund und in Erinnerung an das alte biblische Gebot, gelte deshalb das Gebot des Schuldenerlasses auch in der Jetztzeit trotz der Argumentation von Rabbi. Damit ist auch der Prosbul Hillels wieder nötig, um der Problematik zwischen Bibelgesetz und der sündhaften Wirklichkeit gerecht zu werden. Deswegen wird wieder der Satz aus der Mischna Schvi'it zitiert, der am Anfang der Debatte stand:

Als Hillel, der Ältere, sah, daß das Volk aufhörte, gegenseitig zu leihen, stand er auf und verfügte den Prosbul.

Hiermit wären wir wieder am Anfang der Diskussion, der Erlaß besteht auch in der Jetztzeit weiter dank der Verfügung der Mehrzahl der Rabbinen, und der Prosbul verhindert einen Erlaß dank der Entscheidung von Hillel.

Ist dies denn möglich, daß nach der Tora das Siebentjahr nicht erläßt,[308] unsere Lehrer aber angeordnet haben, daß es erläßt? Sagte Abbaje: Dies ist »Bleib sitzen und tue nichts«.

Jetzt ist die Situation also genau umgekehrt gegenüber dem Anfang der Diskussion, und die Frage lautet jetzt: Wie ist es möglich, daß das biblische Gebot, das nach Rabbi keinen Schul-

---

308. Entsprechend der Argumentation Rabbis für die Jetztzeit.

denerlaß im Siebentjahr gebietet, nun durch die Rabbinen aufgelöst wird? Die hier vorgeschlagene Lösung ist, das biblische Gebot
durch Unterlassung außer Kraft zu setzen. Der rabbinische Grundsatz »Bleib sitzen und tue nichts« bedeutet eine nicht strafbare
Unterlassung. Man ist eigentlich verpflichtet, ein gewisses Gebot
einzuhalten, ist aber berechtigt, es durch Nichterfüllung zu hinter-
gehen. In diesem Fall: Der Schuldennichterlaß ist das Gebot für
die Jetztzeit, durch seine Erfüllung geschieht aber dem Armen,
dem das Gesetz helfen sollte, Unrecht. Deshalb ist es besser, wenn
man das Gesetz schon nicht aufheben kann, durch Nichterfüllung
den Geist des Buchstabens zu bewahren. Mit anderen Worten, die
Nichteinhaltung des biblischen Gebots ist zwar eine Gesetzesübertretung, aber keine schwerwiegende. In gewisser Weise erfüllt die
Aussetzung der Bestimmung sie besser als ihre Befolgung. So also
könnte man den Konflikt von Toragesetz und Wirklichkeit lösen.

Raba sagte: Die Enteignung[309] eines Gerichtshofes ist gültig.
Dies aufgrund einer Aussage R. Jitzhaks: Woher wissen wir, daß
die Freilassung eines Gerichtshofes gültig ist? Es heißt: *Wer
nicht innerhalb dreier Tage aufgrund des Rates der Fürsten und
Ältesten sich versammelt, der und sein ganzer Besitz verfällt dem
Bann.*[310]
    Rabbi Eliezer sagte: (Ich beweise das) dadurch: *Das ist die
Erbteilung, die Elazar, der Priester, Jehoschua ben Nun und die
Häupter der Stammesväter vornahmen* (Josua 19,51). Was hat
hier *Häupter* in Zusammenhang mit *Vätern* zu suchen?[311] Um
dich zu lehren: Wie Väter nach ihrem Belieben Erbe unter den
Söhnen verteilen können, so können auch Häupter Erbe unter
dem Volk nach ihrem Belieben aufteilen.

Raba nimmt die Diskussion, ob die Rabbinen überhaupt das Recht
haben, Schuldenerlaß zu verfügen, wo die Tora nach Rabbis
Interpretation dies doch verbietet, an einem anderen Punkt neu
auf. Die Rabbinen sind auf alle Fälle Kraft ihres Amtes ermäch-

---

309. Das hebräische Wort *hefker* bedeutet: aufgegebener und herrenloser
     Besitz.
310. Esra 10,8.
311. Warum heißt es hier nicht einfach die Häupter der Stämme?

tigt, Besitzverteilungen, darum handelt es sich schließlich, vorzu-
nehmen. Er beweist das mit einer Argumentation Rabbi Jitzhaks,
der Esra 10,8 anführt, wo von Oberen und Ältesten die Rede ist,
an deren Stelle die Weisen getreten sind, und die als Strafe
Besitzkonfiszierungen androhen können. Rabbi Elieser beweist
dasselbe mit einem anderen Schriftvers, Josua 19,51, der nach
seinem Verständnis Häupter, sprich Gelehrte, mit Väter gleich-
setzt, die anerkanntermaßen über Besitzverhältnisse entscheiden
können. Das ist der abschließende Beweis für eine Entscheidung
der Gelehrten in Vermögensfragen. Damit ist die Diskussion zu
diesem Thema beendet. Das Ergebnis entspricht der Ausgangssituation: Es gibt den Nichterlaß der Schulden für die Jetztzeit. Dies
wird von den Weisen durch eine *takana*, eine Bestimmung, aufgehoben. Es gibt damit weiterhin das biblische Gebot des Schuldenerlasses im siebten Jahr, das durch die *takana*, den Prosbul des
Hillel, nivelliert wird. Hiermit wäre wieder die Ausgangssituation
erreicht. Im folgenden werden weitere Fragen, die mit dem Problem des Prosbul zusammenhängen, erörtert.

Die Frage wurde von ihnen gestellt: Hat Hillel den Prosbul (nur)
für seine Generation verfügt oder auch für die kommenden
Generationen? Wofür ist das von Bedeutung? Für (den Fall) der
Aufhebung. Wenn er ihn (nur) für seine Generation verfügt hat,
kann man ihn aufheben. Wenn du aber sagst, auch für die
kommenden Generationen, so (gilt:) Kein Gerichtshof kann die
Worte eines kollegialen Gerichtshofes auflösen, wenn er nicht
größer als er an Weisheit und an Zahl ist.[312] Wie verhält es sich
nun? **Komm und höre,** so sagte Schmuel: Man schreibt einen
Prosbul nur am Gerichtshof von Sura oder am Gerichtshof von
Nahardea.[313] Wenn du der Meinung bist, er habe ihn für die
kommenden Generationen eingeführt, dann sollte man ihn auch
an anderen Gerichtshöfen schreiben dürfen.

Vielleicht hat Hillel (den Prosbul) für die kommenden Gene-

---

312. Wobei es selbstverständlich ist, daß niemand den Gerichtshof Hillels
     überbieten kann.
313. Sura und Nahardea waren die beiden Hauptgelehrtenhäuser in Babylo-
     nien zur Zeit Schmuels. Schmuel war Präsident des Gelehrtenhauses in
     Nahardea, Rav in Sura.

rationen verfügt, (aber nur) für Gerichtshöfe wie die von Rav Ami und Rav Asi,[314] die befugt sind, über Vermögensverhältnisse zu entscheiden, aber nicht für alle Welt?

Die Formel »Die Frage wurde von ihnen gestellt« leitet den neuen Fragekomplex ein. Wenn der Prosbul von Hillel nur für seine Generation eingeführt worden wäre, könnte er aufgehoben werden, und man benötigte dafür keinen größeren Gerichtshof als den Hillels. Schmuel schließt mit der Formel »Komm und höre« aus der Tatsache, daß der Prosbul nur an den beiden Hauptgerichtsplätzen in Babylonien ausgestellt werden darf, daß Hillel den Prosbul tatsächlich nur für seine Generation festgesetzt hat. Dies ist aber nicht der einzig mögliche Schluß. Die Tatsache, daß nur die Hauptgerichtshöfe eines Landes, nicht aber andere Gerichtshöfe Prosbulangelegenheiten klären dürfen, könnte auch daran liegen, daß Hillel den Prosbul in dieser Weise behandelt zu sehen wünschte, denn bei einem solch schwerwiegenden Eingriff in ein biblisches Gebot sollten nur die Hauptgerichtshöfe darüber als Annahmeinstitution gelten. Damit ist der Einwand Schmuels abgelehnt, und er muß, will er seine gegen den Prosbul gerichtete Einstellung rechtfertigen, mit einem neuen Argument kommen. Dies wird wieder durch die Formel »Komm und höre« eingeleitet.

Komm und höre, so sagte Schmuel: Der Prosbul ist eine Beschämung der Richter,[315] wenn ich die Macht hätte, würde ich ihn auflösen. Auflösen? Es kann doch kein Gerichtshof die Worte eines kollegialen Gerichtshofes auflösen, es sei denn, er ist größer als er an Weisheit und Zahl. Er meint es folgendermaßen: Wenn er an Macht größer wäre als Hillel, würde er ihn auflösen.[316] Rav Nachman aber sagte: Ich würde ihn einführen. Einführen? Er existiert ja. Er meint es wie folgt: Ich würde eine Bestimmung einführen, daß wenn er nicht geschrieben ist, es genau so ist, als sei er geschrieben.

---

314. Präsidenten zu Sura und Nahardea in der Zeit, in der diese Diskussion geführt wurde.
315. Man zwingt die Richter, ein biblisches Gebot zu nivellieren.
316. Aber Schmuel weiß natürlich, daß das nicht der Fall ist.

Der neue Angriff Schmuels gegen den Prosbul ist rein moralisch und ist sich seiner Ohnnmacht bewußt: »Wenn ich die Macht hätte ...« Mit derselben Entschiedenheit reagieren die Gegner. Im folgenden wird der Ausspruch Schmuels diskutiert.

> Sie fragten: Ist unter Beschämung »Frechheit« zu verstehen oder »Demut«? Komm und höre. Ula sagte: Schamlose Braut, die unter dem Hochzeitsbaldachin gehurt hat. Rav Mari, der Sohn der Tochter des Schmuel, sagte: Welcher Schriftvers (beweist das?): *Während der König in seinem Kreis saß, gab meine Narde ihren Duft* (Hohelied 1,12). Raba sagte: Immerhin ist es vorteilhaft ausgedrückt für uns, indem er schreibt: *Gab (Duft)* und nicht: »Verbreitete Gestank«.
>
> **Unsere Meister lehrten:** Die beschämt werden und nicht beschämen, ihre Beschimpfung hören und nicht antworten, aus Liebe handeln und fröhlich sind in Leiden, über sie sagt die Schrift: *Und die ihn lieben, sind wie der Aufgang der Sonne in ihrer Herrlichkeit* (Richter 5,31).

Ula ist der Meinung, es handelt sich um Frechheit, ja noch schlimmer als das, der Prosbul sei dasselbe wie das goldene Kalb der Israeliten – aus dieser Szene ist das Bild von der schamlosen Braut entnommen – in der Wüste, als Moses auf den Berg Sinai stieg, um die Vereinigung Gottes mit seinem Volk Israel, den Bundesschluß am Sinai, zu besiegeln. Ula ist also wie Schmuel ein entschiedener Gegner des Prosbul. Mari vertritt als Enkel von Schmuel ebenso dessen Position. Er versteht den Vers so, daß die Verströmung des Duftes durch den Entscheid der Rabbinen (der Prosbul) eine Anmaßung ist, wo doch der König, Gott, der mit seiner Tora die Welt regiert, mitten unter ihnen ist. Raba schließlich versucht einen Kompromiß zu schließen. Er ist der Meinung, daß gerade dieser Vers beweise, daß der Prosbul keine Frechheit der Gelehrten sei, sondern ihre Demut zeige. Nur so sind die folgenden Sätze zu verstehen, die fast im Stil der Bergpredigt verfaßt sind. Damit ist diese Diskussionsrunde abgeschlossen, und der Talmud wendet sich einem ganz anderen Problem zu.

Was heißt Prosbul?[317] Es sagte Rav Hisda: *Pros buli ubuti. Buli* sind die Reichen, wie es heißt: *Ich aber werde den Hochmut eurer Macht zerbrechen* (3 Mose 26,19). Und Rav Josef lehrte: Das sind die *bulaot. Buti* sind die Armen, wie es heißt: *Borgen.* Raba fragte einen Ausländer: Was heißt Prosbul? Er antwortete ihm: Eine Vorsorge für eine Sache.

Der Talmud wendet sich jetzt, in einer Pause der heftigen Diskussion, der Etymologie des Wortes Prosbul zu, wobei rabbinische Volksetymologie mit philologischer Arbeit sich abwechselt. Die Erklärung Rav Hisdas zu *pros buli ubuti* ist eine Kombination beider. *Pros buli* oder *bule* entspricht der richtigen Bedeutung des griechischen Wortes: Vorlage. *Buti* ist eine freie Zufügung, um damit die angefangene Erklärung abzurunden. Er übersetzt *buli* mit Reiche, wobei er das Wort wie Rav Josef versteht: *bulaot. Bulaot* sind die Ratsherrern. Die Deutung von *bulaot* als »Reiche« enthält zugleich eine Kritik an den politischen Zuständen im Land Israel im vierten Jahrhundert. Eine Reihe anderer Stellen unterstreicht diesen Gedanken. Man läßt sich zum Ratsherrn wählen, um das Volk auszubeuten und sich auf Kosten des Volkes zu bereichern. Die Bedeutung der *buti* als Armer beruht auf einem hebräischen Wortsspiel. *Buti* wird von der Wurzel *but,* »borgen«, abgeleitet. Die, die leihen müssen, sind die Armen.
Zum Schluß befragt Raba einen Ausländer, von dem man annahm, daß er besser Griechisch sprach als man selber. Man wußte selbstverständlich, daß *Prosbul* ein Fremdwort aus dem Griechischen war. Man sprach aber nicht gut genug Griechisch, um in der Bedeutung sicher zu sein, jedenfalls nicht in Babylonien. Die Antwort ist aramäisch. Der Fremde leitet das Wort von dem Griechischen *prosbolé,* »Vorlage«, ab, während es die Rabbinen mit *pros boule,* »vor dem Rat«, in Verbindung brachten.[318]

Rav Jehuda sagte im Namen Schmuels: Waisen benötigen keinen Prosbul, denn so lehrte auch Rami bar Hama: Waisen benötigen keinen Prosbul, denn Rabban Gamliel und sein Gerichtshof sind die Väter der Waisen.

---

317. Vgl. zur Wortbedeutung S. 142
318. Vgl. Anm. S. 142.

Nach der Sprachetymologie folgt wieder ein halachischer Gedanke, das Problem der Waisen. Da die Gerichtshöfe sowieso für die Waisen zuständig sind, benötigen sie kein Dokument, das dem Gerichtshof die Machtbefugnis überträgt. Hiermit ist die Diskussion zur Mischna Schvi'it 10,3 und 4 zu Ende, dem ersten Mischnazitat, das die Diskussion der *sugia* einleitete. Es folgt eine weiteres Zitat aus demselben Kapitel der Mischna Schvi'it:

> **Dort**[319] **wird gelehrt:** Man schreibt einen Prosbul nur auf Bodenbesitz. Hat er[320] keinen, so schreibt er[321] ihm irgendwelchen zu.

Dies ist ein weiteres Stück aus dem 10. Kapitel der Mischna Schvi'it, das im folgenden diskutiert wird.

> Und wieviel ist »irgendwelcher«? Es sagte Rav Hia bar Aschi im Namen Ravs: Sogar (die Größe) eines Kohlkopfstengels. Rav Jehuda sagte: Auch wenn man ihm nur (den Platz) für einen Ofen oder Herd geliehen hat, schreibt man darauf einen Prosbul aus. So ist das doch nicht, denn Hillel lehrte: Man schreibt einen Prosbul nur auf (einen Platz) für einen durchlöcherten Blumentopf aus. Nur für einen durchlöcherten, nicht aber für einen undurchlöcherten? Es nimmt doch denselben Platz ein? Es genügt, wenn er auf einem Stock sitzt. Rav Aschi verkaufte ihm einen Palmstumpf und ließ darauf den Prosbul schreiben.

Die Diskussion geht um die Mindestgröße von Boden, der nötig ist, um darauf einen Prosbul schreiben zu können. Das Paradoxe ist, daß gerade der kleinste Raum, der Blumentopf, der mit dem Boden durch einen Stock verbunden ist, besonders fest mit dem Boden verbunden ist. Im Grunde kommt es nicht auf die Größe des Bodens an, sondern nur auf die Tatsache, daß es überhaupt eine Verknüpfung von Darlehen und Recht auf Boden gibt. Dies erinnert an die Verbindung von Schuldenerlaß und Bodenerlaß, die zu Beginn der Diskussion Rabbi herstellte.

---

319. In der Mischna Schevi'it 10,6.
320. Der Schuldner
321. Der Gläubiger.

Die Gelehrten aus dem Haus Rav Aschis übergaben einander (den Prosbul) mündlich. Rabbi Jochanan übergab Rabbi Hija bar Abba mündlich (den Prosbul) und fragte ihn: Ist noch irgend etwas anderes nötig? Der antwortete ihm: Es ist nichts nötig.

In diesem Absatz handelt es sich um einen Einschnitt, der die begonnene Diskussion um die Bedeutung von Bodenbesitz für das Geldentleihen und die Ausstellung eines Prosbul unterbricht. In diesem Einschub wird behauptet, daß es gar keines schriftlichen Prosbuls bedarf. Im folgenden wird die Diskussion um den Grundbesitz weitergeführt.

Unsere Meister lehrten: Hat er[322] keinen (Grundbesitz), der Bürge aber hat welchen, so schreibe man darauf einen Prosbul. Wenn er und der Schuldner keinen Grundbesitz haben, ein Schuldner (des Schuldners) aber Grundbesitz hat, so schreibt man darauf einen Prosbul. Dies nach Rabbi Natan. Denn es wird gelehrt: Rabbi Natan sagt: Woher (weiß man), daß jemand, der bei jemandem eine Mine[323] gut hat, und dieser bei einem anderen eine gut hat, man dem (letzten) sie nimmt und sie (dem ersten) gibt? Weil es heißt: *Man gibt dem die Schuld, dem sie zukommt* (4 Mose 5,7).

Das Ganze ist, wie die Einleitungsformel »Unsere Meister lehrten« verrät, ein *baraita*. Sie schließt die Diskussion der Mischna Schvi'it 10,6 ab. Es folgt ein Stück aus dem Anfang des zehnten Kapitels der Mischna Schvi'it.

Dort[324] wird gelehrt: Das Siebentjahr erläßt jede Schuld, mit oder ohne Schuldschein.

Bis hierher geht das Mischnazitat aus Schvi'it. Es folgt die Erklärung:

---

322. Der Schuldner.
323. Eine Geldeinheit
324. Mischna Schvi'it 10,1.

Rav und Schmuel sagten beide: Mit Schuldschein, wenn der Schuldschein eine Gütersicherheit enthält, ohne Schuldschein, wenn der Schuldschein keine Gütersicherheit enthält, um so viel mehr (erläßt das Siebentjahr), wenn mündlich geliehen wurde.

Rabbi Jochanan und Rabbi Schimon ben Lakisch sagen beide: Mit Schuldschein, wenn der Schuldschein keine Gütersicherheit enthalten hat, ohne Schuldschein, mündlich. Ein Schuldschein aber, der eine Gütersicherheit enthält, wird nicht ungültig (mit dem Siebentjahr).

Übereinstimmend mit Rabbi Jochanan und Rabbi Schimon ben Lakisch wird gelehrt: Ein Schuldschein verfällt. Wenn er aber eine Gütersicherheit enthält, verfällt er nicht.

Ein anderer lehrt: Hat er ein bestimmtes Feld beim Darlehen gekennzeichnet, so verfällt es nicht. Auch wenn er geschrieben hat: Alle meine Güter sind verantwortlich und bürgen für dich, so verfällt er nicht.

Wenn für eine Schuld eine garantierte Sicherheit in Immobilien besteht, gilt die Schuld sozusagen als bereits zurückgezahlt, da die entsprechenden Immobilien als Bezahlung gelten.

Ein Verwandter von Rabbi Assi hatte einen Schuldschein mit Gütersicherheit. Da kam er zu Rabbi Assi und fragte ihn: Verfällt er oder verfällt er nicht? Er sagte ihm: Er verfällt nicht. Da verließ er ihn und kam zu Rabbi Jochanan. Der sagte ihm: Er verfällt. Da ging Rabbi Assi zu Rabbi Jochanan und fragte ihn: Verfällt er oder verfällt er nicht? Er sagte: Er verfällt. (Rabbi Assi sagte darauf:) Aber es ist doch der Meister, der gesagt hat: Er verfällt nicht! Er sprach zu ihm: Sollen wir denn nach einer Meinung, die wir vertreten, auch eine Entscheidung für die Praxis treffen? Da antwortete er ihm: Es gibt ja eine Lehre entsprechend der Meinung des Meisters! Er entgegnete: Vielleicht ist dies eine Lehre der Schule Schammai, die sagt: Ein Schuldschein, der zur Einlösung bestimmt ist, gilt wie ein eingelöster Schein.

Nach der theoretischen Diskussion folgt ein praktisches Beispiel. Rabbi Jochanan, der in der theoretischen Diskussion den Standpunkt vertreten hat, daß eine Schuld mit einem Schuldschein, der

Immobiliensicherheit aufweist, nicht verfällt, entscheidet sich im Ernstfall genau entgegengesetzt. Und zwar sieht er sich nicht in der Lage, aufgrund einer persönlichen Entscheidung, von der er nicht sicher weiß, ob sie durch die Tradition abgedeckt ist, auch Recht zu sprechen. In diesem Fall zieht er es vor, nach biblischem Recht zu verfahren, das vorsieht, daß jede Schuld im Siebentjahr verfällt. Hingewiesen darauf, daß es aber durchaus eine Tradition gibt, die seine eigene Meinung unterstützt, daß er also mit ihr nicht allein dasteht, erkennt er diese Stütze nicht an, weil er nicht weiß, ob diese Tradition nicht von der abgelehnten Schule Schammais stammt.

Dort[325] **wird gelehrt:** Wenn jemand seinem Nächsten Geld auf ein Pfand geliehen hat oder seine Schuldscheine dem Gericht übergeben hat, so verfällt (die Schuld) nicht.

Wieder wird eine neue Mischna aus Schvi'it zitiert und im folgenden diskutiert:

Dies ist in Ordnung mit den Schuldscheinen, die er dem Gericht übergeben hat, denn dies verfügt darüber. Was ist aber der Grund für das Verleihen auf Pfand? Raba sagte: Weil er darüber[326] verfügt. Abbaje erwiderte ihm: Dann würde von jetzt an ja auch die Schuld nicht verfallen, wenn man bei einem geliehen hat und in seinem Hof wohnt, denn er verfügt ja darüber. Er entgegnete ihm: Bei einem Pfand ist es anders. Dies nach einer Lehre von Rabbi Jizhak, denn es sagte Rabbi Jizhak: Woher wissen wir, daß ein Gläubiger das Pfand erwirbt,[327] denn es heißt: *Und es wird dir zur Rechenschaft sein* (5 Mose 24,13). Wenn er es nicht erwerben würde, welche Rechenschaft wäre das? Daraus geht hervor, daß der Gläubiger das Pfand erwirbt.

Das Pfand, das der Gläubiger in Händen hält, gilt bei Nichtbezahlung der Schuld als Bezahlung. Das biblische Gebot: »Was du von deinem Bruder erhalten sollst, erlasse!« (5 Mose 15,3) gilt also nicht in diesem Fall.

---

325. Mischna Schvi'it 10,2.
326. Über das Pfand. Er braucht deshalb die Schuld nicht mehr einzufordern.
327. Wenn er das geliehene Geld nicht zurückbekommt.

Dort[328] **wurde gelehrt:** Wenn er im Siebentjahr seine Schuld bezahlt, muß (der Gläubiger) sagen: Ich erlasse sie dir. Und wenn (der Schuldner) sagt: Trotzdem, nimmt er sie von ihm an, wie es heißt: *Das ist das Wort des Erlasses* (5 Mose 15,2).

Hier endet das neue Mischnazitat aus Schvi'it, das im folgenden erklärt wird.

Rabbah[329] sagte: Man zwingt ihn, dies zu sagen. Abbaje wandte ein: Wenn er ihm zurückzahlt, sage er nicht: Ich gebe es für meine Schuld, sondern: Es gehört mir, und ich gebe es dir als Geschenk. Er sagte ihm: Man zwinge ihn, bis er das sagt.

Die Gemara verschärft die Mischna. Sie macht die Kann-Bestimmung zu einer Muß-Bestimmung, um keine falsche Scham in der Rückforderung von Geldern aufkommen zu lassen, die die Gelehrten nun einmal als zurückforderbar erklärt haben.

Abba bar Marta, anders Abba bar Minjomi[330] schuldete Rabbah Geld. Er brachte es ihm im Siebentjahr. Jener sagte ihm: Ich erlasse es dir. Da nahm er es und ging. Es kam Abbaje und fand ihn traurig. Er sprach zu ihm, warum ist der Meister traurig? Er sprach zu ihm: So und so hat es sich zugetragen. Er ging zu ihm, sprach zu ihm: Hast du dem Meister Geld gebracht? Er antwortete: Ja. Er fragte ihn: Und was hat er dir gesagt? Er sagte: Ich erlasse es. Er fragte ihn: Und hast du ihm gesagt: Trotzdem. Er antwortete ihm: Nein. Er sagte ihm: Wenn du gesagt hättest: Trotzdem, hätte er es von dir genommen. Bringe es ihm nun wieder und sage: Trotzdem. Da ging er hin, brachte es ihm und sagte: Trotzdem. Danach nahm er es an und sagte: Dieser Schüler der Gelehrten sollte soviel Verstand schon von Anfang an gezeigt haben.

---

328. Mischna Schvi'it 1,8.
329. Nach Handschrift München Raba.
330. Auch sonst als jemand bekannt, der bei der Rückgabe von Schulden Schwierigkeiten hatte.

Dies ist eine ironische Beispielgeschichte für die Halacha von oben. Im weiteren folgen Einzelbestimmungen zum Komplex Prosbul, die in keiner direkten Beziehung zur Mischna Schvi'it stehen.

> Rav Jehuda sagte im Namen Rav Nachmans: Wenn jemand sagt: Ich hatte einen Prosbul und habe ihn verloren, so ist er beglaubigt.
>   Was ist der Grund? Da unsere Gelehrten den Prosbul eingeführt haben, läßt niemand Erlaubtes und ißt Verbotenes.

Jeder hätte sich eher vorher, bei Abschluß des Schuldvertrages, der erlaubten Möglichkeit des Prosbul bedient, als nachher eine Übertretung zu begehen und zu lügen.

> Wenn jemand vor Rav kam, fragte er ihn: Vielleicht hast du einen Prosbul gehabt und hast ihn verloren? In einem solchen Fall gilt: Öffne den Mund dem Stummen.

Dies ist ein Sprichwort aus Sprüche 31,8. Wenn er selbst seinen eigenen Vorteil nicht wahrzunehmen weiß, muß man ihm dazu verhelfen.

> **Wir haben aber doch gelernt:**[331] Und ebenso braucht man einem Gläubiger, der einen Schuldschein ohne Prosbul vorweist, nicht zu bezahlen.
>   Dies ist ein Streit unter Mischnalehrern. Einer hat gesagt: Wer einen Schuldschein herausholt, benötigt auch einen Prosbul. Die Gelehrten aber sagten: Er benötigt keinen.

Der Satz: »Wir haben gelernt« ist Einleitungsformel für ein Mischnazitat. Der zitierte Mischnasatz steht im Zusammenhang mit dem Eintreiben der Eheverschreibung durch die Frau nach erfolgter Scheidung. Eine Frau kann die Summe der Eheverschreibung bei Vorzeigen des Scheidebriefes erhalten, auch wenn sie keine *ketuva*, Eheverschreibung, vorweisen kann, da jeder Frau

---

331. Mischna Ketuvot 9,9.

rechtlich dieser Betrag zusteht. Die Mischna fährt dann fort und erklärt, daß aber eine *ketuva* ohne Scheidebrief nicht genügt, genauso wie es nicht angeht, daß man einen Schuldbrief ohne Prosbul vorlegt. Rabban Schimon ben Gamliel[332] stellt dann dieses in Frage und entscheidet, daß man »seit der Zeit der Gefahr«[333] keine Dokumente vorlegen muß. Auf diese Diskussion in der Mischna Ketuvot beruft sich hier der Amoräer und macht damit deutlich, daß diese Mischna nicht als Beweis heranzuziehen ist.

Dies ist das Ende der gesamten Diskussion zum Problem Prosbul. Es folgt die Gesetzgebung zur Freilassung eines hebräischen Sklaven. Das Ergebnis entspricht dem Ausgangspunkt. Die Diskussion hat also nichts Neues ergeben. Trotzdem ist sie aufgenommen worden, um zu zeigen, daß es keinen Weg am Prosbul vorbei gibt. Die Diskussion endet also mit einem Sieg der Institution des Prosbul. Die Ehre des biblischen Gesetzes wird gewahrt. Der Schuldenverfall ist weiterhin in Kraft, und jeder, der sich an das biblische Gesetz halten will, kann das tun, indem er keinen Prosbul ausschreibt. Aber andererseits kann man das biblische Gesetz, das aus einer anderen Zeit mit anderen wirtschaftlichen Bedingungen stammt, außer Kraft setzen. Ein Armer, zu dessen Vorteil eigentlich das biblische Gesetz geschaffen wurde, soll nicht darunter zu leiden haben. Die in der Bibel erhoffte ideale Gesellschaft, in der es keine Armen und Reichen mehr gibt, oder wo die Gegensätze zwischen Armen und Reichen einmal in sieben Jahren wenigstens teilweise ausgeglichen werden, ist allerdings durch den Prosbul einer Verwirklichung nicht nähergekommen. So ist der Prosbul der schmerzliche Kompromiß mit der harten Wirklichkeit. Er hält aber weiterhin die Erinnerung an das biblische Ideal aufrecht.

---

332. Der Sohn Rabban Gamliels von Javne und Vater von Jehuda ha-Nasi.
333. Gemeint ist die hadrianische Verfolgung vor und nach dem Bar-Kochba-Krieg, die es den Juden verbot, ihre Religion auszuüben und damit auch die Ausstellung von religiösen Rechtsdokumenten, so daß man solche sofort nach Ausstellung vernichtete.

Aus den Talmuden — Erzählungen

Die »Bindung« Isaaks

Die Geschichte von der *Bindung Isaaks*, wie sie im Judentum genannt wird — hebräisch *Akedat Jizhak* oder *Akeda* — oder die Erzählung von der *Opferung Isaaks*, wie Christen sie nennen aufgezeichnet im ersten Buch der Bibel, im 22. Kapitel der Genesis — hat das Denken und die Geschichte des Judentums merklich geprägt. Die Perikope 1 Mose 22 ist ursprünglich Lesung für den Synagogengottesdienst am zweiten Tag des Neujahrsfestes. Sie wurde aber schon früh auch in die tägliche Lesung des Morgengebets aufgenommen, wo man sie mit einem Gebet abschließt, das die Akeda als Sühnetat begreift: »Gedenke der Akeda, gedenke, wie unser Vater seinen Sohn Isaak auf dem Altar gefesselt hat und wie er sein Mitleid überwand, um Deinen Willen mit ganzem Herzen zu erfüllen, so werde Dein Mitleid Herr über Dein Gericht gegen uns, sei uns gnädig.«

Die Akeda, die Bindung Isaaks, wurde bereits in vorchristlicher Zeit Symbol für das Martyrium. In den Makkabäerbüchern wird die Geschichte der Mutter und ihrer sieben Söhne berichtet, die eher bereit sind, das Martyrium auf sich zu nehmen, als den Kaiser anzubeten, wie es der hellenistische Kult von ihnen fordert. Nachdem alle sieben Söhne den Opfertod auf sich genommen hatten, ruft die verzweifelte Mutter in der Erzählung ihrem jüngsten Sohn nach, dem Vater Abraham auszurichten, daß sie sieben Altäre gebaut habe und nicht nur einen, und sie die sieben Opfer wirklich dargebracht habe, während der eine Sohn Abrahams letztlich verschont blieb. In den Midraschim, den Auslegungswerken des frühen Judentums, nimmt die Deutung der Bindung Isaaks einen breiten Raum ein. In einer sich mehr und mehr entwickelnden rabbinischen Theologie erhält die Bindung Isaaks zuweilen die Bedeutung eines Sühnetodes für Israel und kann damit mit der christlichen Vorstellung von Tod und Auferstehung Jesu verglichen werden.[334]

Auch der Talmud konnte sich diesem Thema nicht entziehen

334. Vgl. Michael Krupp, Den Sohn opfern? Gütersloh 1995.

und spielt an mehreren Stellen darauf an, am ausführlichsten im Traktat Sanhedrin, wo er einen Auszug aus einem Midrasch in eine Diskussion über wahre und falsche Propheten hineinstellt. Dies ist auch für die Redaktionsgeschichte des Talmud von Interesse. Wenn man das folgende Stück herausnehmen würde, würde man keine Lücke verspüren. Das bedeutet doch wohl, daß dieses Stück hier als Block eingeschoben worden ist. Anlaß für den Einschub ist der Satz: »Anders ist es, wenn ein Prophet bewährt ist, so gehorchte Isaak dem Abraham am Berg Moria und so verließen sie sich am Berg Karmel auf Elia und brachten außerhalb (des Tempels) Opfer dar.« Dies ist eine merkwürdige Aussage zur »Bindung Isaaks«, denn Abraham wird nicht, auch nicht in der Versuchungs-Geschichte, vorrangig oder überhaupt als Prophet gesehen. Diese Bemerkung wirft aber auch ein ganz neues Licht auf die Geschichte von der »Bindung Isaaks«, erklärt sie doch, wie Isaak zum Opfer bereit sein konnte, nämlich im vollen Vertrauen auf die Gottesnähe und Gottesergebenheit seines Vaters, so daß Isaak auch das Äußerste wagen konnte, sich ganz hinzugeben im Vertrauen auf Gottes Allmacht, der auch von den Toten auferwecken kann.[335]

Von den beiden genannten Beispielen für einen bewährten Propheten, Abraham am Berg Moria und Elia am Berg Karmel, bringt der Talmud zur Illustration des Gesagten den Anfang des Midrasch zur Bindung Isaaks, zu den beiden ersten Versen der biblischen Erzählung 1 Mose 22. Vielleicht war der gesamte Midrasch in Babylonien in Umlauf gewesen, davon wären uns dann nur Fragmente erhalten geblieben. An diesem zusammenhängenden Stück zu den beiden ersten Versen kann man aber in etwa erkennen, wie dieser Midrasch ausgesehen haben mag. Er hat starke Ähnlichkeit mit dem ältesten Midrasch, wie er im Land Israel überliefert wurde, dem Midrasch Bereschit Rabba.[336]

Das zitierte Stück spricht an keiner Stelle von einem bewährten Prophetentum Abrahams. Dies ist für den Redaktor aber unwichtig. Er will hier eine Kostprobe aus dem Midrasch geben, vielleicht

---

335. Vergleiche auch im Neuen Testament Hebräer 11,17 ff.
336. Vergleiche Michael Krupp, Den Sohn opfern?, a.a.O., Bereschit Rabba.

konnte er auch voraussetzen, daß seine Hörergemeinde den Gesamtmidrasch kannte. Das Stück steht im Traktat Sanhedrin.[337]

Die Anklage des Satan

Und es war nach diesen Worten, und Gott versuchte Abraham (1 Mose 22,1).

Nach welchen Worten? Sagte Rabbi Jochanan im Namen Rabbi Jossi ben Zimras: Nach den Worten Satans, denn es heißt: *Denn es wuchs der Junge heran und wurde entwöhnt* (1 Mose 21,8). Sprach der Satan vor dem Heiligen, gepriesen sei Er: Herr der Welt, diesen Alten, über den du dich erbarmt hast, hast du im Alter von hundert Jahren mit einer Leibesfrucht begnadigt; von dem ganzen Gelage, das er veranstaltete, hat er dir nicht eine Taube noch ein Taubenjunges dargebracht. Er hat alles nur für seinen Sohn getan. Sprach er zu ihm: Wenn ich ihm sagen würde, »Schlachte deinen Sohn vor mir«, er würde ihn sofort schlachten. Sogleich heißt es: *Und Gott versuchte Abraham.*

»Nach diesen Worten« wird meist mit »Nach diesen Ereignissen« übersetzt. Hier fragt der Bibelerklärer aber nach dem genauen Wortlaut. »Nach diesen Worten«. Welche Worte fielen denn zuvor? Wenn sie im Bibeltext nicht zu finden sind, hat der Erklärer die Freiheit, sie sich auszudenken. So kommt er auf den Gedanken, daß es sich hier um ein Streitgespräch zwischen dem Heiligen, gepriesen sei Er, und seinem alten Widersacher, dem Satan, gehandelt haben könnte, ganz ähnlich wie bei der Versuchung des Hiob, aus dessen Rahmengeschichte auch andere Elemente des folgenden Midrasch entnommen sind. Der Rest der Geschichte ist verständlich. Das Ganze ist eine Provokation mit dem Ziel zu erweisen, daß Abraham weit mehr zu opfern bereit ist als ein paar Turteltäubchen.

---

337. bSanhedrin 89b, übersetzt nach Handschrift Florenz, Nr. 9.

Das Gleichnis vom Kriegshelden

Und er sprach, nimm doch Deinen Sohn (1 Mose 22,2).
Sprach Rabbi Schimon bar Abba: *Doch* ist nichts anderes als
eine Bitte. Wie das Gleichnis von einem König von Fleisch und
Blut, der viele Kämpfe zu bestehen hatte; er hatte aber einen
Helden, der immer siegte. Eines Tages stand ihm ein schwerer
Kampf bevor. Sprach er zu ihm: Ich bitte dich, bestehe mir in
diesem Kampf, damit man nicht sage, die ersten waren nicht
echt. So auch der Heilige, gepriesen sei Er, er sprach zu Abraham, ich habe dich einige Male versucht und du hast in allen
bestanden. Jetzt bestehe mir in dieser Versuchung, damit sie
nicht sagen, die früheren waren nicht echt.

Das kleine Wörtlein »doch« – im Hebräischen noch kürzer: *na* hat
zu diesem Gleichnis geführt: Ein Gleichnis und seine Lösung. Der
Kriegsheld führt die Kriege seines Königs. Er bewahrt ihn vor dem
Untergang, aber auch vor der Schande. So wird der Kriegsheld
auch zum Schmuckstück des Königs, auf den er stolz ist, mit dem
er sich brüsten kann. All das wäre zu Ende, wenn der Held im
letzten Kampf nicht besteht.
    Aber dies ist kein normaler König und kein normaler Kriegs-
held. Ein König befiehlt seinem Kommandanten, er bittet nicht
wie hier. Hier ist das Gleichnis kein Gleichnis. Es ist ein Hinweis
auf etwas Ungewöhnliches, das gefordert wird, das man nicht
befehlen, sondern nur von jemandem erbitten darf, auch als
König.
    Also geht es doch um mehr als nur um die Würde eines Königs?
Steht die Existenz des Königs selber auf dem Spiel? Wie ist das auf
die Akeda zu übertragen? Der Midrasch versucht die Deutung
selbst: So auch der Heilige, gepriesen sei Er: Fällt Abraham, ist
der Ruhm Gottes am Ende, und sein Knecht Israel ist vor der Welt
bloßgestellt. Gott hat sich mit dem Schicksal Israels derart verbunden, daß er sich von dem Ausgang des Geschehens abhängig
macht. Dadurch bekommt die Bindung Isaaks ganz andere Dimensionen. Mit Zittern und Zagen erwartet man nun den Ausgang des
Geschehens.
    Die Versuchungsreihe, auf die hier angespielt wird, hat später
Anlaß zu der bekannten Erzählung von den zehn Versuchungen

Abrahams gegeben, von denen die zehnte und letzte die Bindung Isaaks ist.

Ein Zwiegespräch

> *Deinen Sohn.*
> Ich habe zwei Söhne.
> *Deinen einzigen.*
> Dieser ist einzig für seine Mutter, und dieser ist einzig für seine Mutter.
> *Den du liebst.*
> Gibt es denn Grenzen der Liebe?
> *Den Isaak.*
> Und warum das alles? Damit sich sein Sinn nicht verwirre.

Die im biblischen Text liebevoll ausgedrückte Redewendung: »Deinen Sohn, deinen einzigen, den du liebst, den Isaak«, hat der Midrasch einfühlsam nachempfunden. Hier soll etwas ganz Besonderes zum Ausdruck kommen. So versucht er das in der Umformung des Bibeltextes in ein Zwiegespräch zwischen Gott und Abraham zum Ausdruck zu bringen, wobei der Bibeltext immer nur die Anfragen Gottes aufgezeichnet hat, die Antworten Abrahams aber vom Midrasch zu finden sind. Die Antwort darauf, warum das so geschieht, weist auf den ganz menschlichen Aspekt der Versuchung hin. Direkt, ohne Verzögerung, der Versuchung gestellt, wäre es nicht auszuhalten gewesen.

Die Begegnung mit dem Satan

> Begegnete ihm Satan auf dem Wege. Er sprach zu ihm: Alter, wohin gehst du? Er antwortete ihm: Meinen Sohn zu opfern. Sofort hob er an und sprach:[338] *Wenn man ein Wort an dich wendet, wirst du müde? Trifft es dich, dann erschreckst du. Siehe,*

---

338. In Handschrift München lautet diese Passage: »Alter, Alter, wohin gehst du? Deinen Sohn zu opfern? Dann hob er an und sprach.« Im Druck ist dieser ganze Passus weggefallen.

du hast viele ermahnt und schwache Hände gestärkt, den Strau-
chelnden hielten deine Worte aufrecht. Etc. Jetzt aber kommt es
zu dir und du ermüdest (Hiob 4,2-5)?[339] Sprach er zu ihm: *Ich*
aber gehe in meiner Aufrichtigkeit (Psalm 26,11). Sprach er zu
ihm: *Ist nicht deine Gottesfurcht deine Torheit, deine Hoffnung*
und die Einfalt deines Weges (Hiob 4,6)? Sprach er zu ihm:
Gedenke doch, ist je ein Reiner verlorengegangen? Oder wo
wurden die Aufrechten (je vertilgt) (Hiob 4,7)? Als er sah, daß er
nicht auf ihn hörte, sprach er zu ihm: Zu mir ist ein Wort
gedrungen, so habe ich es hinter den Kulissen gehört: Das
Lamm ist zum Opfer bestimmt (und nicht Isaak). Antwortete er
ihm: Das ist der Lohn des Lügners: Selbst wenn er die Wahrheit
spricht, hört man nicht auf ihn.

Die Erzählung von der Begegnung Satans mit Abraham, die auch
im Midrasch[340] einen Höhepunkt des heilsgeschichtlichen Dramas
der Versuchung Abrahams darstellt, ist hier im Talmud völlig
anders konzipiert als in den Midraschim. Die Kunst des Erzählers
hier besteht darin, Bibelstellen aneinanderzureihen, und damit,
gerade in den doppeldeutigen Partien, die Problematik der gesamten Versuchungsgeschichte aufzuzeigen.

Ausgangspunkt ist die Hiobstelle, die dem Dialog Hiobs mit
seinen Freunden über die Gerechtigkeit Gottes entnommen ist.
Die Rahmengeschichte des Hiobbuches ist überhaupt Vorlage für
die hier dargestellte Szene. Der Satan spielt in rabbinischen
Geschichten normalerweise keine große Rolle, wohl aber in der
Geschichte von der Bindung Isaaks. Ein Großteil aller Erwähnun-
gen des Satans steht im Zusammenhang mit dieser Erzählung.

Das Hiobszitat im Munde Satans zu Beginn spielt auf die Grenzen des Durchhaltevermögens Abrahams an. Der, der sonst alle zu
trösten verstand, kann sich nun selber nicht trösten. Aber mehr als
das. Die Hiobszitate werden durch ein Psalmwort unterbrochen,
das eine Schlüsselrolle im Verständnis dieser talmudischen Erzäh-

---

339. Die einzelnen Bibelzitate werden verschieden lang von den unterschiedli-
     chen Textzeugen mitgeteilt. Die hier gegeben Form ist die von Hand-
     schrift Florenz.
340. Bereschit Rabba 56,6. Vgl. dazu Michael Krupp, Den Sohn opfern?,
     a.a.O., zur Stelle.

lung spielt. »Ich aber gehe in meiner Aufrichtigkeit«. Das hier stehende Wort *tum*, Aufrichtigkeit, ist mehrdeutig, ähnlich wie das mittelhochdeutsche »tumb«. Der »tumbe Tor« kann der unfehlbare Gerechte, aber auch der unglaublich dumme Tor sein, aufgrund seiner naiven Einfältigkeit. Diese Doppeldeutigkeit nimmt der Satan mit dem Zitat des nächsten Hiobverses auf, der wie hier übersetzt verstanden werden, aber auch mit »Ist nicht deine Gottesfurcht dein Vertrauen?« oder »dein Trost?« (Luther) gelesen werden kann. Gerade was du für Gottvertrauen hältst, für große Glaubenskraft, ist vielleicht zu verurteilender religiöser Wahn, Frevel am Willen Gottes, denn Gott hat befohlen, du sollst nicht töten. Die Antwort Abrahams ist die des nächsten Verses der Hiobsgeschichte. Sie ist endgültig. Abrahams Vorhaben ist eben doch felsenfestes Vertrauen auf Gott, der noch niemals seine Gläubigen im Stich gelassen hat.

Das Ende der Erzählung ist beißender Spott gegenüber der Gestalt des Satans. Er, wenn er auch die Wahrheit spricht, ist doch der Lügner. Nicht die gute Absicht, Abraham und Isaak zu retten, hat ihn geleitet, sondern die, ihnen einen Fallstrick zu stellen. Das Ende der Erzählung will nicht sagen, daß Abraham den Ausgang des Geschehens kennt.

Der Wettstreit zwischen Ismael und Isaak

Rabbi Levi sagte: Es war nach den Worten Ismaels und Isaaks. Sprach Ismael zu Isaak: Ich bin größer als du in der Gebotserfüllung, denn du bist mit acht Tagen beschnitten worden und ich mit dreizehn Jahren. Sprach er zu ihm: Wegen eines Gliedes brüstest du dich vor mir? Wenn zu mir der Heilige, gepriesen sei Er, spräche, opfere dich mir, ich würde mich opfern. Sofort: Und Gott versuchte Abraham.

Die letzte Geschichte, der Abschluß des kurzen Auszuges aus dem Midrasch zur Bindung Isaaks im Talmud, ist eine Ergänzung zum Anfang, zum Text »nach diesen Worten«. Eine andere Version wird vorgetragen, das Streitgespräch zwischen Ismael und Isaak. Dies ist besonders interessant, wenn man bedenkt, daß dieser Text mindestens 150 Jahre vor Aufkommen des Islam verfaßt wurde.

Schon in dieser Zeit scheint es eine Konkurrenz zwischen den Nachkommen der beiden unterschiedlichen Abrahamssöhne gegeben zu haben. Anlaß des Streits ist der Termin der Beschneidung.[341] Ismaels Argumentation für seine größere Anerkennung stützt sich darauf, daß er sich als Dreizehnjähriger im Unterschied zu einem achttägigen Kind hätte weigern können. Im Gegensatz zur ersten Geschichte, in der es um Abraham ging, ist es hier Isaak, der sich ohne Zögern zur Opferbereitschaft bekennt. Dies ist für die gesamte Midraschentwicklung der Bindung Isaaks von Bedeutung. Isaaks Rolle, die in der Bibel recht passiv ist, wird im Midrasch immer wichtiger, bis er im späten Midrasch der eigentliche Held der Geschichte wird und die Erzählung deshalb durchgehend den Namen von der Bindung Isaaks bekommt. Für die biblische Erzählung wäre der Name »Die Versuchung Abrahams« angemessener.

Bedenkt man, wie ausführlich in den Midraschim von dieser Geschichte die Rede ist, so ist die Auswahl im Talmud ausgesprochen knapp. Trotzdem gelingt es ihr, einige Kernpunkte der Erzählung, die ja eine der grausamsten der Bibel ist, gerade in dieser Beschränkung auf das Wesentliche zu den ersten beiden Versen aufleuchten zu lassen. Eine solche Erinnerung dürfte für die Gemeinde, die die Erzählung aus dem täglichen Gottesdienst und aus den ausführlichen Predigten am Neujahrtag kannte, ausreichend gewesen sein.

Der Messias in Bethlehem und in Rom

Die rabbinischen Vorstellungen vom Messias sind schwer unter ein einheitliches Konzept zu bringen. Sie wandeln sich je nach den politischen Hoffnungen und Enttäuschungen, aber auch für ein und dieselbe Zeit lassen sich verschiedenartige Auffassungen nebeneinander aufzeigen. Schließlich gehört der Komplex der Messiasvorstellungen zum Gebiet der Aggada und nicht der Halacha.

---

341. In der Bibel 1 Mose 17,25 bzw. 21,4 erwähnt. Der biblische Bericht ist Anlaß zur Beschneidung im Islam im dreizehnten Lebensjahr, im Judentum nach dem achten Tag, bis heute.

Im rabbinischen Denken überwiegt eine konkret-geschichtliche Messiaserwartung. Der Messias, als davidischer Sproß in Bethlehem geboren, wird auf einem Esel in Jerusalem einreiten und die Befreiung von der Fremdherrschaft bringen. In einer anderen Tradition wird der Messias Vorläufer haben, so den Messias ben Josef, der im messianischen Kampf fallen oder entrückt werden und dann dem Messias ben David den Platz bereiten wird.

Dieses Konzept, das eine besondere Messiasgestalt kennt, hat für den Messias bestimmte Namen wie »Menachem«, der Tröster, oder »Schalom«, der Friede, oder man denkt an die Wiederkunft hervorragender Männer aus Israels Vergangenheit wie Moses oder König Hiskia. Es gibt aber auch Vorstellungen im rabbinischen Judentum, die von der messianischen Zeit reden, ohne an einen besonderen Messias zu denken, in diesem Fall ist Gott selbst der Erlöser. Wichtiger als die Person des Messias ist vielen rabbinischen Autoritäten der messianische Auftrag, die Frage nach der messianischen Zeit, nach den »Tagen des Messias«. Die Tage des Messias sind eine Zwischenzeit zwischen dieser und der kommenden Welt.

Ein ernstes Problem in Verbindung mit diesen Endzeitvorstellungen war die Berechnung der Zeiten. Der Ausbruch der großen Revolten gegen die Fremdherrschaft stand immer in Zusammenhang mit messianischen Erwartungen und häufig auch Berechnungen der messianischen Zeit und Deutungen ihrer Zeichen wie Krieg, Verfolgung und Unterdrückung. Es gab im rabbinischen Judentum Autoritäten, die sich auf derartige Festlegungen einließen, wie Rabbi Akiba. Im allgemeinen und durch Enttäuschungen klug geworden, war das rabbinische Judentum aber vorsichtig in Vorausberechnungen, so daß nach dem Bar-Kochba-Aufstand gesagt werden konnte: »Wer das Ende bestimmt, hat keinen Anteil an der kommenden Welt.«[342]

Mit dem Problem der Berechnung des Endes hat die Frage nach der Möglichkeit eines menschlichen Mitwirkens am Kommen des Endes zu tun. Ist der Mensch in der Lage, Gottes Eingreifen in den Lauf der Welt zu provozieren, sei es durch schlechte, sei es durch gute Taten? Das rabbinische Judentum hat um die Lösung dieses Problems lange gerungen und schließlich eine mehrschichtige Ant-

---

342. Derech Eretz Rabba 11.

wort gegeben: Gott allein kennt und bestimmt den Zeitpunkt,
Israel aber hat die Pflicht, immer für den Augenblick bereit zu
sein. Bereit ist Israel, wenn es umkehrt.

Im folgenden sollen zwei talmudische Messiasgeschichten, die
erste aus dem jerusalemischen, die andere aus dem babylonischen
Talmud, übersetzt und erklärt werden. Jede Geschichte ist, wie
alle Geschichten dieser Art, für sich zu nehmen und nur aus sich
selbst heraus zu verstehen. Jede vermittelt so ein eigenes Bild einer
Messiasvorstellung oder betont ganz verschiedene Aspekte. Diese
Geschichten haben auch ein interessantes Nachleben in der christlich-jüdischen Polemik, weshalb im Anschluß diesmal auch darauf
eingegangen werden soll.

Die Geburt des Messias in Bethlehem[343]

Als einmal ein Jude seinen Acker bebaute, brüllte sein Ochse
vor ihm. Ein vorbeiziehender Araber hörte das Gebrüll und
sagte zu ihm: Jude, Jude, spanne deinen Ochsen aus und löse die
Pflugschar, denn das Heiligtum ist zerstört worden. Da brüllte er
zum zweiten Mal. Sprach er zu ihm: Jude, Jude, spanne deinen
Ochsen (wieder) an und lege die Pflugschar an, denn der König
Messias ist geboren. Sprach er zu ihm: Wie heißt er? Menachem.
Sprach er zu ihm: Wie heißt sein Vater? Sprach er zu ihm:
Hiskia. Sprach er zu ihm: Woher stammt er? Sprach er: Aus der
Königsstadt von Beth Lehem in Juda.

Da ging er und verkaufte seinen Ochsen und die Pflugschar
und handelte mit Windeln für Säuglinge. Er ging von Stadt zu
Stadt, bis er zu jener Stadt kam, und alle Frauen kauften. Die
Mutter von Menachem aber kaufte nicht. Er hörte die Stimme
der Frauen, die riefen: Mutter Menachems, Mutter Menachems,
komm, kauf für deinen Sohn. Sprach sie: Ich möchte alle Feinde
Israels erwürgen,[344] denn an dem Tag, an dem er geboren wurde,
wurde das Haus des Heiligtums zerstört. Sprach er zu ihr: Was

---

343. jBrachot 2,4 (5a); übersetzt nach der Handschrift Leiden, der Handschrift
     Vatikan und einem Genizafragment, abgedruckt bei Ginzberg, Shride ha-
     Jerushalmi. New York 1909, S. 9.
344. Umschreibung von: Ich möchte das Kind erwürgen.

kann er dafür? Komm und kaufe für ihn. Wenn du heute nichts hast, komme ich in einigen Tagen und hole es mir.[345] Nach einigen Tagen kam er in jene Stadt und sprach zu ihr: Was macht der Säugling? Sie sprach zu ihm: Von der Stunde, da du mich gesehen hast, kamen Winde und Stürme und rissen ihn aus meinen Händen.

Sprach R. Bun: Was haben wir es nötig, von diesem Araber zu lernen; heißt es nicht ausdrücklich in der Schrift: *Und der Libanon wird in seiner Herrlichkeit zu Fall kommen* (Jesaja 10,34). Was steht danach: *Und es wird aufgehen ein Sproß aus der Wurzel Jesse* (Jesaja 11,1).

Die Erzählung findet sich im palästinischen Talmud. Ein Jude pflügt seinen Acker. Er bestellt den Boden des Landes Israel. Das war die Hauptbeschäftigung der Juden im Land Israel auch nach der Tempelzerstörung. Aber war das noch sinnvoll nach der Tempelzerstörung? Die Erzählung will lehren: Nein, jedes Tun hat seinen Sinn verloren. Die Tempelzerstörung ist wie ein Naturereignis. Der pflügende Ochse versteht dies und schreit und verkündet seinem Herrn die bittere und traurige Botschaft. Sein Herr versteht aber die Sprache der Natur nicht und benötigt dafür einen Dolmetscher, einen Araber, der noch mit dem Erdreich verbunden ist und die Natur noch deuten kann. Zweifelsohne ist das Ironie und eine kaum versteckte Selbstkritik. Die Reaktion von Rav Bun auf den Araber am Ende der Erzählung unterstreicht das nur. Der Erzähler bringt damit zum Ausdruck, daß das Brachliegenlassen der Felder und das Nichtaufziehen von Kleinkindern tatsächlich die richtige Reaktion auf das furchtbare Geschehen der Tempelzerstörung ist. Die Fortsetzung macht allerdings klar, daß dies nicht die letzte Antwort Gottes ist. Denn auf den ersten Schrei des Ochsen folgt sofort der zweite. Ja, der Jude wird nicht einmal Zeit gehabt haben, auszuspannen, als er schon wieder anspannen soll, denn jetzt, nach der Geburt des Messias, hat das Leben wieder

---

345. Für die letzten Sätze steht im Druck: »Sprach er zu ihr: Wir sind dessen sicher, wenn er die Zerstörung des Tempels verursacht hatte, so wird er ihn auch wieder aufbauen. Da sagte sie zu ihm: Ich habe kein Geld. Da entgegnete er ihr: Das macht mir nichts aus, kaufe etwas für ihn. Wenn du heute nichts hast, komme ich in einigen Tagen und hole es mir.«

einen Sinn. Das ist im Grunde genommen die Botschaft der Geschichte und ein Trost für die Generation nach der Tempelzerstörung, in der die Erzählung entstanden ist. Sie hätte mit dieser Botschaft zu Ende sein können. Wenn sie es dennoch nicht ist, hat das mit der »Halsstarrigkeit« des Juden zu tun, der sich die Geschichte nun zuwendet.

Zuerst ist hervorzuheben, daß der Jude sich beim zweiten Mal nicht mit der Antwort des Arabers begnügt, sondern weitere Aufklärungen verlangt. Was er zu hören bekommt, ist eine Auslegung von Micha 5,1, die er selber besser kennen sollte als der Araber. Die Antworten des Arabers stimmen anscheinend mit seiner Kenntnis der messianischen Schriftbeweise überein. Menachem, »der Tröster«, ist ein möglicher Messiasname, entspricht doch sein Zahlenwert dem »Sproß« aus der Verheißung in Jesaja 11,1.[346] Hiskia war der letzte König Israels, Sohn Davids, weshalb bei ihm die messianische Davidtradition anknüpfen muß. Bethlehem ist der Geburtsort Davids, in dem traditionsgemäß die Geburt des Messias erwartet wird.[347] Trotzdem hätte der Jude stutzig werden müssen, zumindest bei der letzten Antwort des Arabers: Von der »Königsstadt« Bethlehem in Juda war nach der Tempelzerstörung nichts mehr wahrzunehmen.

Wenn der Jude die Botschaft des Propheten nicht verstanden haben sollte, die Anweisungen des Arabers jedenfalls waren deutlich: weitermachen, pflügen, den Boden des Landes Israel bestellen. Es hat alles wieder einen Sinn. Der Jude tut dies bezeichnenderweise nicht, sondern verkauft sein Arbeitsgerät und handelt ab jetzt mit Windeln. Er kann der Versuchung nicht widerstehen, er will den Messias finden. Im Wissen, daß der Messias geboren ist und irgendwo aufwächst, kann er nicht ein ganz einfaches und harmloses Leben weiterführen. Er will dabei sein, er will ihn aufwachsen sehen. Es läßt ihm keine Ruhe. So begibt er sich auf die Suche. Diese ist alles andere als leicht, denn er hat durchaus

---

346. »Sproß«, auf Hebräisch *Zemach* wie *Menachem* ergeben beide, zählt man den Zahlenwert der einzelnen Buchstaben zusammen, jeweils 138.
347. Daß auch Christen dieselben Traditionen aus der Hebräischen Bibel für ihre Messiasbeweise herangezogen haben, hat anscheinend die Rabbinen nicht beunruhigt, sie sind bei ihrer Meinung geblieben. So finden sich im Neuen Testament dieselben Zitate wie bei den Rabbinen. Vgl. Matthäus 2,6 und Johannes 7,42.

verstanden, daß die Verheißung eine Chiffre ist, daß die Königsstadt überall und nirgends ist. Er hat jedenfalls keinen Schlüssel, sie zu finden, und so geht er von Stadt zu Stadt und versucht sein Glück. Auch hier hätte der Erzähler die Geschichte abbrechen und den Juden durch die ganze Welt ziehen lassen können, ohne daß er den Messias zu Gesicht bekommt.

Aber der Erzähler will mit der Fortsetzung der Geschichte etwas anderes andeuten. Der Messias ist wirklich auf die Welt gekommen, er ist keine fixe Idee. Aber er ist im Verborgenen, und niemand kann sein Geheimnis aufdecken, bis er es selber tut und erscheint.

Die Begegnung zwischen dem Juden und der Frau, der zweiten Hauptgestalt der Geschichte, ist besonders einfühlsam beschrieben. In der Frau, die der Jude durch die Zurufe der anderen Frauen sofort erkennt, findet er sein echtes Ebenbild. Sie unterscheidet sich von den anderen Frauen in Bethlehem, die weder die Tempelzerstörung noch die Geburt eines Messias beunruhigt. Wie für den pflügenden und jetzt mit Windeln handelnden Juden ist für sie der Untergang des Tempels das Ende aller Wege, und so sieht sie keinen Sinn darin, das Kind aufzuziehen. Sie braucht dazu keinen Araber, der ihr das sagt. Vielleicht gerade weil sie so feinfühlend ist, wurde sie dazu auserkoren, die Mutter des Messias zu sein. Dies aber ist ein schweres Schicksal. Und welche Armut trifft der Jude an! Welch ein Gegensatz zur Verheißung von der Königsstadt! Sie nennt ihren Sohn Menachem, Tröster, läßt sich aber dennoch nicht trösten.

So trifft der Jude, der um das Geheimnis weiß, auf die Mutter des Messias, die ahnungslos ist. Er versteht ihren Schmerz und ihre Weigerung, das Kind aufzuziehen, kann ihr aber − das hat er erkannt − doch nichts sagen vom Geheimnis ihres Sohnes. So spornt er sie an, das Kind zu pflegen, denn es ist die Hoffnung der Welt.

Die Entdeckung des Messias ist gleichzeitig seine Entrückung. Der Messias wird durch dieselben Windstürme entführt, die auch Elia im Feuerwagen in den Himmel mitrissen. Jetzt also ist der Messias bei Elia, jederzeit zu seinem Kommen bereit. Eine Antwort auf die Frage, wann das sein wird, gibt die Geschichte mit keinem Wort. Das gehört zu der Strafe des übereifrigen Messiasliebenden. Auf diese Frage gibt aber die nächste Geschichte einen Hinweis, die Erzählung vom Messias vor den Toren Roms.

Bevor wir uns dieser zuwenden, muß noch ein Wort zum Schriftbeweis des Rav Bun gesagt werden. Der Schluß, den er hier anwendet, entspricht der siebenten Regel Hillels.[348] Jesaja 10,34 und Jesaja 11,1 stehen direkt nebeneinander, folglich müssen sie eine Verbindung haben. Der »Libanon« von 10,34 ist ein bekanntes Bild für den Tempel. Der Schriftvers spricht also von der Zerstörung des Tempels. Der nächste Vers, Vers 1 von Kapitel 11, redet vom Sproß, der aus der Wurzel Jesse aufgehen wird. Dies ist ein altes Bild für die Geburt des Messias. Aus der Kombination der beiden Verse geht also die Abfolge der Ereignisse, die Zerstörung des Tempels und die unmittelbar darauf folgende Geburt des Messias, hervor.

Der Messias vor den Toren Roms[349]

R. Jehoshua ben Levi fand Elia und R. Schimon bar Jochai, wie sie an der Pforte des Garten Edens standen. Er sprach zu ihm: Werde ich in die kommende Welt kommen? Sprach er: Wenn es diesem Herrn gefällig sein wird. Rabbi Jehoshua ben Levi sagte: Ich habe zwei gesehen und die Stimmen von dreien gehört. Sprach er zu ihm: Wann kommt der Messias? Sprach er zu ihm: Geh, frage ihn selbst! Und wo ist er? An der Pforte von Rom. Und was sind seine Zeichen? Er sitzt unter den Armen, die Krankheiten leiden. Sie lösen alle (Verbände) und binden sie (wieder) zu zur gleichen Zeit. Er aber löst und verbindet (jeden Verband) einzeln. Er sagt: Vielleicht bedarf man meiner, und ich will mich nicht verzögern.

Er ging zu ihm hin. Er sprach zu ihm: Friede sei mit dir, Rabbi. Er sprach zu ihm: Friede sei mit dir, Sohn Levis. Er sprach zu ihm: Wann kommt der Herr? Er sprach: Heute.

Er kam zu Elia. Er sprach zu ihm: Er hat mich angelogen, als er mir sagte: heute. Er sprach zu ihm: *Heute, wenn ihr meine Stimme hört* (Psalm 95,7). Er sprach zu ihm: Was hat er dir (noch) gesagt? Friede sei mit dir, Sohn Levis. Er sprach zu ihm: Er hat dir und deinem Vater die kommende Welt verheißen.

---

348. Vgl. S. 54.
349. bSanhedrin 98a. Übersetzt nach der Handschrift München.

Die Geschichte gliedert sich entsprechend den Szenen, in denen sie spielt, in drei Teile. Die erste Szene findet am Eingang zum Paradies[350] statt. Hier steht der Gottesbote Elia, der, als jemand, der nie gestorben, sondern im Feuerwagen gen Himmel entrückt wurde, die Aufgabe hat, zwischen Israel und Gott zu vermitteln. Er erscheint besonders den Frommen, zu denen der Held der Geschichte, Jehoschua ben Levi, gehört. Vor dem Eingang zum Paradies trifft er auch den Wundertäter Schimon Bar Jochai, dessen Aufgabe es ist, die Pforte zum Paradies zu bewachen, so wie es nach christlicher Tradition der heilige Petrus tut. Der Platz vor dem Eingang zum Paradies, zumal in dieser Gesellschaft, fordert die Frage heraus: Werde auch ich durch diese Pforte einmal hindurchgehen? Werde auch ich in die kommende Welt kommen? Vielleicht darf man, auch ein Frommer, solche Fragen nicht stellen. Vielleicht ist die Frage auch falsch gestellt. Sie wird ihm jedenfalls nicht beantwortet. Er wird an einen »Herrn«, auf Hebräisch *adon* – dies ist ein geläufiger Messiastitel –, verwiesen, der anwesend zu sein scheint und doch nicht sichtbar ist. Rabbi Jehoschua hat den Eindruck, als sei er in ein Gespräch von dreien hineingeraten, von denen er aber nur zwei sieht. Sollte der dritte jener Herr sein, von dem es abhängig ist, ob er in die kommende Welt kommt? So ist die Versuchung groß, sich an diesen Herrn zu wenden und ihm seine Frage vorzubringen. Aber der fromme Jehoshua hat verstanden, daß er das nicht darf, noch nicht, daß er auf die Ankunft des Herrn warten muß und daß seine ganze Frage vielleicht besser gelautet hätte, wann wird die ganze Welt erlöst? Wann kommt der Messias? Und hier, zu seinem Erstaunen, verweisen die beiden ihn an diesen selbst. Sollte er denn schon da sein? Sollte er schon gekommen sein und er, Jehoschua, Sohn des Levi, weiß es nicht? Ja, er ist da, unerkannt. Er sitzt dort, wo sich nach jüdischer Ansicht auch die Schechina, die Einwohnung Gottes, aufhält: vor den Toren zu Rom, dort wo das Volk im Exil

---

350. Im Druck und in Handschrift Vatikan und Florenz heißt es: Am Eingang der Höhle des Schimon bar Jochai. Schimon bar Jochai war 13 Jahre vor den Römern in dieser Höhle, die man heute noch im galliläischen Dorf Pekiin zeigt, versteckt. Diese Höhle ist besonders geheimnisumwittert. Hier soll Schimon bar Jochai den Zohar, das Hauptwerk der jüdischen Mystik, geschrieben haben.

verschmachtet, im Elend. Am schlimmsten aber ist die Situation des Messias selbst. Er sitzt unter den Ärmsten und Kränksten, die mit Schwielen bedeckt sind. Er ist einer von ihnen und doch leicht zu erkennen, denn als einziger bindet er seine Wundverbände einzeln auf und zu, da er jederzeit bereit sein muß, wenn man ihn ruft.

So begibt sich Jehoschua ben Levi auf die lange Reise von der Pforte des Paradieses zu der Pforte dieser Unwelt, Rom, der sündigsten Stadt auf dem Erdkreis. Auf dem langen Weg gibt es viel Gelegenheit, nachzudenken, welche Frage zu stellen ist, die nach dem Kommen des Messias oder die nach seinem persönlichen Heil.

In Rom erkennt er den Messias sofort, die Anrede mit »Rabbi« mag neutestamentlichen Lesern bekannt vorkommen, sie zeigt aber nur, daß das Neue Testament ein jüdisches Buch ist. Die Antwort des Messias verrät, daß auch er den Besucher kennt. Oder ist das nur eine Fangfrage, um den frommen Jehoschua zu der Frage zu provozieren: Was, du kennst mich, dann weißt du auch, ob ich in die kommende Welt komme. In der ersten Szene hatte man ihm doch gesagt, daß sein Zugang zur kommenden Welt davon abhängig ist, ob es »jenem Herrn« gefällt. Aber jetzt, wo er vor »jenem Herrn« steht, unterdrückt Jehoschua seine eigennützige Frage und stellt die einzig richtige. Wann kommt der Herr? Für Herr ist hier ein anderer Messiastitel gebraucht, *mar*. An der Antwort »Heute« scheint Jehoschua nicht gezweifelt zu haben, er geht getrost seinen Weg und stellt keine weiteren Fragen. Aber auf dem langen Weg zurück zur Pforte des Paradieses, nachdem sich der Tag geneigt hat und der Herr nicht erschienen ist, wird R. Jehoschua traurig und dann wütend. Vor Elia angekommen sagt er, er hat gelogen. Er hat gesagt: Heute, und ist nicht gekommen.

Hat denn der Herr gelogen? Oder war das die einzig richtige Antwort, die er von seinem Standpunkt geben konnte? Hätte Jehoschua nicht schon an den Zeichen des Messias ablesen können, daß das »Heute« für ihn die einzig richtige und mögliche Antwort ist? Er war ja bereit. Aber man hat seiner nicht bedurft. Dies erklärt ihm Elia, weil er es von selbst nicht verstanden hatte. Das »Heute« ist das Heute aus Psalm 95,7: *Heute, wenn ihr auf seine Stimme hört*. Jehoschua hatte aber auch die Anrede des Messias nicht verstanden. Durch die Nennung seines Namens hatte der Messias ihm zu verstehen geben wollen, daß er ihn kennt; daß er, Jehoshua ben Levi, also zu denen gehört, die in die kommende Welt kommen. Weil Jehoschua sein persönliches Heil zurückzustellte, weil er dem Messias glaubte und weil er darüber schier verzweifelte, daß er noch nicht gekommen ist, deshalb belohnt ihn Elia zum Schluß mit der Antwort auf die Frage nach dem persönlichen Heil, die er zuerst gestellt hatte.

Die Erzählung kehrt also am Ende zu ihrem Anfang zurück. Die Frage nach dem persönlichen Heil, zuerst abgewiesen, wird zum Schluß doch beantwortet. Eingeschoben in diese persönliche Geschichte ist die Messiaserzählung. Dies ist in einer kunstvollen Form vermittelt, die man auf den ersten Blick übersieht. Schon im Aufbauschema der Erzählung wird das klar: Die erste Szene enthält zwei Fragen, die nach dem persönlichen Heil und die nach dem Kommen des Messias. In der zweiten Szene werden beide Fragen beantwortet, die erste in einer verschlüsselten Form, mit dem Gruß, die zweite in einer offenbaren Form: Heute. Das Paradoxe dabei ist, daß es sich gerade umgekehrt verhält. Die anscheinend verschlüsselte Aussage war die eindeutige, und die anscheinend so klare Antwort war die verschlüsselte. Im dritten Teil wird dazu die Lösung gegeben in einer chiastischen, sich überkreuzenden Form, so daß das letzte Glied wieder dem ersten zu Beginn der Geschichte entspricht.

Die Messiaserzählungen in der Polemik

Für den christlichen Leser mag an der Erzählung besonders die Messiaserzählung das Bedeutende sein. Die Vorstellung eines Messias vor den Toren Roms, der an die Gestalt des leidenden Gottesknechts erinnert, mag überraschend wirken. Aber auch das ist eine jüdische Vorstellung. Und, daß er schon da ist, aber darauf wartet, daß man seiner bedürfe, erinnert vielleicht auch an den christlichen Messias.

Beide Erzählung sind Parabeln. Sie wollen keine historischen Berichte über die Geburt des Messias, namens Menachem, in Bethlehem oder über einen namenlosen Messias vor den Toren Roms sein. Sie wollen verschiedene Aspekte des Messias hervorkehren. Die erste Geschichte will lehren, daß es einen Sinn hat,

auch nach der Tempelzerstörung weiterzuleben, weil das Ende der
Welt nicht die Zerstörung, sondern die Erlösung ist, daß der
Messias schon da ist, aber im Verborgenen sein muß. Die zweite
Geschichte macht den Gedanken vom Vorhandensein des Messias
noch konkreter. Es ist von Gott her gesehen alles bereit. Das Heil
aber kommt erst, wenn Israel nach dem Heil verlangt.

Trotz dieses eindeutigen Parabel-Charakters sind beide Erzählungen schon früh von christlichen Gegnern anders verstanden und
gegen die Juden benutzt worden. Zum ersten Mal geschah das auf
der bedeutenden *Disputation in Barcelona* 1263 zwischen dem
größten jüdischen Religionsphilosophen seiner Zeit in Spanien
Nachmanides und dem getauften Juden *Pablo Christiani*. Diese
Disputation war in vieler Hinsicht bemerkenswert. Sie wurde vom
spanischen König Jaime I. von Aragonien einberufen. Der König
beteiligte sich mehrfach selbst an den Diskussionen und sorgte für
eine faire Durchführung. Zum anderen führte die christliche Seite
– hinter dem Apostaten Pablo standen besonders der Dominika-
nerorden und die Franziskaner – zum ersten Mal in der christlich-
jüdischen Auseinandersetzung den Talmud als Beweis für die
christliche Wahrheit an.[351] Nachmanides hat ein genaues Protokoll
über die Disputation geführt, das sich mit den lateinischen Quellen, die sehr viel kürzer sind, im Wesentlichen deckt.[352]

Frere Paul, wie Pablo Christiani bei Nachmanides genannt wird,
versucht mit den beiden Messiasgeschichten, die er aus einem
hebräischen Buch zitiert, zu beweisen, daß der Messias schon
gekommen ist. Nachmanides erkennt dies nicht an. Erstens lehnt
er es ab, aus der »Aggada« Beweise zu führen. Sie sei wie ein
»Sermon« und habe für das Judentum keine verbindliche Kraft.
Zweitens seien die beiden Erzählungen keine Wiedergabe historischer Ereignisse, sondern Gleichnisse. Und drittens könnten die
Geschichten nicht für die Beweisführung des Frere Paul angeführt
werden, denn sie bewiesen gerade, daß der im Talmud aufgeführte
Messias nicht Jesus sein könnte, der lange vor der Tempelzerstö-

---

351. Vgl. S. 98.
352. Im folgenden verwende ich dieses Protokoll von Nachmanides, das im
     hebräischen Original in *Otzar Vikuchim*, Polemics and Disputations,
     herausgegeben von J. D. Eisenstein, New York 1928, S. 86 ff., abge-
     druckt ist.

rung nach christlicher wie jüdischer Vorstellung geboren und zur
Zeit der im Talmud angeführten Ereignisse längst gekreuzigt war.

   Auch die spätere christliche Polemik hat beide Erzählungen
reichlich zitiert, um damit zu zeigen, welch lächerliche Geschichten
die Juden über den Messias erzählen und damit die christliche
Wahrheit von dem wahren Messias Jesus von Nazareth nicht
anerkennen.[353] So schließt der getaufte Jude Christianus Gerson in
seinem Werk »Des Jüdischen Talmuds fürnehmster Inhalt und
Widerlegung«[354] die Geschichte von dem Messias in Rom mit den
Worten ab: »Das mag wohl ein armer Meßias seyn/ mich wundert/
wer ihm doch einen Esel lehnen solte; Darum beten die Jüden
nicht unbillig fleißig für ihn/ daß ihm doch Gott helffen wolle.«[355]
Und der gelehrte Theologe, Aufklärer und dänische Nationaldich-
ter Ludwig Hollberg schrieb in seinem Monumentalwerk »Jüdische
Geschichte« zum Abschluß seiner Darstellungen über den jüdischen Messias:[356] »Es wäre eine unendliche Arbeit, alle Ausrech-

353. So zum Beispiel Johann Andreae Eisenmenger in »Entdecktes Juden-
    thum«, Frankfurt am Main 1700 (1740), S. 259: »Weiteres begehen sie
    einen fehler mit einer Haggadá (oder Haggódo) welche in dem Midrasch
    (oder der verblümten außlegung) der Klagelieder Jeremiae stehet/ daß der
    König Messias in dem tag der verstörung (Jerusalems) zu Bethlehem
    gebohren seye/ und Menáchem (das ist Tröster) geheissen habe/ auch
    winde und sturmwinde gekommen seyen/ die ihn weggenommen haben.
    Dieses ist aber demjenigen was sie außsagen entgegen/ dann Jesus ist vor
    der verstörung gebohren/ und hatte nicht Menáchem geheissen; so haben
    ihn auch die winde und sturmwinde nicht weg genommen/ sondern er ist in
    die Hände Israels übergeben worden.«
354. Leipzig 1698. Dies Buch ist eine der interessantesten Darstellungen seiner
    Zeit zu diesem Thema durch einen getauften Juden. Christianus Gerson
    war ein gebildeter Jude, der seinen Talmud gut kannte und der auch
    seinem Christentum ein stark durch jüdische Lehre geprägtes Gewand
    verlieh, das einigen seiner heidenchristlichen Freunde und Förderer wahr-
    scheinlich gar nicht gefallen hat. Vermutlich haben sie viele Spitzen gegen
    das herkömmliche Christentum gar nicht verstanden, sonst hätten sie
    vielleicht eine Drucklegung des Werkes verhindert.
355. Das angeführte Buch, S. 90.
356. Altona und Flensburg 1747, Band II, S. 519. Das zweibändige großformati-
    tige Buch behandelt auf fast 1500 Seiten die antike und die nachbiblische
    Geschichte des jüdischen Volkes »von Erschaffung der Welt bis auf
    gegenwärtige Zeiten«. Es ist ein Werk reich an Kenntnis und sticht durch
    seinen überwiegend positiven Bezug zum Judentum, der sich durch das
    ganze Werk zieht, hervor.

nungen und Fabeln der Rabbinen von der Ankunft des Meßias zu erzählen. Ich will nur noch eine einzige Meynung anführen, welche alle vorhergehende übertrifft. Solche besteht darinnen, daß der Meßias bereits vor langer Zeit gebohren worden. Er halte sich aber zu Rom verborgen auf, bis Elias komme. Diese thörichte Muthmaßung gründet man auf das Exempel Mosis, welcher einige Jahre in Arabien bey seinem Schwiegervater verborgen lebte, und in dem Haus des Pharao war, ehe er das wichtige Vorhaben ausführte, und die Kinder Israels in Freyheit setzte.[357] David lebte auch, wie er bereits von Samuel gesalbt worden, einige Jahre als eine Privatperson, eher er den Thron bestieg; ja, der Meßias der Christen war dreyßig Jahre in Nazareth verborgen, ehe er sein Lehramt antrat. Daher muß ihr Meßias auch eine lange Zeyt in Rom verborgen seyn, ehe er öffentlich hervortritt, und sich zu erkennen giebt.«

Es ist zu hoffen, daß in dem neu erstandenen ökumenischen Geist Christen solche talmudischen Geschichten anders lesen und verstehen, zu ihrem eigenen Besten.

Alle Erzählungen über Jesus im Talmud

Neben den Messiasgeschichten im Talmud und neben den noch viel zahlreicheren Angaben und Bemerkungen über den Messias und die messianische Zeit, kommen in der talmudischen Literatur auch einige wenige Geschichten über die Gestalt vor, die nach christlicher Anschauung der Messias war. Da der Talmud den Anspruch der Christen abgelehnt hat, ist Jesus für den Talmud der falsche Messias oder der, der Israel verführen wollte und verführt hat. Deswegen sind die Aussagen über ihn zuweilen sehr hart. Wer meint, daß er sich dies nicht zumuten muß, kann getrost dieses Kapitel überschlagen. Zum Verständnis des Talmud ist es durchaus entbehrlich.

Es ist auf alle Fälle gut, keine zu großen Erwartungen an diese Geschichten zu stellen. Wahrscheinlich gibt es im Talmud nicht eine Nachricht über Jesus, die man als »historisch« bezeichnen könnte. Das meiste, was sich über Jesus und seine Jünger im Talmud findet, hat mit ihm und mit den Jüngern ursächlich nichts

---

357. Hiervon und vom Folgenden ist im Talmud keine Rede.

zu tun. Erzählungen, deren genauen Sachverhalt man nicht mehr kannte, hat man absichtlich oder in gutem Glauben sehr viel später, zum Teil erst nach Abschluß des Talmud, auf ihn übertragen. Niemals war dabei die Absicht, historische Kenntnisse zu vermitteln. Aus den Erzählungen ist allerdings abzulesen, was das rabbinische Judentum vom Christentum dachte, wie es Jesus und die ersten Jünger sah und was oder besser gesagt, wie wenig es von ihnen wußte. Vieles hat apologetischen oder polemischen Charakter. Man wollte christliche Vorwürfe oder Ansprüche abwehren. Dies gilt besonders für die Erzählungen, die im Land Israel geschrieben wurden, wo Juden in der byzantinischen Zeit einem immer stärker werdenden Druck der christlichen Herrscher ausgesetzt waren.[358] Diese Geschichten sind dann nach Babylonien gekommen und weiter ausgeformt worden. Einiges in diesen Geschichten macht allerdings eher den Eindruck, als werde Jesus, oder wer immer der ursprüngliche Held war, als eine tragische Figur beschrieben, die trotz großer Gelehrsamkeit und Wunderkräfte als einer der großen Abtrünnigen seines Volkes angesehen wurde.

Alle diese Stellen sind von der christlichen Zensur getilgt worden. Aber nicht alle zensierten Stellen sprechen wirklich von Jesus oder Christen. Vieles von den Zensoren Gestrichene hat damit gar

---

358. Die ganze Bitternis kommt in einem Wort Rabbi Jischmaels in einem Abschnitt zum Ausdruck, in dem es darum geht, ob man verpflichtet ist, auch christliche Schriften aus einer Feuersbrunst zu retten, da doch auch sie den göttlichen Namen enthalten. Hier heißt es im Traktat Schabbat 116a: »Selbst wenn man verfolgt wird, um getötet zu werden, oder eine Schlange sich einem nachschlängelt, um einen zu beißen, so flüchte man sich lieber in einen Götzentempel als in ihr (Gottes-)Haus. Diese (die Christen) kennen (die Wahrheit) und verleugnen (sie). Diese (die Heiden) verleugnen, ohne zu kennen. Über sie spricht die Schrift: *Und hinter die Tür und den Pfosten setztest du dein Denkzeichen. (Denn du hast dich von mir abgewandt und aufgedeckt dein Lager, es bestiegen und weit gemacht. Du hast dich mit ihnen verbunden, liebtest ihr Lager und buhltest mit ihnen.)* (Jesaja 57,8). Rabbi Jischmael sagte: Dies ist sogar als Leichteres aus dem Schwereren zu folgen: Wenn die Tora gesagt hat, mein in Heiligkeit geschriebener Name wird durch das Fluchwasser ausgelöscht, um Frieden zwischen Mann und Frau herzustellen, um wieviel mehr wird bei diesen (mein heiliger Name ausgelöscht), die Neid, Haß und Streit zwischen den Israeliten und ihrem Vater im Himmel stiften.«

nichts zu tun, sondern zeigt nur die Unwissenheit der Zensoren, die meist getaufte Juden, aber keine großen Kenner der jüdischen Schriften waren.

Stellen, die direkt und namentlich von Jesus und Christen sprechen, sind sehr selten. Es handelt sich in den beiden Talmuden vielleicht um ein gutes Dutzend, rechnet man die Parallelstellen mit ein. Darüber hinaus ist einiges in Andeutungen über Christen ausgesagt. Aber an vielen Stellen, wo von *minim*, jüdischen Häretikern, allgemein die Rede ist, ist es fraglich, ob Christen damit gemeint sind.

Aus den einzelnen talmudischen Erzählungen konnte man weder ein Charakterbild dieses Juden, der zur Stifterfigur des in jüdischen Augen feindlichen Christentums geworden war, gewinnen, noch ein irgendwie zusammenhängendes Leben von ihm entnehmen. Aus diesem Grund entstand nach dem Abschluß des Talmud das jüdische Volksbuch *toldot jeschu*, die Geschichte Jesu. Es ist ein jüdisches Anti-Evangelium, das den jüdischen Gemeinden helfen sollte, christlich-missionarische Angriffe abzuwehren.

Im folgenden sollen alle Erzählungen aus der talmudischen Literatur hier aufgeführt werden, in denen der Name Jesus vorkommt oder die man später auf Jesus bezogen hat.[359] Da sie aufgrund der christlichen Zensur in den gängigen Ausgaben fehlen, mußte für die Übersetzung auf die Erstdrucke und die Handschriften zurückgegriffen werden.

---

359. Im Normalfall ist nur eine Version aufgeführt, auf Parallelen wird aber jeweils verwiesen.

Jesus, Schüler Rabbi Jehoschua ben Perachjas in Ägypten[360]

Unsere Meister lehrten: Immer soll man mit der linken (Hand) von sich stoßen und mit der rechten heranwinken; und nicht wie Elischa, der Gehazi mit seinen beiden Händen von sich gestoßen hat, und nicht wie Rabbi Jehoschua ben Perachja,[361] der Jesus[362] mit seinen beiden Händen von sich gestoßen hat.

Es folgt die Diskussion über den Gehilfen des Propheten Elischa, Gehazi, wobei man an den einschlägigen Stellen in 2 Könige 5 anknüpft. Dann wird das Vorkommnis von Rabbi Jehoschua ben Perachja erzählt:

Rabbi Jehoschua ben Perachja, was hat es mit ihm auf sich? Als der König Jannai die Gelehrten umbringen ließ,[363] gingen Rabbi Jehoschua ben Perachja und Jesus[364] nach Alexandrien in Ägypten. Als Friede eintrat, sandte Schimon ben Schetach[365] folgen-

---

360. bSanhedrin 107b, nach der Handschrift Florenz Nr. 9. Diese bildet mit Florenz Nr. 8 eine Handschrift. Sie enthält die drei Babot-Traktate der Ordnung Nezikin und die anschließenden Traktate Sanhedrin und Schewuot. Die Handschrift ist wahrscheinlich im 12. Jahrhundert in Aschkenaz oder Italien entstanden und früh in christlichen Besitz gekommen. Sie ist deswegen so wichtig, weil sie kaum zensiert wurde, sondern der Kirche als Studienexemplar diente. Alle für Christen wichtige Partien sind am Rande ins Lateinische übersetzt. Die Auswahl der übersetzten Stücke charakterisiert das christliche Interesse am Talmud im 13. und 14. Jahrhundert. Diese Auszüge dienten dann den christlichen Theologen, die nicht über genügende Hebräisch-Kenntnisse verfügten, als Grundlage für ihre Disputationen mit Juden. – Variationen anderer Textzeugen werden, wenn sie im Zusammenhang bedeutsam sind, ebenso mitgeteilt. Eine Parallelstelle findet sich in bSota 47a.

361. Vgl. Mischna Avot 1,6, S. 108.

362. In Handschrift München steht hier »Jesus, den Nazarener«. Die Stelle wurde aber nachträglich ausradiert.

363. Der Hasmonäerkönig Alexander Jannai (103 bis 78 v. d. Ztr.) versuchte, die Pharisäer zu unterdrücken und schreckte nicht davor zurück, Hunderte von ihnen kreuzigen zu lassen. Im Talmud wird mehrfach darauf angespielt.

364. »Und Jesus« fehlt in Handschrift München.

365. Der Anführer der Pharisäer und Bruder der Königsgemahlin Alexandra, die nach dem Tode ihres Mannes Königin wurde und in ihrer zehnjährigen Regierung die Pharisäer unterstützte.

des: Von mir, Jerusalem, der Stadt des Heiligtums, an dich, Alexandrien in Ägypten.[366] Mein Mann sitzt in deiner Mitte und ich sitze verlassen hier.[367] Da ging er und fand sich in einer Herberge, wo man ihm große Ehrung angedeihen ließ. Da sagte er: Wie angenehm[368] ist diese Herberge.[369] Sprach er zu ihm: Rabbi, sie hat zuckende Augen. Sprach er zu ihm: Bösewicht, damit beschäftigst du dich? Dann stieß er vierhundertmal in die Posaune und tat ihn in den Bann. Er kam einige Male zu ihm und bat, daß er ihn annehme, er aber beachtete ihn nicht. Eines Tages, als er im Kriat-Schema-Gebet vertieft war, (kam er (wieder) zu ihm,)[370] da wollte er ihn annehmen und winkte ihm mit der Hand, jener aber glaubte, er weise ihn (wieder) ab. So ging er fort, stellte einen Ziegelstein auf und betete ihn an. Da sprach er zu ihm: Kehre um. Er aber erwiderte: Ich habe von dir gelernt, jeden, der sündigt und der viele zur Sünde verleitet, läßt man nicht Buße tun. Der Meister sagte:[371] Jesus der Nazarener[372] hat Zauberei getrieben, hat verführt und Israel abtrünnig gemacht.

Diese phantastisch dramatische Geschichte von vierhundert Posaunenstößen, die in der Anbetung eines Ziegelsteins endet, ist gut geeignet, in das Wesen der Jesusgeschichten im Talmud einzuführen. Christliche Theologen haben sie geliebt, macht sie doch Jesus zum Schüler eines der großen jüdischen Gelehrten der Frühzeit. Das Schlußwort des Meisters stellt für die jüdisch-orthodoxen Leser den Ausgleich her. Das Ganze ist so eine tragische Verwechslung, die ihm aber gebührt, ist es schließlich doch dieser

---

366. Im Erstdruck und in der Handschrift München findet sich hier der Zusatz: »Meine Schwester«.
367. Dies ist Bild eines getrennten Ehepaares; es will sagen, Jerusalem, die Schwester Alexandriens, ist ohne die Gegenwart des großen Gelehrten Jehoschua ben Perachja verwaist.
368. Im Erstdruck und Handschrift München: »Wie schön«.
369. Das aramäische Wort *achsanja* bedeutet zweierlei, die Herberge und die Wirtin. Der Schüler Jesus hat hier seinen Meister mißverstanden.
370. Das Eingeklammerte fehlt in Handschrift Florenz Nr. 9, findet sich aber in allen anderen Textzeugen.
371. »Der Meister sagte« ist hier Einleitungsformel für eine *baraita*.
372. »Jesus der Nazarener« ist in Handschrift München bis zur Unleserlichkeit ausradiert. Im Erstdruck steht nur »Jesus«.

Jesus, der die endlos scheinende christliche Verfolgung über das jüdische Volk gebracht hat.

Das Störende an der Geschichte ist der zeitliche Rahmen, findet das Ereignis doch knappe hundert Jahre vor der Geburt des Mannes statt, den die Christen als ihren Messias ansehen. Es hat nicht an Versuchen gefehlt, deshalb die Existenz eines anderen Mannes namens Jesus zu statuieren, der 100 Jahre vor dem christlichen gelebt hätte. Dies wäre allen recht, stände doch eine dem christlich-jüdischen Ausgleich hinderliche und anstößige Geschichte weniger in dem bereits genug kompromittierenden Buch. Aber all diese Verlegenheiten entstehen nur bei einer Art des Denkens, die bereit ist, die antike und mittelalterliche Polemik und Apologetik weiterzuspinnen. Viel fruchtbarer ist es wahrscheinlich, sich vom Phantastischen dieser Art Geschichten berühren zu lassen, nach ihren Motiven und Anlässen zu fragen und die Ungereimtheiten stehen zu lassen. Sie entspringen tatsächlich dem bis aufs Messer geführten Streit zwischen den beiden Schwesterreligionen, der für das Judentum häufig ein Kampf ums Überleben war.

Es mag sein, daß der aus dem Neuen Testament bekannte Aufenthalt des Kindes Jesus in Ägypten dazu beigetragen hat, die ursprünglich anders orientierte Geschichte von einem Gelehrtenschüler, der durch tragische Weise in Ägypten zur Zauberei verführt wurde, mit Jesus in Verbindung zu bringen. Deutlich ist, daß die talmudische Erzählung nichts mit dem historischen Jesus zu tun hat. Diese Erzählung, die bereits eine der Haupterzählungen der Jesusgeschichten im Talmud ist, hat nachdrücklich die spätere *toldot jeschu* Literatur geprägt, sie ist auch Ursache dafür, daß die orthodoxe jüdische Apologetik – und bis zu Moses Mendelssohn gibt es keine andere – Jesus in die Zeit der Hasmonäer verlegt hat. Auch in der Disputation von Barcelona war der sonst so beschlagene Nachmanides fest davon überzeugt, daß Jesus 200 Jahre vor der Tempelzerstörung gelebt hat.

Es ist ratsam, von diesem brisanten Bezug, den die Geschichte aufweist, für einen Moment abzusehen, wenn man sie einer literarischen Analyse unterziehen will, wie das auch bei den anderen talmudischen Geschichten geschehen ist. Der Form nach ist der Ausgangspunkt der Erzählung, daß man jemanden nicht mit beiden Händen abweisen soll, eine *baraita*, mit »Unsere Meister

lehrten« eingeleitet und hebräisch abgefaßt. Die Erzählung, die
dann nach dem Gehasi-Abschnitt[373] folgt, ist eine amoräische
Erzählung, die deshalb auch aramäisch geschrieben ist. Die alte
Einleitung stellt die Erzählung in einen bestimmten Rahmen. Das,
was der Prophet Elischa oder der Gelehrte Jehoschua ben Perachja
getan haben, wird verurteilt. Hätten sie nicht so gehandelt, hätte in
der Welt viel Unheil verhütet werden können. Die negativen
Helden, im zweiten Beispiel also Jesus, sind tragische Helden, die
durch ein Fehlverhalten der positiven Helden zu dem geworden
sind, was sie jetzt kennzeichnet. Das spricht die negativen Helden
allerdings nicht von ihrer Schuld frei. Einen Ziegelstein anzubeten,
sich dem Götzendienst zu übergeben, ist nicht die einzig mögliche
Reaktion auf die rüde und unangemessene Handlungsweise des
Gelehrten. Auch der Schlußsatz Jesu: »Einen, der viele zur Sünde
verleitet, läßt man nicht Buße tun«, entspricht nicht der rabbinischen Lehre. Zahlreiche talmudische Geschichten und der Satz
Jehoschua ben Perachjas in der Geschichte selbst: »Kehre um«,
beweisen das.

Im Vergleich zwischen dem Jesus der talmudischen Erzählung
und dem Jesus der Evangelien ist es grotesk, daß ein Grundprinzip
des Jesus der Evangelien, der Satz »Wer eine Frau ansieht, sie zu
begehren, der hat schon mit ihr die Ehe gebrochen in seinem
Herzen«,[374] dem Jesus der talmudischen Erzählung zum Fallstrick
wird. Die Fortsetzung des Satzes vom Ehebrechen im Evangelium:
»Wenn dir aber dein rechtes Auge Ärgernis schafft, so reiß es aus
und wirf's von dir; es ist dir besser, daß eins deiner Glieder
verderbe und nicht der ganze Leib in die Hölle geworfen werde.«[375]
paßt viel mehr zur radikalen Haltung des Jehoschua ben Perachja
und seinen vierhundert Posaunenstößen, als zu dem hier geschil-
derten Jesus, der sein Augenmerk auf das Zwinkern in den Augen
einer Wirtin richtet.

Sind außer dem Ägyptenaufenthalt Jesu wenige Anklänge in

---

373. Gehasi war am Ende der der Gemara vorliegenden Mischna (10,2; im
     Talmud 11,2) als letzte von vier Personen aufgelistet worden, die keinen
     Anteil an der kommenden Welt haben. Eine solche Aussage wird über
     Jesus im Talmud expressis verbis nicht gemacht.
374. Matthäus 5,28.
375. Matthäus 5,29.

dieser Geschichte an den Jesus des Neuen Testaments festzustellen, so hält sich eine andere Erzählung näher an das vorgegebene Bild. Es sieht fast so aus, als könnte eine Talmudstelle zwischen den verschiedenen Versionen zum Charakter des Todestages Jesu, wie sie sich in den drei synoptischen Evangelien einerseits und im Johannesevangelium andererseits finden, entscheiden. Die weitergehenden Aussagen dieser Erzählung machen aber deutlich, daß auch sie keine eigenen historischen Kenntnisse bewahrt hat. Auch diese Erzählung ist im Traktat Sanhedrin überliefert.

Die Hinrichtung Jesu am Rüsttag des Passahfestes[376]

Mischna: Befindet man ihn für unschuldig, befreit man ihn, wenn nicht, wird er zur Steinigung herausgeführt. Und ein Herold ruft aus: NN, der Sohn des NN, wird zur Steinigung herausgeführt, weil er das und das Verbrechen begangen hat, NN und NN sind seine Zeugen. Jeder, der etwas zu seiner Entlastung auszusagen hat, trete hervor und tue das.

Gemara: Abaje sagte: Er muß auch sagen: An dem und dem Tag, zu der und der Stunde, und an dem und dem Ort, vielleicht gibt es welche, die Bescheid wissen, (daß es anders war,) dann soll er vortreten und sie als falsche Zeugen entlarven.

Und ein Herold ruft aus.[377]

(Unmittelbar) zuvor ja, von Anfang an nicht? Aber es wird doch gelehrt:[378] Am Vorabend des Schabbat und am Vorabend des Passahfestes[379] hängte man Jesus. Vierzig Tage zuvor hatte der Herold ausgerufen: Er wird zur Steinigung herausgeführt, weil er gezaubert, Israel verführt und abtrünnig gemacht hat. Jeder, der etwas zu seiner Entlastung weiß, soll kommen und

---

376. bSanhedrin 43a, nach Handschrift Florenz Nr. 9. In der Handschrift München ist jeweils der Name »Jesus der Nazarener« ausradiert.

377. Dies ist ein *piska*, ein Zitat aus der oben aufgeführten Mischna, das im folgenden ausgelegt wird.

378. In einer *baraita*.

379. Das ist der Text der Handschrift Florenz Nr. 9, alle anderen Textzeugen lesen nur: am Vorabend des Passahfestes.

über ihn aussagen. Und es fand sich niemand zur Entlastung für ihn, und man hängte ihn am Vorabend des Schabbat und am Vorabend des Passah-Festes.[380]

Ula sagte: Bist du der Meinung, daß man für Jesus den Nazarener etwas zur Entlastung suchen mußte, er war doch ein Verführer, und der Barmherzige sagt: *Du sollst seiner nicht schonen und ihn nicht decken* (5 Mose 13,9). Bei Jesus dem Nazarener[381] war es aber anders, er stand der Regierung nahe.

Im Unterschied zu der vorherigen Erzählung handelt es sich um eine historische Anmerkung, die sich durch die Einleitung »Aber es wird doch gelehrt« (*wehatanja*) als *baraita*, also ein Überlieferungsstück aus tannaitischer Zeit, zu erkennen gibt. Der Abschnitt ist kein kunstvoll aufgebautes literarisches Erzählungsstück, sondern ein halachisches Beweisstück. In der Diskussion der Mischna soll der Eindruck abgewehrt werden, es genüge bei der Vollstreckung eines Todesurteils, die Schuld des Verurteilten ausrufen zu lassen, wenn er zur Hinrichtung geführt wird. Die Begründung dafür ist, daß damit nicht genügend Zeit für Zeugen gegeben ist, die vielleicht die Unschuld des Delinquenten beteuern könnten. Als Beispielfall gegen diese Rechtsregelung wird der Prozeß Jesu angeführt, wo ein Herold 40 Tage nach Zeugen für seine Unschuld gesucht haben soll. An das Stück der *baraita* schließt sich der Einwand Ulas an, der mit dem Hinweis, daß Jesus Beziehungen zur Regierung gehabt hat, erklärt wird. Damit ist das ganze Argument gegen die diskutierte Halacha hinfällig, und die halachische Diskussion zu dieser Mischna ist zu Ende. Da von Jesus dem Nazarener die Rede war, wird noch eine weitere *baraita* angehängt, die von fünf Jüngern Jesu handelt. Da bei der Abhandlung über den letzten Jünger vom Dankopfer die Rede war, werden noch zwei weitere Abschnitte über das Dankopfer angehängt. Dann folgt die nächste Mischna.

Die Frage ist, wieweit diese *baraita* echte historische Informa-

---

380. So wieder nur in Handschrift Florenz Nr. 9. Bis hierher war der Text in Hebräisch, wie es für eine *baraita* normal ist. Es folgt die Auseinandersetzung darüber aus amoräischer Zeit aramäisch.

381. Im Erstdruck steht hier nur: Jesus.

tion bewahrt hat.[382] Das vierzigtägige Ausrufen durch einen Herold sieht aus wie eine legendarische Ausschmückung und dient apologetischen Zwecken. Die Zahl Vierzig ist eine beliebte heilige Zahl. Moses verbrachte vierzig Tage auf dem Berg Sinai, um die Gesetzestafeln zu erhalten. Israel durchzog vierzig Jahre die Wüste Sinai, um ins gelobte Land zu kommen. Der Prophet Elia ging vierzig Tage zum Berg Horeb und vieles mehr. Auch aus dem Neuen Testament könnte man Beispiele anführen, was aber für die rabbinischen Geschichten nicht relevant ist. Daß man eine solch lange Zeit nach Entlastungszeugen für Jesus gesucht haben will, soll wohl Angriffe abweisen, das Prozeßverfahren gegen Jesus sei kein ordentliches gewesen. Auch eine andere Mitteilung der *baraita* ist wenig vertrauenswürdig. Es heißt, Jesus wurde zur Steinigung herausgeführt. Die Steinigung ist die alttestamentliche und jüdische Strafe für Zauberei, Gotteslästerung und Verführung, weshalb man sich in seinem Fall keine andere Hinrichtungsart vorstellen konnte. Die Römer spielen in allen talmudischen Geschichten und auch später in der *toldot jeschu*-Tradition keine Rolle. Wenn von Jesus als dem »Gehängten« gesprochen wird, so ist das »an den Pfahl hängen« nach erfolgter Steinigung gemeint. All dies zeigt, daß die talmudische Tradition zum Tod Jesu sehr spät und unzuverlässig ist und weit weniger Vertrauen verdient als die Berichte in den Evangelien, die, natürlich auch schon reichlich legendarisch ausgeschmückt, älter sind als die talmudischen Nachrichten.

Wenn also auch diese »historische Mitteilung« wenig Vertrauen bis zu diesem Punkt verdient, so ist zu fragen, wie glaubwürdig die

---

382. Der erste Übersetzer des Talmud ins Deutsche, Lazarus Goldschmidt, schreibt in einer Anmerkung zur Erwähnung Jesu: »An manchen Stellen (steht hier) ›Jesus der Nazarener‹, also Jesus, der Stifter des Christentums. Diese Mitteilung über seine Hinrichtung, sowie verschiedene andere im Talmud gegebene Daten passen durchaus nicht auf die Person Christi, woraus viele schließen, daß dieser *jeschu* mit Jesus Christus nicht identisch sei.« In der späteren einsprachigen Ausgabe revidiert Goldschmidt leicht den letzten Satz, indem er schreibt: »... passen durchaus nicht auf die Person Christi; daher nach manchen jüdischen und christlichen Apologeten mit Jesus Christus nicht identisch. Wahrscheinlich aber nichts weiter als ein Beweis dafür, daß damals über die Person Christi nur Legenden verbreitet waren, die keinen historischen Wert haben.«

Mitteilung zum Termin seines Todes ist. In diesem Punkt weichen ja bekanntlich die drei synoptischen Evangelien vom Johannesevangelium ab. Nach Johannes ist Jesus am Rüsttag gestorben, nach den synoptischen Evangelien am ersten Feiertag.[383] Die Frage ist nun, ob diese Talmud-Stelle für die Richtigkeit der einen oder anderen Schilderung der Evangelien verwendet werden kann. Wenn ja, würde sie die johannäische Version bestätigen. Angesichts des allgemeinen legendarischen Charakters der *baraita* kann man aber wohl daraus nur schließen, daß Jesus auch nach talmudi-

---

383. Alle vier Evangelien sind sich darüber einig, daß Jesus mit seinen Jüngern am Donnerstag das »letzte Mahl« gefeiert hat, in der Nacht zum Freitag verhaftet und am Freitagvormittag von den jüdischen Behörden und dem römischen Prokurator Pontius Pilatus verurteilt und am Nachmittag nach römischer Art am Kreuz hingerichtet wurde. Am Freitagabend wurde er beerdigt, ruhte den Schabbat über im Grab und ist am Sonntagmorgen auferstanden. Einigkeit herrscht auch noch darüber, daß in diesen Tagen das Pessachfest gefeiert wurde. Der Streit zwischen ihnen nun ist, ob der Todestag Jesu, also der Freitag, der Vorabend des Pessachfestes, bzw. der Rüsttag, wie Luther übersetzt, war, oder aber der erste Feiertag des Pessach-Festes selbst. Nach den synoptischen Evangelien (Markus 14,12 ff.; 15,42; Matthäus 27,62; Lukas 23,54) war der Donnerstagabend der Pessachabend, der Donnerstag war also der Rüsttag. Der Todestag war dann bereits der erste Feiertag. Das heißt, die nächtliche Gerichtsverhandlung hätte während des Sederabends, die Gerichtsverhandlung vor dem Obersten jüdischen Gericht, dem Sanhedrin, dann am ersten Feiertag, stattgefunden. Dies ist zwar kaum denkbar. Aber vielleicht ist, wenn die Datierung der Synoptiker stimmt, diese ganze Szene von ihnen erfunden worden. Schließlich gab es keine Augenzeugen dafür. Auch die Gerichtsverhandlung vor Pilatus hätte am Festtag stattgefunden, dies wäre aber möglich. Anders ist das Bild bei Johannes. Hier stirbt Jesus am Rüsttag, also zu der Stunde, an der im Tempel die Pessachlämmer geschlachtet werden. Dies kann theologische Rekonstruktion sein, Christus das Pessachlamm stirbt zur selben Zeit wie die Pessachlämmer. Wie ihnen wird auch Jesus kein Bein gebrochen (Johannes 19,36; 2 Mose 12,46). Das Problem ist dann aber, was für eine Art Feier hat Jesus am Donnerstag mit seinen Jüngen begangen? Dies kann dann nicht die Sederfeier gewesen sein. Aufgrund des gesamten jüdischen Hintergrunds hat die johannäische Version sehr viel mehr für sich. Die Bemerkung in Markus 14,1 f. scheint ebenso eine Andeutung zu enthalten, daß die johannäische Version ursprünglich vielleicht auch die des Markus war. Deutlich ist, daß beide Versionen nicht harmonisiert werden können, auch nicht durch die Annahme verschiedener Kalender. Entweder ist die der Synoptiker oder die des Johannes die richtige.

scher Ansicht an einem Pessachfest hingerichtet wurde, und daß es plausibler ist anzunehmen, daß dies, besonders wenn ein jüdisches Gericht in die Angelegenheit verwickelt war, nicht gerade am Festtag geschehen ist.

Die Nachricht, daß Jesus der römischen Regierung nahegestanden habe, kann aufgrund der Evangelienberichte entstanden sein, wobei gerade Lukas die große Sympathie des Prokurators Pontius Pilatus für den von der jüdischen Führung so gehaßten Jesus hervorhebt. Dies ist an sich natürlich ein apologetischer Zug der Evangelien, denn wie hätte man der römischen Welt den Heiland der Welt nahebringen können, der von der eigenen Regierung als Verbrecher aufs schändlichste mit dem Tode bestraft worden war?

Da hier im Anschluß an dieses Stück eine weitere *baraita* aus dem Umfeld Jesu mitgeteilt wird, soll auch sie hier in Übersetzung folgen. Sie hat mit Jesus und seinen Jüngern allerdings anscheinend noch weniger zu tun als das Vorhergehende.

Die Parabel von den fünf Jüngern Jesu[384]

Unsere Meister lehrten: Fünf Schüler hatte Jesus. Und diese sind: Mattai, Nakai, Nezer, Buni und Toda. Als sie Mattai vorführten, sprach er zu ihnen: Soll Mattai getötet werden? Es steht doch geschrieben: *Wann (matai) werde ich kommen und das Angesicht Gottes sehen* (Psalm 42,3). Sie sprachen zu ihm: Ja, Mattai soll hingerichtet werden, denn es heißt: *Wann (matai) wird er sterben und sein Name vergehen* (Psalm 41,6). Als sie Nakai vorführten, sprach er zu ihnen: Soll Nakai getötet werden? Es steht doch geschrieben: *Der Unschuldige (naki) und der Gerechte soll nicht sterben* (2 Mose 23,7). Sie sprachen zu ihm: Ja, Nakai soll hingerichtet werden, denn es heißt: *Im Verborgenen bringt er den Unschuldigen (naki) um* (Psalm 10,8). Als sie Nezer vorführten, sprach er zu ihnen: Soll Nezer getötet werden? Es steht doch geschrieben: *Ein Sproß (nezer) wird aus*

---

384. bSanhedrin 43a, nach Handschrift Florenz Nr. 9. In der Handschrift München ist wieder der Name »Jesus der Nazarener« jeweils ausradiert worden. Die Radierung war aber diesesmal so gründlich, daß zusätzlich die halbe *baraita* dem Zensor zum Opfer gefallen ist.

seiner Wurzel hervorbrechen (Jesaja 11,1). Sie sprachen zu ihm:
Ja, Nezer soll hingerichtet werden, denn es heißt: *Du aber bist
aus deinem Grab geworfen wie ein verworfener Sproß (nezer)*
(Jesaja 14,19). Als sie Buni vorführten, sprach er zu ihnen: Soll
Buni getötet werden? Es steht doch geschrieben: *Mein Sohn
(beni), mein Erstgeborener ist Israel* (2 Mose 4,22). Sie sprachen
zu ihm: Ja, Buni soll hingerichtet werden, denn es heißt: *Siehe,
ich töte deinen Sohn (bincha), deinen Erstgeborenen* (2 Mose
4,23). Als sie Toda vorführten, sprach er zu ihnen: Soll Toda
getötet werden? Es steht doch geschrieben: *Ein Psalm für Dankopfer (toda)* (Psalm 100,1). Sie sprachen zu ihm: Ja, Toda soll
hingerichtet werden, denn es heißt: *Wer ein Dankopfer (toda)
darbringt, ehrt mich* (Psalm 50,23).

Dieses Erzählungsstück über fünf Menschen, die vor Gericht unter
Todesanklage stehen, und die jeweils einen für sich wohlgesonne-
nen Bibelspruch, der ein Wortspiel ihres Namens bedeutet, vor-
bringen und von diesem Gericht unter Anwendung desselben
Prinzips, nur diesmal zu ihren Ungunsten, zum Tode verurteilt
werden, mag eine tragisch-komische Verhöhnung der Spielerei mit
Bibelworten sein, der Bezug zu den Jesusjüngern ist aber sicherlich
sekundär. Er ist vermutlich durch den ersten Namen zustande
gekommen, Mattai – Matthäus. Es ist deshalb müßig, wie es die
Forschung phantasiereich versucht hat – entsprechende Namens-
ähnlichkeiten im Neuen Testament für die anderen genannten
Gestalten zu finden. Völlig verfehlt ist es, aufgrund dieser Stelle
bisher unbekannte und heimliche Jesusjünger zu entlarven. Die
Geschichte ist ein Wortspiel, das der Unterhaltung und eventuell
der Besinnung dienen mag. Dabei sollte man es aber bewenden
lassen.

Die Erzählung von Ben Stada in Lod

Eine weitere talmudische Erzählung weiß von einer Hinrichtung an
einem Pessach-Rüsttag zu berichten. Hier kommt zwar der Name
Jesu nicht vor, aber die Erzählung wurde schon früh mit Jesus
verbunden und ist eine der wichtigen Quellen für die spätere
toldot-jeschu-Literatur. Auch diese Geschichte steht im Traktat

Sanhedrin.[385] Sie folgt der Gemara zur Mischna 10,7, in der darüber verhandelt wird, mit welcher Todesstrafe Verführer ganzer Ortschaften hinzurichten sind. Da man auch hier wenigstens zwei Zeugen beibringen muß, die aussagen, daß der Verdächtigte wirklich vorgehabt hat, andere zum Götzendienst zu verführen – »wir wollen unseren Gott im Himmel verlassen und Holz und Steine anbeten gehen« – darf man sich in diesem Fall als Ausnahme auch eines Tricks bedienen und, wenn man keine zwei Zeugen finden kann, den zweiten Zeugen verstecken, um diese Gotteslästerung wirklich bezeugen zu können. Als Beispiel für einen solchen Fall wird die Erzählung von Ben Stada gebracht. Sie lautet folgendermaßen:

> So verfuhr man auch mit Ben Stada in Lod, und man hängte ihn am Rüsttag des Pessach-Festes. Ben Stada? Er ist doch Ben Pandera! Rav Hisda sagte, der Ehemann war Stada, der Beischläfer war Pandera. (Nein,) der Ehemann war Papos ben Jehuda, aber seine Mutter war Stada. (Nein,) seine Mutter war Maria, die Frauenhaarflechterin (magdala naschi). In Pumpedita erklärten sie (den Namen Stada) wie folgt: Untreu war diese (Sata-da) ihrem Ehemann.

Dies ist zugegeben eine wirre Geschichte, zu der die Gelehrten in Babylonien ganz unterschiedliche Meinungen hatten und deren Akteure die verschiedensten Namen führten. Einige davon sind aus der außertalmudischen Jesustradition bekannt, Pandera aus der heidnischen Anti-Jesusliteratur, und Miriam – Maria aus dem Neuen Testament, wobei der Name Frauenhaarflechterin, *magdala naschi* auch aus dem Neuen Testament beeinflußt zu sein scheint. Ben Stada jedenfalls, der Auslöser der Geschichte, ist jemand, der viele zum Götzendienst verleiten wollte, durch versteckte Zeugen gestellt und schließlich am Vorabend eines Pes-

---

385. bSanhedrin 67a. Der Text wird wieder nach Handschrift Florenz Nr. 9 wiedergegeben. Parallelen in tSanhedrin 10,11; jSanhedrin 7,16 (25d); jJevamot 16,6 (15d). Tosefta und Jeruschalmi haben einen sehr ähnlichen Text, der in der Tosefta folgendermaßen lautet: »Und so verfuhr man mit Ben Stada in Lod. Man verbarg vor ihm zwei Gelehrtenschüler und steinigte ihn.« Es fehlt der Hinweis auf den Termin und die Diskussion über die Person Ben Stadas.

sach-Festes in Lod hingerichtet wurde. Diese Gestalt, über die wir noch aus dem Traktat Schabbat[386] wissen, er habe »Zauberkraft aus Ägypten durch Einritzungen (Tätowierungen?) in seinem Fleisch« mitgebracht, hat sicherlich nichts mit dem neutestamentlichen Jesus zu tun gehabt.[387] Anlaß zu einer Verbindung mag seine Hinrichtung an einem Pessachvorabend gewesen sein – demselben Datum, von dem man wußte, daß an ihm auch jener Jesus hingerichtet worden war –, ein ähnlicher Vorwurf, Zauberei getrieben zu haben, und ein Aufenthalt in Ägypten. Alles andere ist dann bald erklärt.

Um Licht in das Dickicht dieser Dreiecksbeziehung, Ehemann, Beischläfer und Miriam, zu bekommen, ist es wichtig, auf die Gleichsetzung von Ben Stada und Ben Pandera zu achten. Dieser Ben Pandera ist, wie gesagt, aus der heidnischen Anti-Jesus-Literatur bekannt. In der Schrift *Contra Celsum* weist der Kirchenvater Origenes[388] den jüdischen Vorwurf, den der Heide Celsus sich zu eigen gemacht hat, ab, Jesus sei von Maria nach einer illegitimen Affäre mit einem römischen Soldaten namens Panthera zur Welt gekommen. Diese Polemik wird eine frühe Reaktion auf das christliche Dogma der Jungfrauengeburt gewesen sein, macht in unserem Zusammenhang aber deutlich, wie Ben Stada, alias Ben Pandera, Sohn des Pandera, mit Jesus in Verbindung gebracht wird. Hieraus erklärt sich auch das Dreiecksverhältnis, das in der *toldot-jeschu*-Literatur dann ausgearbeitet wird: Jesu Mutter war verheiratet oder verlobt mit einem Mann, hatte aber ein Verhältnis mit einem anderen Mann, oder besser gesagt, wurde von ihm verführt bzw. vergewaltigt. Aus dieser sündhaften Verbindung sei dann Jesus hervorgegangen.

---

386. bSchabbat 104b, wo auch die Erzählung aus dem Traktat Sanhedrin wiederholt wird.
387. So schreibt Lazarus Goldschmidt, der bereits zitierte Talmud-Übersetzer, in einer Anmerkung zu dieser Stelle: »Nach manchen mit Jesus Christus identisch, jedoch ist diese Identifizierung nur ein Hirngespinst des mittelalterlichen jüdischen Phanatismus, die sogar von talmudischen Autoritäten (cf. Tos. zu Sabb. 104b sv. *ben stadta*) bestritten wird.«
388. Lebte in der ersten Hälfte des dritten Jahrhunderts unter anderem längere Zeit in Palästina.

Jesus, der aufrührerische Schüler

An zwei Stellen wird Jesus als abschreckendes Beispiel für einen Sohn oder Schüler, der seinem Vater oder Lehrer Schande macht, genannt. Diese beiden Stellen scheinen sich ursprünglich auf Jesus zu beziehen und verurteilen ihn, besonders die zweite Stelle, als einen der großen Verräter an seinem Volke innerhalb der Geschichte Israels. Es ist hier wieder anzumerken, daß diese Einschätzung der Figur Jesu die ganze Feindschaft zwischen Judentum und Christentum in byzantinischer Zeit offenlegt, in der das Judentum unter der byzantinischen Herrschaft besonders zu leiden hatte.

Die erste Stelle findet sich wieder im Traktat Sanhedrin:[389]

Ferner sagte Rav Hisda im Namen des Rav Jirmeja ben Abba: Was bedeutet der Schriftvers: *Es wird dir kein Unheil begegnen, noch eine Plage deinem Zelt nahen* (Psalm 91,10). ... Eine andere Erklärung: *Es wird dir kein Unheil begegnen.* Es werden dich weder böse Träume noch böse Gedanken beängstigen. *Noch eine Plage deinem Zelt nahen.* Du wirst weder einen Sohn noch einen Schüler haben, der seine Speise öffentlich anbrennen läßt wie Jesus der Nazarener.

»Seine Speise öffentlich anbrennen lassen« ist ein Bild für den, der das ihm vom Vater oder Lehrer anvertraute Gut, die gelernte Tora, öffentlich falsch auslegt, übertritt und verachtet. Die Aussage erscheint in einem anderen Zusammenhang im Traktat Brachot[390] folgendermaßen:

Als sich die Gelehrten vom Haus des Rav Hisda, nach anderer Meinung vom Haus des R. Schmuel bar Nachmani verabschiede-

---

389. bSanhedrin 103a, wieder nach Handschrift Florenz Nr. 9. Handschrift München entspricht an der betreffenden Stelle Handschrift Florenz.
390. bBrachot 17b. Nach Handschrift Florenz Nr. 7. Diese Handschrift wurde 1177 in Aschkenas oder Italien geschrieben und ist die älteste datierte Talmud-Handschrift, die sich vollständig erhalten hat. Sie besteht aus zwei unabhängigen Teilen, der erste enthält Brachot, der zweite einige Traktate aus der fünften Ordnung. Aufgrund der vielen Randbemerkungen in Hebräisch war sie lange in jüdischer Benutzung.

ten, sprachen sie zu ihm dieses: *Unsere Lehrer sind überbürdet ohne Riß, ohne Durchbruch, ohne Jammergeschrei in unseren Straßen* (Psalm 144,14). Was heißt *Unsere Lehrer sind überbürdet?*[391] Rav und Schmuel, nach anderen Rabbi Jochanan und Rabbi Elaser (waren unterschiedlicher Meinung). Der eine sagte: *Unsere Lehrer* in der Gesetzeslehre *sind überbürdet* mit Geboten; der andere sagte: *Unsere Lehrer* in der Gesetzeslehre und in den Geboten *sind überbürdet* mit Züchtigungen.[392] *Ohne Riß:* Unsere Gesellschaft sei nicht wie die Gesellschaft des Saul, aus welcher Doeg, der Edomite,[393] hervorging. *Ohne Durchbruch:* Unsere Gesellschaft sei nicht wie die Gesellschaft des David, aus der Achitofel[394] hervorging. *Ohne Jammergeschrei:* Unsere Gesellschaft sei nicht wie die Gesellschaft des Elischa, aus der Gehazi[395] hervorging. *In unseren Straßen:* Daß wir keinen Sohn oder Schüler haben mögen, der seine Speise öffentlich anbrennen läßt wie Jesus der Nazarener.[396]

Es ist nicht deutlich, wie die Auslegungen des ersten Absatzes von Psalm 144,14 und die Rahmengeschichte am Anfang mit der weiteren Auslegung des Verses in Verbindung stehen. Vermutlich handelt es sich um völlig verschiedene Traditionen, die hier, weil

---

391. Eigentlich: Unsere Rinder mögen tragen. Vom Hebräischen ist aber auch die oben gegebene Übersetzung möglich, im biblischen Zusammenhang allerdings unwahrscheinlich. Die mögliche andere Übersetzung, die der Talmud an dieser Stelle voraussetzt, kommt durch die merkwürdige Schreibung »unsere Rinder« als *alufenu*, eigentlich unsere Ausgezeichneten, statt *alfenu* zustande.

392. Bis hierher erstreckt sich die unterschiedliche Auslegung des ersten Versteils. Für die weiteren Versteile wird nur jeweils eine Auslegung geboten.

393. Vgl. 1 Samuel 22. Hoher Beamter Sauls, Verräter gegenüber David, dem Priester Achimelech, den Saul mit seiner Familie umbrachte, und der Priesterstadt Nob, die Saul zerstören ließ.

394. 2 Samuel 15 ff. Ratgeber Davids und Überläufer zum aufrührerischen Absalom.

395. 2 Könige 4 f. Gehilfe des Propheten Elischa, der seinen Meister betrog.

396. In Handschrift Florenz ist »Jesus der Nazarener« ausradiert, aber noch erkennbar. In Handschrift München ist der Passus bis zur Unkenntlichkeit ausradiert. Aufgrund des vorhandenen freien Raums dürfte aber auch hier »Jesus der Nazarener« gestanden haben. Im Erstdruck steht nur »Nazarener«.

es sich um Auslegungen desselben Verses handelt, zusammengebracht worden sind. Die weitere Auslegung von Psalm 144,14 jedenfalls, auf die es uns in unserem Zusammenhang ankommt, zählt eine Reihe von biblischen Übeltätern auf, jeder in seiner Generation, die mit einer nichtbiblischen Gestalt endet, Jesus dem Nazarener. Die ganze Kette erscheint hier natürlich nur um ihres letzten Gliedes willen, das auf diese Weise charakterisiert werden soll.

Die drei von den Toten zurückgerufenen Zeugen

Jesus erscheint auch in einer Erzählung, die von dem Proselyten Onkelos handelt, der, bevor er zum Judentum übertrat, drei Erzfeinde Israels zu diesem Schritt befragt. Die Erzählung findet sich in einem Komplex von Geschichten zur Tempelzerstörung im Traktat Gittin.[397] Sie ist die einzige, die mit dem Thema der Tempelzerstörung in keinem direkten Zusammenhang steht. Sie wurde hier eingeordnet, nachdem vom Erzverfolger Titus die Rede war, mit dem Onkelos der Proselyt verwandt gewesen sein soll. Nach jüdischer Tradition ist Onkelos mit Aquila gleichzusetzen, der die Bibel neu ins Griechische übersetzte, weil die klassische griechische Übersetzung, die Septuaginta, sich als unzuverlässig herausstellte und von den Christen als Beweis der christlichen Wahrheit gegen die Rabbinen ins Felde geführt wurde. Auch die aramäische Übersetzung der Tora wird auf ihn zurückgeführt und trägt seinen Namen.

Onkelos, der Sohn des Kalonikos, der Schwestersohn von Titus, wollte zum Judentum übertreten. Er ging und ließ Titus durch Toten-Beschwörung vor sich kommen und fragte ihn: Wer ist der größte in dieser Welt? Er sprach zu ihm: Israel. Soll man sich ihnen anschließen? Er antwortete: Ihre Vorschriften sind zahlreich, du kannst sie nicht erfüllen. Gehe hin und bedränge sie in dieser Welt. Werde zu ihrem Haupt, denn es steht geschrieben: *Ihre Bedränger werden zum Haupt etc.* (Klagelieder 1,5). Jeder,

---

397. bGittin 56b/57a, nach Handschrift München übersetzt, die hier keine Radierungen aufweist. Verglichen mit Vatikan 130.

der Israel bedrängt, wird zum Haupt. Sprach er: Was ist die Strafe dieses Menschen?[398] Er antwortete: Die, die ich mir selber verhängt habe. Jeden Tag wird meine Asche gesammelt, und nachdem ich abgeurteilt werde, wieder verbrannt und auf die sieben Meere verstreut. Er ging und ließ Bileam durch Toten-Beschwörung vor sich kommen und fragte ihn: Wer ist der größte in dieser Welt. Er sprach zu ihm: Israel. Soll man sich ihnen anschließen? Er antwortete: *Suche nicht nach ihrem Wohlergehen und ihrem Besten alle Tage* (5 Mose 23,7). Sprach er: Was ist die Strafe dieses Menschen? Er antwortete: Mit siedendem Sperma.[399] Er ging und ließ Jesus[400] durch Toten-Beschwörung vor sich kommen und fragte ihn: Wer ist der größte in dieser Welt? Er sprach zu ihm: Israel. Soll man sich ihnen anschließen? Er antwortete: Suche danach, ihnen Gutes zu tun, und suche nicht danach, ihnen Böses zu tun. Wer an ihnen rührt, rührt wie an seinen[401] Augapfel. Sprach er: Was ist die Strafe dieses Menschen? Er antwortete: Mit siedendem Kot. Denn so sagte der Meister: Jeder, der über die Worte der Weisen spottet, wird mit siedendem Kot gerichtet. Komm und siehe den Unterschied zwischen den Frevlern Israels und den Propheten der Völker der Welt.

Das wohlwollende Wort Jesu will nicht zu seiner Strafe passen. Es ist schwer zu sagen, wie dieser ganze Absatz ursprünglich ausgesehen hat und ob er sich auf Jesus bezogen hat. In dieser Zusammenstellung ist die Botschaft des Abschnitts aber deutlich. In einer Zeit, wo die heidnische Herrschaft über Israel von einer christlichen abgelöst ist, geht es nicht an, daß die christliche Herrschaft mit den Judenverfolgungen so weitermacht wie die heidnische zuvor oder sie sogar noch steigert.

---

398. Gemeint ist: Was ist deine Strafe?
399. Nach bSchabbat 106a hat Bileam Israel zur sexueller Ausschreitung mit den Töchtern Moabs (4 Mose 25) verführt.
400. Die ganze Stelle ist dieses Mal von der Zensur nicht gestrichen worden. Nur »Jesus« ist durch »Frevler Israels« ersetzt worden.
401. Gottes, vgl. Sacharja 2,12.

Wie Rabbi Jischmael verbot, seinen Schwestersohn zu heilen

Nach den Erzählungen, in denen eventuell von Jesus die Rede war, sollen zum Abschluß die Geschichten folgen, in denen Jünger eine führende Rolle spielen. In der ersten dieser Geschichten wird ein Jakov, der Mann aus dem Dorf Sechanja, genannt, der nach bAvoda Sara 16b/17a[402] ein Schüler Jesu war. Aus dieser Stelle geht das nur aus den Parallelstellen hervor. Im Bavli ist allgemein von einem jüdischen Häretiker, einem *min*, die Rede. Die Erzählung steht im Traktat Avoda Sara.[403] Sie findet sich in der Gemara zu Mischna 2,2, die besagt, daß man von Heiden nur sein Vieh heilen lassen darf, nicht aber sich selber.[404] Die Gemara erklärt diesen Umstand und kommt dann zum Problem der jüdischen Häretiker. Hier gibt es unterschiedliche Ansichten. Nachdem die einen der Meinung sind, daß man sich von ihnen heilen lassen kann, lehnen das die anderen ab. Eingeleitet wird dies Stück, eine *baraita*, mit dem Schlüsselwort »Ein Einspruch wurde erhoben«:

Ein Einspruch wurde erhoben: Man darf mit den Minäern[405] keinerlei Handel treiben, und man darf sich von ihnen nicht heilen lassen, sogar wenn man nur noch eine Stunde zu leben hat. Eine Beispielgeschichte: Einmal wurde Ben Dama, ein Schwestersohn von Rabbi Jischmael von einer Schlange gebissen. Da kam Jakov, der Mann aus dem Dorf Sechanja, um ihn zu heilen,[406] aber Rabbi Jischmael ließ ihn nicht. Da sagte er (Ben Dama) zu ihm: Rabbi Jischmael, mein Bruder, laß ihn, daß ich von ihm geheilt werde. Ich werde dir auch eine Schriftstelle

---

402. Vgl. S. 200 ff.
403. jAvoda Sara 27b, mitgeteilt nach Handschrift München. Handschrift New York enthält nur den Anfang der Erzählung, der Rest ist mit der folgenden Seite ausgerissen worden. Es ist schwer zu sagen, ob dies etwas mit Zensur zu tun hat. Parallelen finden sich in tHullin 2,22 f.; jAvoda Sara 2,2 (40d/41a); jSchabbat 14,4 (14d/15a); Kohelet Rabba 1,8.3 (Wilna 4b).
404. Vgl. S. 121.
405. Ich benutze dieses hebräische Fremdwort für *min* oder *minim*: jüdische Häretiker, alle, die sich nach der Tempelzerstörung der pharisäischen Richtung nicht angeschlossen haben. Darunter fallen auch die Judenchristen, bei weitem aber nicht nur sie.
406. In den Parallelstellen ist zugefügt: »Im Namen Jesu ben Pantera«.

aus der Tora bringen, daß es erlaubt ist. Er aber vermochte nicht, das Wort[407] zu vollenden, als seine Seele aus ihm ausfuhr (und er starb)[408]. Da rief Rabbi Jischmael über ihn aus: Selig bist du, Ben Dama, daß dein Körper rein geblieben ist und deine Seele aus dir in Reinheit gefahren ist und du nicht die Worte deiner Gefährten[409] übertreten hast, die sagen: *Wer eine Mauer einreißt, den wird eine Schlange beißen* (Prediger 10,8).[410] Die Häresie ist anders.[411] Sie verführt, und man kann durch sie verführt werden.[412]

Der Meister sagte: Du hast die Worte deiner Gefährten nicht übertreten, denn sie sagten: *Wer eine Mauer einreißt, den beißt eine Schlange.* Aber es hat ihn doch eine Schlange gebissen?! – Aber gegen eine Schlange der Gelehrten gibt es keine Heilung![413]

Was hatte er denn sagen wollen?[414] *Damit er durch sie*[415] *lebe* (3 Mose 18,5), und nicht durch sie sterbe.

Die Diskussion darüber wird in der Gemara noch weiter geführt, sie ist aber für unseren Zusammenhang unerheblich. Die Hauptauseinandersetzung geht darum, was für den Menschen besser ist, am Leben zu bleiben und dadurch vielleicht die kommende Welt zu verlieren, oder zu sterben und für die Ewigkeit gerettet zu werden. Das Wortspiel zwischen den verschiedenartigen Schlan-

---

407. Vermutlich das Schriftzitat.
408. Das Eingeklammerte fehlt in Handschrift München, steht aber im Druck.
409. Rabbinatskollegen.
410. Die »Mauer« ist der »Zaun«, den die Weisen um die Tora gelegt haben, damit niemand die Gebote übertrete. Vgl. Mischna Avot 1,1.
411. Sie ist schlimmer als ein Schlangenbiß. Sie schließt von der kommenden Welt aus.
412. Im Aramäischen ist dies ein Wortspiel zum Wort »beißen«.
413. Es hat ihn zwar eine Schlange gebissen, hier auf Erden, und dadurch ist er gestorben. Schlimmer wäre es aber gewesen, wenn ihn die Schlange der Gelehrten gebissen hätte, sprich, wenn er die Worte der Gelehrten übertreten hätte, dann hätte es keine Heilung in der kommenden Welt gegeben, sondern ewige Verdammnis. So ist es für ihn besser, daß der Schlangenbiß sein irdisches Leben beendet hat, als daß er die kommende Welt eingebüßt hätte.
414. Welchen Schriftvers hätte er denn zitieren wollen?
415. Die Satzungen der Tora.

genbissen, der irdischen Schlange und der Schlange der Gelehrten, entscheidet sich für die zweite Möglichkeit. So verstanden — und das ist sicher der Witz an dieser Auseinandersetzung — hätte auch Jesus sich in ähnlicher Situation wie Rabbi Jischmael verhalten.

Die Erzählung ist literarisch und inhaltlich gesehen ein Meisterwerk der Dialektik. Gerade der, der sein Leben gewinnen will, verliert es. Die Gnade, die Ben Dama erfuhr, ist, daß sein Wille nicht mehr in die Tat umgesetzt wurde, daß er rechtzeitig starb, um so sein Leben zu retten. Dies haben die Diskutanten nicht verstanden, als sie die Frage stellten: »Aber es hat ihn doch eine Schlange gebissen!?«

Dieselbe Aussage will eine Erzählung, die gerade gegenteilig endet, machen. Sie ist im jerusalemischen Talmud zweimal überliefert und wird hier nach dem Traktat Avoda Sara zitiert.[416]

Er[417] hatte einen Enkelsohn, der hatte etwas verschluckt. Da kam jemand und flüsterte ihm etwas (im Namen von Jesus ben Pandera)[418] ins Ohr, und er wurde gesund. Als er weggegangen war, sprach er[419] zu ihm: Was hat er dir gesagt? Antwortete er:

---

416. jAvoda Sara 2,2 (40d), nach Handschrift Leiden übersetzt. Parallelen finden sich jSchabbat 14,4 (14d) und Kohelet Rabba 10,5 (Wilna 26c).

417. Rabbi Jehoschua ben Levi.

418. Für die eingeklammerte Stelle ist in Handschrift Leiden freier Platz gelassen. Ein späterer Schreiber, vermutlich der Herausgeber des Erstdrucks, hat den in Klammern stehenden Wortlaut dann nachgetragen. Entweder hat schon der Abschreiber in seiner Vorlage hier eine Lücke vorgefunden, oder der Abschreiber hat in Selbstzensur diese Stelle unterschlagen, dafür aber eine Lücke gelassen. Da es sich an dieser Stelle um die einzige Handschrift handelt, die zur Verfügung steht, ist schwer zu sagen, ob der nachgetragene Text hier wirklich der Originaltext ist. Der Übersetzer von Jeruschalmi Avoda Sara, Gerd A. Wewers, schreibt in einer Anmerkung zu dieser Stelle: »Eine gelegentlich vermutete Beziehung dieser Tradition zu Jesus von Nazareth liegt nicht vor.« Zum Wort »Pandera« vgl. S. 189 f. In der Parallelstelle im Traktat Schabbat ist die Situation ganz ähnlich. Hier umfaßt die Lücke und die entsprechende Nachtragung die Worte »Jesus ben Pandera«. Das Wort »im Namen von« ist noch vorhanden. Der Midrasch Kohelet ist spät und vom Jeruschalmi abhängig. In den unzensierten Ausgaben heißt es vorher im Text: »Er ging und brachte einen der Nachfolger des Bar Pandera«.

419. Vielleicht Jehoschua ben Levi.

Das und das Wort.[420] Da sagte er: Es wäre besser gewesen, du
wärest gestorben, als dies Wort zu hören. Aber jetzt ist es für ihn
so (wie der Schriftvers sagt): *Wie ein Irrtum, der vom Herrscher
ausgeht* (Prediger 10,5).[421]

Das Interessante ist, daß es anscheinend in der Erzählung nicht
darum geht, in welchem Namen dem Kranken etwas ins Ohr
geflüstert wurde, sondern welches Wort. Ob es sich wirklich um
ein Schriftwort handelt, ist nicht ganz sicher. Dieses Wort wird
aber nicht mitgeteilt. Das ist der Witz der Geschichte. Die Aussage
ist dann doch die, sich nicht durch magische Texte besprechen zu
lassen. Der, der sich in Gottes Hand weiß, ist auf Zauberei nicht
angewiesen.

Imma Schalom und der christliche Richter[422]

Imma Schalom, die Frau Rabbi Eliesers und die Schwester
Rabban Gamliels, hatte einen Philosophen[423] in ihrer Nachbarschaft, der den Ruf hatte, er nehme keine Bestechung. Sie[424]
wollten ihn auf die Probe stellen.[425] Sie brachte ihm eine goldene
Lampe, trat vor ihn und sprach zu ihm: Ich möchte einen Anteil
am Vermögen des Patriarchenhauses erhalten. Er sprach: Teilt.
Da sagte jener:[426] Es heißt bei uns: Wenn ein Sohn vorhanden
ist, soll die Tochter nicht erben.[427] Er antwortete: Seit dem Tag,

---

420. Wahrscheinlich »das und das Bibelzitat«.
421. Das heißt, die Sache kann nicht mehr rückgängig gemacht werden. Das
     Verhängnis ist unabwendbar.
422. bSchabbat 116a/b, nach Erstdruck, Handschrift **München** und Handschrift
     Vatikan 108.
423. Einen christlichen Richter, vielleicht handelt es sich um einen Heidenchri-
     sten, da als Philosophen normalerweise Heiden im Land Israel bezeichnet
     werden. Vgl. auch die spätere Aussage »eure Tora«, »es heißt bei uns«
     und ähnliches. Der Ausdruck »Philosoph« ist sicher nicht streng zu
     nehmen.
424. Imma Schalom und ihr Bruder.
425. Oder: ihn blamieren.
426. Rabban Gamliel.
427. Inhaltlich so in 4 Mose 27,1-11.

an dem ihr aus eurem Land verbannt worden seid,[428] ist die Tora des Moses aufgehoben und das Evangelium[429] gegeben worden. Und darin steht: Sohn und Tochter erben zu gleichen Teilen.[430] Am nächsten Tag schickte er[431] ihm einen lybischen Esel. Da sprach er zu ihnen: Schaut auf das Ende des Evangeliums[432] und dort steht: Ich, das Evangelium,[433] bin nicht gekommen, um etwas von der Tora des Moses abzuziehen, sondern ich bin gekommen, (der Tora des Moses)[434] hinzuzufügen.[435] Und dort[436] steht: Wenn ein Sohn vorhanden ist, soll die Tochter nicht erben. Sie sprach zu ihm: Laß doch dein Licht wie eine Lampe leuchten. Da sprach Rabban Gamliel: Da kam der Esel und stieß die Lampe um.

Hier dient das jüdisch-christliche Zusammentreffen im Land Israel als Stoff einer Komödie. Die Erzählung spielt in der ersten Hälfte des 2. Jahrhunderts. In dieser Zeit konnte man vielleicht noch über diese Art Geschichten lachen. Das Christentum stand am Anfang seines Weges und war selbst eine verfolgte Religion. Trotzdem mutet vieles in der Geschichte anachronistisch an. Warum sollte das angesehene Patriarchenhaus von einem christlichen Richter abhängig sein noch vor der Zeit, in der das Christen-

---

428. Auch dieser Satz läßt auf eine spätere Abfassungszeit schließen, denn bis ins 4. Jahrhundert war Galiläa, die Heimat der Patriarchenfamilie, noch mehrheitlich jüdisch besiedelt.

429. *Avon giljon*. Das Wort war direkt vor dieser Geschichte zwischen Rabbinen diskutiert worden, wobei der eine es als *aven giljon*, Unheilsblätter (Rabbi Meir), und der andere es als *avon giljon*, Sündenblätter (Rabbi Jochanan), wie an unserer Stelle, aussprechen wollte. Diese ganze Diskussion fehlt in den zensierten Ausgaben. An unserer Stelle liest die Zensur: »ist euch ein anderes Buch gegeben worden«.

430. Eine solche Stelle findet sich nicht im Neuen Testament.

431. Rabban Gamliel.

432. In den zensierten Ausgaben: »das Ende des Buches«.

433. »Das Evangelium« steht im Erstdruck und in den Handschriften, nicht aber in den zensierten Ausgaben, die in diesem Fall, wohl zufällig, recht haben. Mit dem »Ich« ist natürlich Jesus gemeint.

434. Das Eingeklammerte steht im Erstdruck, nicht aber in Handschrift München. In Handschrift Vatikan fehlt der Satz ab »sondern«, ist aber am Rand nachgetragen.

435. Vgl. Matthäus 5,17f.

436. In der Tora des Moses.

tum Staatsreligion geworden war. So handelt es sich wohl auch bei
dieser Erzählung um eine Legende, die in einer viel späteren Zeit
entstanden ist und die dem berühmten Geschwisterpaar angedich-
tet wurde, um es durch seine Klugheit und seinen Humor zu
kennzeichnen. Die Humoreske sollte als solche verstanden und
nicht dazu benutzt werden, zeitgeschichtliche Umstände und ein
jüdisch-christliches Zusammenleben im Palästina des frühen zweiten Jahrhunderts daraus ableiten zu wollen. Die Erzählung verrät
eine bruchstückhafte Kenntnis des Neuen Testaments. Der unge-
rechte Richter hätte auch aus irgendeiner anderen religiösen oder
nationalen Gruppe genommen werden können, die Handlung lebt
aber von den Zitaten, wirklichen und erdichteten, des Neuen
Testaments, so daß die Erzählung in diesen Zusammenhang
gehört.

Wie ein großer Gelehrter an einem Satz Jesu Gefallen fand

Die nächste und letzte Erzählung mag den Eindruck erwecken, als
überliefere sie ein aus den Evangelien nicht bekanntes echtes
Jesuswort. Wenn man sich die Tendenz der Erzählung aber
genauer ansieht, scheint das trotzdem eher zweifelhaft zu sein. Auf
die Geschichte ist vorher schon verwiesen worden. Sie steht im
babylonischen Talmud, Traktat Avoda Sara.[437]

Unsere Meister lehrten: Als Rabbi Elieser wegen Häresie gefaßt
wurde, führte man ihn auf den Richtplatz, um ihn abzuurteilen.
Sprach zu ihm der entsprechende Herrscher: Ein Greis wie du
beschäftigt sich mit diesen törichten Dingen?! Er antwortete
ihm: Getreu ist für mich der Richter. Jener Herrscher dachte
nun, er spreche von ihm, obwohl er natürlich seinen Vater im
Himmel meinte. Da sprach er: Da ich für dich getreu bin, so

---

437. bAvoda Sara 16b/17a, nach Handschrift New York. Handschrift New
York, mit genauer Bezeichnung JTS 44830, stammt aus Spanien und ist im
Jahr 1290 geschrieben. Als eine aus Spanien stammende Handschrift ist
sie besonders zuverlässig. Die folgende Erzählung ist hier unzensiert.
Auch Handschrift München ist an dieser Stelle weder verbessert noch
radiert. Parallelstellen finden sich in tHullin 2,24 und Kohelet Rabba 1,8.3
(Wilna 4a).

sollst du, dimoss,[438] frei sein. Als er zu seinem Hause kam, traten seine Schüler bei ihm ein, um ihn zu trösten, er ließ sich aber nicht trösten. Sprach zu ihm Rabbi Akiba: Rabbi, erlaube mir, etwas zu sagen, was du mich gelehrt hast. Er antwortete ihm: Sprich! Er sagte ihm: Rabbi, vielleicht bist du mit Häresie in Berührung gekommen, und es hat dir gefallen, und deswegen bist du gefaßt worden. Er antwortete ihm: Akiba, du hast mich erinnert. Einmal ging ich auf dem oberen Markt von Sepphoris und fand einen von den Schülern Jesu des Nazareners und Jakov, der Mann aus dem Dorf Sechanja, war sein Name. Er sprach zu mir: Es steht in eurer Tora: *Bringe keinen Hurenlohn etc.* (5 Mose 23,19). Kann man daraus einen Abort für den Hohenpriester machen? Ich aber sagte ihm nichts. Er sagte mir: So hat mich Jesus der Nazarener gelehrt: *Von Hurenlohn ist es genommen und zu Hurenlohn wird es zurückkehren* (Micha 1,7), Von einem Ort des Unrats ist es genommen und zu einem Ort des Unrats wird es zurückkehren. Die Sache hat mir gefallen, und so bin ich wegen Häresie gefaßt worden. So habe ich übertreten, was geschrieben steht in der Tora: *Laß deinen Weg fern von ihr sein,* das ist die Häresie, *und nähere dich nicht der Tür ihres Hauses* (Sprüche 5,8), das ist die Obrigkeit. Andere aber sagen: *Laß deinen Weg fern von ihr sein,* das ist die Häresie und die Obrigkeit, *und nähere dich nicht der Tür ihres Hauses,* das ist die Hure.

Die Ausgangssituation kann sehr gut historisch sein, denn wer käme auf die Idee, den berühmten Rabbi Elieser einer solchen Situation auszusetzen, wenn es nicht irgend etwas Derartiges gegeben hätte. Es handelt sich um eine frühe Christenverfolgung im Land Israel durch die römische Behörde, wobei auch Rabbi Elieser aufgegriffen wird unter dem Verdacht, Christ zu sein.[439] Auch das Jesuswort macht einen unverfänglichen Eindruck, es ist nicht

---

438. Wahrscheinlich verballhorntes Lateinisch »dimissus«, entlassen. Dann wäre das Wort zweimal vorhanden, in Lateinisch und in seiner hebräischen Übersetzung.

439. Der Schammaite Elieser, der im Bann starb, erregt in keinem seiner vielen Aussprüche und in keiner Erzählung über ihn den Verdacht, ein heimlicher Christ zu sein. Wenn er doch als Christ aufgegriffen wurde, zeigt das, wie willkürlich die Behörden bei den Verhaftungen vorgingen.

antijesujanisch, sondern zeigt die halachische Klugheit Jesu, die Rabbi Elieser gefallen hat. Warum sollte man etwas so Positives über den »Erzverführer« erfinden, wenn man sich nicht an ein solches Wort erinnert hätte?

Gerade dies ist aber der springende Punkt der Erzählung. Auch diese Erzählung will keine historischen Erkenntnisse vermitteln, sondern sie ist ein sehr sorgfältig geformtes literarisches Stück, das eine bestimmte Aussage verfolgt. Die Geschichte will eine Warnung für all die sein, die sich durch den äußeren Glanz und die Argumentationskraft der Häresie blenden lassen. Auch wenn man in einem Einzelpunkt von ihr angetan ist, muß man wissen, daß sie im Letzten zerstörend wirken wird, wie eine Hure, die schön anzusehen ist; deswegen gilt es, sich von vornherein und ohne Wenn und Aber ihr fernzuhalten, denn niemand überschätze seine Abwehrkräfte. Beide Schriftzitate befassen sich mit der Hure und ihrer Verführkunst. Das Verführerische in den Worten Jesu muß also in diesem Umkreis gesucht werden, und es muß so geartet sein, daß es einem solchen Gelehrten, wie es Elieser ist, gefallen kann. Natürlich kann es sein, daß man sich an ein solches Wort Jesu erinnerte. Da dies aber die einzige historische Originalität im Talmud über den historischen Jesus wäre, ist doch eher anzunehmen, daß dies Jesuswort geschaffen wurde, um der Geschichte ihren Sinn und ihre Schönheit zu verleihen.[440]

---

440. Hinzu kommt, daß der uns außerhalb der talmudischen Literatur nicht bekannte Jakov, der Mann aus dem Dorf Sechanja, Jesus nicht persönlich gekannt haben kann. Die Geschichte spielt am Anfang des zweiten nachchristlichen Jahrhunderts, mindestens 80 Jahre nach Jesu Tod. Es könnte natürlich sein, daß es auch nach Abschluß der Evangelien noch weitere Quellen, vielleicht auch mündlicher Art, von Jesusaussprüchen gegeben hat. Es könnte auch sein, daß dieses Jesuswort wegen seines anstößigen Inhalts nicht in die Evangelien aufgenommen wurde. Aber all das scheint viel unwahrscheinlicher zu sein, als anzunehmen, das Jesuswort sei um der Geschichte willen vom Erzähler der *baraita* gebildet worden.

Widerspruch gegen die entstehende christologische Dogmatik

Im Anschluß an Erzählungen und kurze Notizen über Jesus und das frühe Christentum soll auf die rabbinische Reaktion auf die Dogmenbildung des Christentums, besonders des christologischen Dogmas von der menschlich-göttlichen Natur Jesu eingegangen werden, an deren Entstehen ja auch die heidenchristliche Kirche im Land Israel Anteil hatte, suchten doch immer mehr wichtige Kirchenväter wie Origenes das Heilige Land auf, weil sie von der Nähe der Heiligen Plätze Inspiration und Leitung erhofften. Der Talmud, der jerusalemische wie der babylonische, hat hier, ohne jemanden beim Namen zu nennen, christliche Dogmen, zum Teil aus verständlicher Rücksichtnahme vorsichtig, aber immer eindeutig zurückgewiesen. So heißt es im babylonischen Talmud im Traktat Sanhedrin[441] zum Bileamsspruch:

> *Dann trug er folgenden Spruch vor: Wehe, wer wird leben bleiben, wenn Gott dies tut* (4 Mose 24,23). Es sagte Resch Lakisch: Wehe, wer sich selbst auferweckt unter dem Namen »Gott«.

Resch Lakisch war ein Zeitgenosse des Origenes in der ersten Hälfte des 3. Jahrhunderts, der Zeit, in der sich das christliche Dogma langsam zu formen begann. Resch Lakisch liest den Bileamspruch »Wehe, wer wird leben bleiben, wenn Gott dies tut, *oi mi jichje missumo el,* leicht anders vokalisiert und mit leichten Umstellungen im Konsonantentext: Wehe, wer sich selbst auferweckt unter dem Namen Gott, *oi mi mechaje (azmo) beschem el.*
Im Jeruschalmi ist die Polemik noch deutlicher, auch an einen Bileamspruch anknüpfend:[442]

> *Gott ist nicht ein Mann, der lügt, noch ein Menschensohn, den etwas gereut* (4 Mose 23,19). ... Es sagte R. Abbahu: Wenn dir ein Mensch sagt »Ich bin Gott«, so lügt er, »Ich bin der Men-

---

441. bSanhedrin 106b. Nach allen Textzeugen. Die Stelle ist nicht zensiert, von den christlichen Zensoren also nicht als antichristlich angesehen worden.
442. jTaanit 2,1 (65b unten).

schensohn«, so wird er es schließlich bereuen, »Ich fahre auf gen Himmel«, so wird er es sagen, aber nicht erfüllen.[443]

Hiermit ist das längste Kapitel dieses Buches beendet. Es möge aufgrund dieser Länge die Leserin und den Leser nicht irreführen, als sei das hier verhandelte Thema besonders wichtig für den Talmud. Gerade das ist es, wie dieses Kapitel zeigen sollte, nicht. Unter den Abertausenden von Geschichten, die der Talmud über Wichtiges und Nebensächliches erzählt, hat er nur diese zwei Handvoll Erzählungen über Jesus und seine Jünger bewahrt, die dazu allemal noch recht peripher sind und, wie sich herausstellt, nicht einmal immer aus einem besonders tief verwurzelten Interesse am Gegenstand geschrieben wurden. Die Bilanz ist doch die, daß anderes das Judentum jener Zeit mehr beschäftigt hat. Die großen Katastrophen, die beiden Aufstände gegen Rom, waren eine größere, auch physische, Gefährdung des Judentums und eine größere Infragestellung als das entstehende Christentum. Wenn

---

443. Im unzensierten Erstdruck Saloniki des Jalkut Schimoni hat sich diese Stelle noch deutlicher erhalten. Sie ist in allen späteren Drucken aufgrund der Zensur oder der Angst davor weggefallen. Hier heißt es zur Perikope Balak, am Ende von Paragraph 765 (S. 268c): »Rabbi Elasar ha-Kappar sagt: Gott hat Kraft in seine (Bileams) Stimme gelegt und sie stieg auf von dem (einen) Ende der Welt bis zu ihrem (anderen) Ende, weil er vorrausschaute und die Nationen sah, wie sie die Sonne und den Mond anbeteten, die Sterne, Holz und Stein. Und er sah, da war ein Mensch, Sohn einer Frau, der in Zukunft aufstehen würde, sich selbst zu Gott zu machen und die ganze Welt zu verführen. So gab er Kraft in seine Stimme, damit alle Völker der Welt es hörten, und so sprach er: Richtet euren Sinn darauf, nicht nach jenem Menschen in die Irre zu gehen, wie es heißt: *Gott ist nicht ein Mann, der lügt,* und wenn er sagt, er sei Gott, so lügt er. Und er wird in Zukunft in die Irre führen und sagen, daß er davongeht und am Ende der Zeiten kommt. Er sagt es und tut es nicht. Siehe, was geschrieben steht: *Dann trug er folgenden Spruch vor: Wehe, wer wird leben bleiben, wenn Gott dies tut* (4 Mose 24,23). Es sagte Bileam: Wehe, wer lebt von jener Nation, die auf diesen Mann gehört hat, der sich selbst zum Gott gemacht hat.« — Der Jalkut zitiert das im Namen eines Midrasch »Jilamdenu«, der sich, jedenfalls zu dieser Stelle, nicht erhalten hat. Der Jalkut selbst ist ein Sammelwerk aller wichtigen Midraschim, nach Bibelstellen geordnet, der in Deutschland im 13. Jahrhundert entstand und auch einige verlorengegangene Werke in ausführlichen Zitaten bewahrt hat.

das Wenige, was der Talmud zu diesem Thema zu sagen hat, hier dennoch so vollständig zusammengestellt wurde, dann nur, um einem etwa vorhandenen Interesse der christlichen Leserschaft entgegenzukommen.

Geschichten von Frommen

Es gab zur Zeit Jesu in Galiläa eine Anzahl von Leuten, die Chassidim genannt wurden, Fromme. Ob es sich hierbei um eine wirkliche Bewegung gehandelt hat oder nur um eine Gruppe einzelner Leute, die von ihrer Umwelt als besonders fromm und herausragend angesehen wurde, ist nicht klar zu sagen. Jedenfalls haben sich in der rabbinischen Literatur an die 600 Erzählungen erhalten, die von solchen frommen Menschen berichten. Viele Geschichten beginnen mit den Worten: »Einem Frommen passierte folgendes: ...« Die meisten dieser Geschichten sind anonym. Die wenigen Erzählungen wie die von Hanina ben Dossa oder Nahum Isch Gamso, die einen Namen nennen, verweisen uns nach Galiläa und ans Ende der Zeit des Zweiten Tempels. Daß dieser Chassidismus vielleicht doch mehr als nur ein loser Verbund von Individuen war, könnte daraus hervorgehen, daß es in der rabbinischen Literatur auch Hinweise auf eine besondere chassidische Gesetzeslehre gibt, die die Frommen zu einer besonders rigorosen Einhaltung von Bestimmungen verpflichtete, wobei sie eher ihrem Gewissen als einer äußeren Norm verpflichtet waren. Dieses Verpflichtetsein einem individuellen und von außen kaum beeinflußbaren Verhaltensmuster gegenüber führte auf der anderen Seite aber auch zu Erscheinungen, die die rabbinische Autorität als Laxheit im Umgang mit den Gesetzen, besonders mit den Reinheitsgesetzen, ansah. Aus einzelnen verstreuten Bestimmungen und dem Geist der erhaltenen Erzählungen ergibt sich ein Bild, das zeigt, daß es sich um einen Verband von Menschen handelte, der am Rande des Pharisäismus angesiedelt war, hin und wieder auch in Opposition zur religiösen Führung des Pharisäismus stand oder von ihr als problematisch angesehen wurde, durch seine Popularität im Volk aber geduldet werden mußte. Für Christen und christliche Theologen dürfte diese Bewegung besonders interessant sein, sieht es doch so aus, als ob Jesus von Nazareth sich noch am ehesten in das weite Umfeld des galiläischen antiken Chassidismus einordnen läßt. Vielleicht wird das auch an den wenigen hier mitgeteilten Geschichten in diesem und den beiden nächsten Kapiteln deutlich.

Der Riß in der Mauer[444]

Man wartet die Dunkelheit (am Schabbat) nicht ab. **Unsere Meister lehrten:** Einem Frommen passierte folgendes: die Feldummauerung fiel ihm zusammen, und er dachte darüber nach, sie zu schließen. Da fiel ihm ein, daß Schabbat ist. Da verzichtete der Fromme und schloß sie nicht. Da geschah ihm ein Wunder: Es wuchs ihm ein Kapernstrauch hervor, und von ihm ernährte er sich und seine Familie.

Die Geschichte wird im babylonischen Talmud erzählt – im Anschluß an ein Stück der Mischna, das besagt, daß man den Schabbatausgang nicht abwarten darf, um dann sofort etwas zu tun. Zwei Beispiele werden in der Mischna erwähnt. Erstens: Wenn man am Ende der Stadt ist, wo die Badeanstalten sind, darf man nicht sagen: Bald ist der Schabbat zu Ende, dann kann ich als erster ins Bad hinein und brauche nicht lange zu warten. Zweitens: Jemand hat einen Spaziergang in seinem Garten unternommen. Dort sieht er viele reife Früchte und denkt: Ich warte noch etwas, bis der Schabbat zu Ende ist, dann pflücke ich die Früchte und bringe sie nach Hause.

Der Talmud bringt zur Mischna nun diese Geschichte, weil sie inhaltlich hierhin zu passen scheint.

Ein Mann – wie es gleich am Anfang heißt: ein frommer Mann – war zu seinem Feld gekommen – es wird nicht gesagt, wieso und warum – und siehe da, die Umfassungsmauer ist eingestürzt.

Noch heute haben Felder in Israel und Palästina in arabischer Umgebung häufig Umfassungsmauern, die aus den Steinen, die vom Feld aufgehoben wurden, gebaut sind und die so das Feld überhaupt erst frei zur Bebauung gemacht haben. Die Umfassungsmauer schützt das Feld vor wilden Tieren und vor Menschen,

444. bSchabbat 150b.

die das Feld als Abkürzung benutzen und es zertreten könnten. Die Umfassungsmauer signalisiert nach jüdischem Recht aber auch einen rechtmäßigen Besitzer, der Anspruch auf dieses Feld hat. Ohne die Mauer gilt das Feld als herrenlos. Ein Riß in der Mauer macht auf die Dauer das Feld schutz- und rechtlos.

Der Mann sieht mit Schrecken, was passiert ist und denkt an das Naheliegendste: die Mauer wieder aufzubauen. Die Arbeit ist leicht zu tun, die Steine werden einfach aufeinandergeschichtet. Sie brauchen nicht gemauert zu werden.

Die Geschichte sagt nicht, wie weit der Mann in seinen Gedanken gekommen ist, sondern nur, daß ihm plötzlich einfällt, daß ja Schabbat ist, der Tag, an dem jede Arbeit verboten ist. Nun, kann man sagen, zum Glück ist ja noch nichts geschehen – er hat ja nur nachgedacht, keinen Stein bisher aufgehoben und auf einen anderen geschichtet. Denken ist am Schabbat nicht verboten.

Es ist nicht ganz klar, wie die Geschichte weitergeht. Der Erzähler ist bewußt kurz und damit ungenau. Wie ist die Erzählung zu verstehen? Sollte der Fromme sich wirklich so vergessen haben, daß er die Mauer noch am Schabbat reparieren wollte? Dann wäre ihm eingefallen, daß Schabbat ist, so daß er nichts unternahm. Und siehe da, für den frommen Mann, der den Schabbat nicht bricht, wäre die Belohnung auf dem Fuße gefolgt: Ein Wunder passiert, ein Kapernstrauch schießt hervor, und der Riß ist geschlossen. Die Mauer ist ohne menschliches Zutun wiederhergestellt.[445]

Dies wäre rasche Belohnung für eine gute Tat. Hier gilt es nun einzuhalten und zu fragen: Wie fromm ist denn eigentlich die Tat, so verstanden?

Am Schabbat eine Mauer aufzurichten ist ein schweres Verge-

---

445. Den Kapernstrauch findet man in allen südlichen Ländern. Er wächst in Mauerresten, in Ruinen, in nicht gepflegten Häusern. Er hat eine so starke Wurzel, daß er ganze Mauern zerreißen kann, und er wächst so stürmisch, daß er den Riß, den er reißt, bald wieder schließt. In einigen Wochen, ja Tagen wuchert er aus einem Wurzelstumpf hervor und will zu einem riesigen Busch, der sich mit herrlichen Blüten füllt. Die Knospen dieser Blüten sind es, die zu den so wohlschmeckenden Kapern verarbeitet werden. Sie werden in Salzwasser eingelegt und sind ein begehrtes Gewürz. Kapernbüsche haben große Dornen, die die Pflücker stechen. Deswegen ist Kapernpflücken ein hartes Geschäft, bringt aber dem, der sich davon ernähren will, viel ein.

hen, ja, es ist dasselbe wie Holz zu sammeln, worauf in der Bibel Tod durch Steinigung steht.

Es ist doch wohl selbstverständlich, eine solch schwere Sünde nicht zu begehen. Ein Mann, der das nicht tut, ist nicht besonders fromm zu nennen. So, will es scheinen, ergibt die Geschichte keinen rechten Sinn und ist wohl kaum richtig verstanden. Solche plumpen Vergeltungsgeschichten mögen in der späten frommen Volksliteratur möglich sein, nicht aber im Talmud. Es heißt am Anfang der Geschichte, daß es sich um einen frommen Mann handelt − und das muß im weiteren Hergang der Geschichte zum Ausdruck kommen.

Wie soll man dann diese Geschichte verstehen? Die Geschichte beginnt merkwürdig: Erst nachdem der Mann darüber nachgedacht hatte, seine Mauer auszubessern, fiel ihm ein, daß Schabbat war. So wie der Erzähler dies bisher nicht erwähnt hatte, so war es auch dem Helden der Geschichte nicht bewußt gewesen. Es fiel ihm ein, als er über Arbeit nachdachte. Er hatte nicht an den Schabbat gedacht − wir wissen nicht, wie lange er nicht daran gedacht hatte, doch wohl nur einen kurzen Moment, einen Gedanken lang − für ihn einen Gedanken lang zu lang. Wenn wir die Geschichte genau ansehen − und das sollte man immer tun bei diesen kleinen, unscheinbaren Geschichten − fällt auf, daß da steht, »ihm« war die Mauer eingefallen. Was heißt denn das? Die Mauer war einfach umgefallen. Ein reiner Unfall − oder doch nicht? War das etwa speziell für ihn persönlich passiert? So jedenfalls versteht es der Fromme: Es war ihm am Schabbat eine Mauer eingestürzt. Das Ganze war ein Komplott gegen ihn, eine Versuchung, der er erlegen war, ein Fallstrick, in dem er sich verfangen hatte. Er hatte sich durch diese Mauer verführen lassen, für einen Moment den Schabbat zu vergessen. Er war auf die Probe gestellt worden − und er hatte kläglich versagt.

Noch einmal: Das alles hatte sich in ihm selbst ereignet, ganz subjektiv, obwohl nach außen hin nichts passiert war, der Schabbat nicht verletzt war nach objektiven Gesichtspunkten der normativen Rechtsprechung der Rabbinen. All das aber interessiert unseren Frommen überhaupt nicht. Er war auf die Probe gestellt worden − und er hatte versagt. Er war ein frommer Mann, der nur einen Maßstab kannte, und diesen Maßstab hatte er sich selbst gesetzt − und gegen den hatte er gesündigt.

Und da er ein frommer Mann war, wußte er auch, wie er darauf zu antworten hatte: Mit einem großen Verzicht, mit dem Verzicht auf sein Feld. Er beschloß an diesem Schabbat – und jetzt wußte er ganz bestimmt, daß Schabbat war, und er dachte am Schabbat noch einmal nach und beschloß – die Mauer nie mehr aufzubauen, nicht am Schabbat, natürlich nicht am Schabbat, aber auch nicht, nachdem der Schabbat zu Ende war, nicht am Ausgang des Schabbats oder am ersten Tag der Woche. Nein, niemals. Das Feld gehörte ihm nicht mehr. Er gab es auf.

Der Schluß enthält eine neue Überraschung. Es heißt hier: »Seinen Lebensunterhalt, und den Lebensunterhalt seiner Familie.« Erst jetzt erfahren wir, daß er auch eine Familie zu ernähren hatte. Aber da er sie vorher nicht erwähnte, hatte er sie in seine Überlegungen auch nicht einbezogen. Sein Entschluß war radikal. Diese Radikalität war mit praktischen Erwägungen und irgendwelchen Ausflüchten, etwa daß er ja noch für eine Familie zu sorgen habe, nicht vereinbar. Diese Frommen, das ist schon an dieser ersten Geschichte deutlich, sind keine Menschen des Kompromisses. Wenn es um die eigentliche Entscheidung geht, um die Entscheidung für oder gegen Gott, gibt es nur eine kompromißlose Entscheidung.

Nachdem dies alles klar ist und der Mann sich selbst aufgegeben hat, weil er vor seinem Schöpfer versagt hat, weil er so ganz verlassen und hilflos ist, geschieht »ihm« ein Wunder, »ihm«. Wieder wird nur passivisch gesprochen, obwohl es deutlich ist, wer das Wunder wirkt. Aber da man das nicht sieht, sondern nur glauben kann, wird der auch nicht genannt, der hinter allem steht. Der Fromme weiß es ohnehin, und nur darauf kommt es an. Darin unterscheiden sich die rabbinischen Erzählungen grundlegend von den biblischen, denn die Bibel spricht immer offen von Gott.

Es wird auch nicht gesagt, wie und wann das Wunder geschieht. Wann wächst der Kapernstrauch? Wächst der Strauch in der Nacht? Das wäre wirklich ein Wunder. Oder wächst er in den nächsten Wochen? Das wäre nach objektiven Maßstäben wieder gar kein Wunder. Die Geschichte interessiert das nicht und läßt unsere Neugier unbefriedigt, denn wichtig ist nur das eine: Für ihn ist es ein Wunder, die Antwort Gottes auf sein Tun. Er, der sich selbst aufgegeben hatte, wird von Gott nicht aufgegeben. Er wird von Gott unterhalten, er und seine ganze Familie. Ihm geschieht das Wunder. Einem anderen wäre es nicht geschehen. Es wäre allerdings auch nicht nötig gewesen. Hier war es das. Und so passierte es, allein ihm, dem Glaubenden, erkennbar.

Das Feuer im Hof des Josef ben Simai[446]

Unsere Meister lehrten: Es geschah, daß ein Feuer im Hof des Josef ben Simai in Schichin ausbrach. Da kamen die Leute von der Burg von Zippori, um zu löschen, denn er war ein Beauftragter des Königs. Er ließ sie jedoch nicht, aus Ehrfurcht vor dem Schabbat. Da geschah ihm ein Wunder: Es kam Regen herunter und löschte. Am Abend sandte er jedem von ihnen zwei Sela und dem Reiterobersten fünfzig. Als die Gelehrten davon hörten, sagten sie: Das wäre nicht nötig gewesen, denn wir haben gelehrt: Einem Fremden, der kommt, um zu löschen, sagt man nicht: »Lösche!« oder: »Lösche nicht!«

Josef ben Simai ist nur aus dieser Geschichte bekannt. Hier erfahren wir, daß er ein wichtiger Beauftragter oder ein leitender Beamter beim König war. Es kann sich nur um einen jüdischen König gehandelt haben. So ist auch die Lebenszeit dieses Josef ben Simai relativ genau bestimmbar: Die hasmonäischen Könige und Herodes der Große scheiden aus, da eine römische Besatzungstruppe in Zippori in dieser Zeit nicht denkbar ist. So bleiben nur die beiden Könige Agrippas I. oder sein Sohn Agrippas II., die von 37—44 n. Chr. bzw. von 56—95 n. Chr. regiert haben. Die Geschichte beruft sich also auf einen historischen Josef ben Simai, der im ersten nachchristlichen Jahrhundert gelebt hat.

Schichin war in der Antike eine bedeutende jüdische Stadt und war Sitz der Priesterabteilung der Söhne Jäschäbab, die in den Chronikbüchern erwähnt werden. Schichin wird mit dem heutigen Tel Bedauwie identifiziert, das 8 km nordöstlich des in unserer Geschichte erwähnten Zippori oder Sepphoris liegt. Die alte Burg von Zippori kommt auch sonst in der rabbinischen Literatur vor und genoß besonderes Ansehen, weil sie einer der Siedlungskerne bei der Rückkehr der Deportierten aus Babylonien wurde. Zippori

---

446. bSchabbat 121a.

war in den ersten nachchristlichen Jahrhunderten die Hauptstadt des westlichen Galiläa. In ihr tagte das Sanhedrin, die höchste Stelle der jüdischen Selbstverwaltung im 2. und 3. Jahrhundert, der Blütezeit jüdischer Gelehrsamkeit. Zur Zeit der römischen Herrschaft war Zippori eine der Münzstädte Palästinas. Der jüdische Charakter der Stadt kommt auch in den Münzprägungen deutlich zum Ausdruck, da vorwiegend Motive verwandt wurden, die für Juden unanstößig waren, wie die Palme, Ähren oder ein Kranz.

Die alte Burg von Zippori war im ersten Jahrhundert, wie aus unserer Geschichte hervorgeht, Sitz einer römischen Besatzungstruppe. Dies wird als bekannt vorausgesetzt, denn in der Geschichte wird nirgends gesagt, daß es sich um Römer handelte. Da aber von Fremden die Rede ist, können nur Römer gemeint sein.

Die Situation der Geschichte ist folgende: Ein Brand bricht auf dem Hof des Josef ben Simai aus. Die Höfe sind vergleichbar mit den Bauernhöfen in vielen Teilen der Welt bis auf den heutigen Tag. Um einen Innenhof gruppieren sich eine Reihe von Häusern: Wohnhäuser, Stallungen und Scheunen. Sie sind miteinander verbunden. Ein Brand kann so von einem Haus auf ein anderes übergreifen und damit das ganze Anwesen zerstören. Von weitem ist der Brand sichtbar, und so auch von der nahegelegenen Römerfestung bei Zippori. Die Römer wissen, was sie zu tun haben. Juden können am Schabbat nicht löschen. Daß es sich um einen Schabbat handelt, erfahren wir wieder nur aus einem Nachsatz.

Wenn dies eine Versuchungsgeschichte wäre, wie die Geschichte vom »Riß in der Mauer«, so käme jetzt die Belohnung für die überwundene Versuchung, am Schabbat selbst zu löschen: Die Römer treten auf den Plan, als letzte Hilfe für den schon aufgegebenen Hof.

Aber das Erstaunliche tritt ein: Josef ben Simai lehnt ab. Er akzeptiert die bequeme Hilfe nicht, die die Halacha, das jüdische Gesetz, ihm erlaubt: Heiden die Arbeit tun zu lassen, die ihm selbst verboten ist.

»Aus Ehrfurcht vor dem Schabbat« lautete seine Begründung. Josef ben Simai ist ein Mann der Öffentlichkeit, »ein Beauftragter des Königs«. Hatte sich in der Geschichte vom Riß in der Mauer alles im Herzen des Frommen abgespielt, der sich selber sein

Gewissen und Richter war, ohne Zuschauer und äußeren Richter, so ist Josef ben Simai nicht nur ein Mann der Öffentlichkeit, sondern steht auch in aller Öffentlichkeit vor seinem brennenden Hof, seinem gesamten Besitz und der Grundlage seines Einflusses, umgeben von der ganzen Dorfgemeinschaft, die noch erweitert wird um die pittoreske Erscheinung einer römischen Reitertruppe mit ihrem Kommandanten.

In dieser Öffentlichkeit von Juden und Heiden beschließt Josef ben Simai, seinen Hof, sein Vermögen Gott hinzugeben und damit allen anschaulich zu machen, daß nichts über der Heiligkeit des Schabbat steht.

Weil dieser Entschluß so radikal ist, geschieht das Wunder. »Ihm« geschieht das Wunder, ein Wunder, das gar nicht nötig gewesen wäre, wie die Rabbinen etwas unwillig konstatieren, hätte er sich an die Halacha gehalten und sich nicht ins Tun der Römer eingemischt.

Zum Schluß bleibt noch die Frage nach Sinn und der merkwürdigen Art der Bezahlung an die Römer nach Schabbatausgang. Der Betrag, den Josef ben Simai zahlt, ist durchaus beachtlich: Jeder Soldat bekommt mehr als den Wochenlohn eines Arbeiters, und der Kommandant bezieht fast ein halbes Jahresgehalt.[447] So macht die Bezahlung einen ansehnlichen Teil des geretteten Hofes aus. Wollte er vom Wunder nicht profitieren? Oder wollte er seine Stellung nicht ausnutzen? Die Geschichte gibt ja an, daß der Grund für das Kommen der Römer die hohe Stellung des Josef ben Simai war. Oder konnte und wollte er die Römer nicht verprellen und für seine eigenwillige Auslegung der Gebote bestrafen?

Vielleicht ist noch ein anderes Motiv für seine Tat ausschlaggebend. Hätte Josef ben Simai kein Geld an die Römer gezahlt, wären sie niemals mehr bei einem Brand am Schabbat erschienen. Dann hätte sich niemand mehr entscheiden können, ein braver Israelit zu sein, der nach der Norm lebt, oder ein Frommer, der ein

---

447. Daß der Hauptmann ein Mehrfaches vom Lohn der Soldaten bekommt, gehört zu der lebensnahen Beobachtungsgabe dieser Art von Geschichten, sozial ungerecht, aber realistisch. Wenn der Kommandeur nicht zum Aufsitzen befiehlt, wird nicht aufgesessen. Wenn die Soldaten nur mürrisch folgen, kommen sie zum Löschen zu spät. Es ist dieselbe Menschenbeobachtung, die sich auch in den Gleichnissen Jesu im Neuen Testament findet.

Exempel statuieren will. Mit oder gegen ihren Willen wären in Zukunft alle Höfe in Schichin bis auf die Grundmauern niedergebrandt. Nein, die Tat des Josef ben Simai bewahrt auch in Zukunft jedem die Freiheit, sich zu entscheiden, wie er sich verhalten will. Der Hassid Josef ben Simai drängt seine Haltung niemandem auf, will sie nicht zur Norm machen und verdammt seine Nachwelt nicht dazu, ein Hassid zu sein, auch wider Willen.

Die Erzählung in der Tosefta und im Jeruschalmi

Die Erzählung vom Feuer im Hof des Josef ben Simai beginnt mit der Formel: »Unsere Meister haben gelehrt«. Dies ist eine feststehende Formel zur Einleitung einer *baraita*. In diesem Fall haben wir die glückliche Situation, daß uns dieselbe Geschichte auch in der Tosefta und im Jeruschalmi überliefert ist. Die Tosefta[448] besteht ja nur aus *baraita*. Es sieht so aus, daß sich in der Tosefta die Geschichte in ihrer Rohform erhalten hat, die dann jeweils verschieden und unabhängig voneinander im babylonischen und im jerusalemischen Talmud ausgearbeitet wurde.[449] An einem solchen Beispiel ist gut zu sehen, wie babylonischer und jerusalemischer Talmud an dem überlieferten Material weitergearbeitet und es eigentlich erst geformt und eine Aussage formuliert haben. Aus diesem Grund soll hier der Text der Tosefta sowie des Jeruschalmi mitgeteilt werden.

Der Text der Tosefta[450]

Einem Heiden, der kommt, um zu löschen, sagt man nicht: »Lösche« oder: »Lösche nicht«. Es geschah, daß ein Feuer im Hof des Josef ben Simai aus Schichin ausbrach. Da kamen die

---

448. Vgl. S. 26 ff.
449. Nun kann man nicht sagen, daß zumindest der babylonische Talmud die Tosefta in der uns bekannten Form gekannt habe, das Material dieser Geschichte, das den Talmuden vorlag, wird aber der Erzählung in der Tosefta sehr ähnlich gewesen sein.
450. tSchabbat 13,9.

Leute von der Burg von Zippori, um zu löschen. Er ließ sie
jedoch nicht. Da kam Regen herunter und löschte. Die Gelehrten sagten, das wäre nicht nötig gewesen. Trotzdem sandte er am
Schabbatausgang einem jedem von ihnen einen Sela und dem
Reiterobersten fünfzig Dinare.

Die Unterschiede zur Erzählung im babylonischen Talmud sind
geringfügig, leichte Umstellungen, andere Bezahlung.[451] Es gibt
aber einen wesentlichen Unterschied, der der einfachen
Geschichte einen neuen Sinn gibt. Der babylonische Talmud hat
das Wortspiel »Löschen« — »Ehrfurcht«, auf Hebräisch *kavot
kavod* in die Mitte der Geschichte gestellt und der Geschichte
dadurch eine Richtung gegeben: Alles geschieht um der Ehre des
Schabbat willen. Hier zeigt sich, wie mit einem kleinen Eingriff aus
einer ungeformten Masse ein kunstvoll gestaltetes literarisches
Stück werden kann. Ähnliches ist bei der Verarbeitung im Jeruschalmi passiert:

Die Erzählung im Jeruschalmi[452]

Es geschah, daß ein Feuer im Hof des Josef ben Simai in
Schichin ausbrach. Da stiegen die Männer von der Burg von
Zippori herunter, um zu löschen. Er ließ sie jedoch nicht. Er
sprach zu ihnen: Laßt den Gläubiger seine Schuld eintreiben.
Sofort braute sich über ihm eine Wolke zusammen und löschte.
Am Schabbatausgang sandte er einem jedem von ihnen einen
Sela und dem Reiterobersten fünfzig Dinare. Die Gelehrten
sagten, es wäre nicht nötig gewesen.

Wieder weist die Mitte der Erzählung eine stärkere Veränderung
auf, die dem Ganzen einen neuen Sinn gibt. Der Held der
Geschichte, Josef ben Simai, ist davon überzeugt, daß nichts ohne

451. 4 Dinare sind ein Sela. Das Verhältnis ist hier also 1 zu 12,5. Im
     babylonischen Talmud war es 2 zu 50 oder 1 zu 25. Aber dies ist
     selbstverständlich unerheblich. Das Ungleichheitsprinzip ist gewahrt. Der
     Kommandeur bekommt weit mehr als der einfache Soldat.
452. jSchabbat 16,6 (15d).

Grund geschieht. So hält er es für möglich, daß der Feuerausbruch eine Strafe Gottes ist, der er sich nicht auf so einfache Weise entziehen will. Gerade an der Version des Jeruschalmi wird deutlich, daß diese Erzählung kein halachisches Beispiel für den Mischnasatz »Einem Heiden, der zu löschen kommt, sagt man nicht: ›Lösche‹ oder: ›Lösche nicht‹« ist.

Die Türen des Nikanor[453]

Nikanor, es geschahen Wunder seinen Türen. **Unsere Meister lehrten:** Welche Wunder geschahen seinen Türen?
Sie sprachen:
Als Nikanor ging, die Türen aus Alexandrien in Ägypten zu bringen, erhob sich auf dem Rückweg gegen ihn ein Unwetter im Meer, um ihn zu ertränken.
Sie nahmen eine von ihnen und warfen sie ins Meer, aber immer noch ließ das Meer nicht ab von seinem Grimm.
Als sie ihre Gefährtin[454] nehmen wollten, stand er auf, umklammerte sie und sagte ihnen: Werft mich mit ihr!
Sofort ließ das Meer ab von seinem Grimm.
Er aber war traurig über ihre Gefährtin.
Als er zum Hafen von Akko kam — tauchte sie auf und kam unter dem Rumpf des Schiffes hervor.
Einige sagen, ein Meereswesen verschluckte sie und spie sie auf das Trockene aus, und über sie sagt Shlomo »die Balken unserer Häuser sind Zedern, unserer Türen Zypressen.« Lies nicht Zypressen (berotim), sondern Bündnis des Meeres (berit jam).[455]

Die Geschichte will nachempfunden werden. Sie enthält wieder eine Reihe von Anspielungen, die sich bald erschließen, wenn man die Geschichte aufmerksam liest. Die Situation wird nicht erklärt, sie geht aber aus der Erzählung hervor. Manches bleibt allerdings auch unklar. Ist Nikanor der Stifter der Türen? Oder ist er der

---

453. bJoma 38a.
454. Den zweiten Teil der Doppeltür.
455. Es handelt sich um denselben Konsonantenbestand, der jeweils anders vokalisiert wird.

Abgesandte der Gemeinde aus Jerusalem, ihr Bote und Beauftragter? Der Name Nikanor ist griechisch und läßt auf einen ausländischen Juden schließen, der in der Diaspora, wahrscheinlich in Alexandrien, lebte.[456] Wie auch immer, der Auftrag ist klar: Türen, die für den Tempel bestimmt sind, und die in Alexandrien, der Metropole der Kunst und des Handwerks, hergestellt wurden, sicher von dort ins Land Israel zu bringen. Die Türen wurden später so berühmt, »dank des Wunders, das ihnen geschah«, daß sie den Namen des Abgesandten erhielten und überall in der rabbinischen Literatur als die Türen des Nikanors zitiert sind. Sie wurden, wie dann mehrfach erklärt wird, auch nicht, wohl zur Zeit des Herodes, mit Gold überzogen, wie alle anderen Türen des Tempels, sondern sie wurden so belassen, wie sie waren. Die Gründe dafür sind vielfältig und werden auch am Ende unserer Stelle im Talmud aufgezählt. Der wichtigste ist wohl: Die Türen waren durch ein Wunder ausgezeichnet, und dies wog mehr als Gold.

Aus den Beschreibungen des Tempels durch Josephus und die Mischna im Traktat Middot kennen wir auch den Platz der Nikanortüren. Wie auch aus der Geschichte hervorgeht, handelt es sich um eine große Doppeltür. Sie stand zwischen dem Frauenvorhof und dem eigentlichen Tempel.[457]

Beim Lesen der Geschichte entstehen sofort Assoziationen an eine biblische Geschichte, und die Variante am Schluß nimmt dann noch einmal direkten Bezug darauf: Jona, der Sturm und der Fisch. Bis in die Wortformulierungen hinein ähneln sich die

---

456. Trotz des sagenhaften Charakters der Erzählung handelt es sich bei Nikanor um eine historische Figur. Er gehört zu den wenigen in der rabbinischen Literatur genannten Persönlichkeiten, die archäologische Spuren hinterlassen haben. Auf dem Scopus-Berg bei Jerusalem ist eine Grabhöhle mit einem Ossuar, einem steinernen Gebeinkasten, gefunden worden, der folgende Inschrift in Griechisch trägt: »Dies sind die Gebeine der Kinder von Nikanor aus Alexandrien, der die Türen gemacht hat.« Zusätzlich enthält das Ossuar den Namen Nikanors noch in hebräischen Buchstaben. Nikanor war so bekannt, daß keine zusätzliche Erklärung erforderlich war.

457. Josephus, Jüd. Krieg 5,204; Mischna Middot 1,4.

Geschichten, und das ist sicher Absicht des Erzählers im babylonischen Talmud.[458]

Nach der Einleitung heißt es, »erhob sich auf dem Rückweg
gegen ihn ein Unwetter« und damit ist die ganze Zielrichtung
festgelegt, alles geht gegen ihn, dem die Türen anvertraut sind, um
zu sehen, ob er würdig ist, die Türen zum Tempel zu bringen. Wir
haben es also hier mit einer Versuchungsgeschichte auf dem Meer
zu tun, womit sie sich von der biblischen Jonageschichte unterscheidet, denn Jona wurde auf dem Meer nicht versucht. Und noch
ein anderer Unterschied zur Jonageschichte läßt sich aufführen:
Gott kommt in der talmudischen Geschichte als Handelnder nicht
vor, aber der Eingeweihte oder der Glaubende weiß natürlich, wer
hier wirkt.

Merkwürdig ist die Formulierung »erhob sich gegen ihn ein
Unwetter im Meer, um ihn zu ertränken«. War das denn die
Absicht, Nikanor zu ertränken? Es sollte doch wohl geprüft werden, ob ihm die Türen oder sein Leben wichtiger waren, oder
anders gesagt, ob er bereit war, sein Leben für die Türen zu geben.
Bloß, wie sollten denn die Türen nach Jerusalem kommen ohne
Nikanor? Und wir wissen ja nicht, wer sonst noch auf dem Schiff
war, und ob die Seeleute überhaupt wußten, um was für Türen es
sich handelte. So oder so, die erste Tür ging über Bord, nach Art
der Seeleute, das Schiff im Sturm zu erleichtern. Besser die Türen,
als daß das ganze Schiff untergeht. Dies hätte auch den Türen
nichts genützt.

Jedenfalls wird beim Überbordwerfen der ersten Tür kein
besonderer Widerstand von Nikanor vermerkt, handelt es sich
denn nicht auch um Lebensrettung, nicht nur seines Lebens,
sondern aller Menschen an Bord? Aber daß sein Tun Gott nicht
wohlgefällig war, ist deutlich an der Fortsetzung: »Aber immer
noch ließ das Meer nicht ab von seinem Grimm«. Und jetzt, im
Tosen des Sturms, nachdem schon alles zu spät ist, denn die eine
der beiden Flügeltüren ist bereits im Meer verschwunden, jetzt
klammert er sich an die nutzlose noch verbliebene Schwestertür
und sagt: Nur mit mir ins Meer. Wozu soll dies Leben denn auch
noch dienen, nachdem es seine Hauptbestimmung, die Tempeltüren nach Jerusalem zu bringen, verfehlt hat? Und siehe, wie

458. Vgl. Jona 1,5.15;2,1.11.

sinnlos dies auch erscheinen mag, diese späte Opferbereitschaft zeigt seine Wirkung: »Sofort ließ das Meer ab von seinem Grimm«. Vermutlich beginnt erst jetzt die eigentliche Versuchung. Alle sind froh; das Schiff ist gerettet und steuert sicher auf den Hafen Akko (oder in den Parallelstellen Jaffo) zu. Aber Nikanor freut sich nicht seines wiedergeschenkten Lebens, sondern trauert um die verlorengegangene Tür, ohne die die verbliebene weiterhin nutzlos ist. Die lange Fahrt bis zum Land Israel verbringt Nikanor in Trauer.

Und dies ist die Belohnung seiner Trauer. Die Tür ist plötzlich wieder da, die Rabbinen sind hier verschiedener Meinung. Manchen war das Ganze wohl zu natürlich, und sie erwarten ein massiveres Wunder für die Tempeltüren, so wie in der biblischen Jonageschichte. Wie auch immer, die Trauer oder das stille Gebet des Nikanor ist erhört und seine Übertretung ihm verziehen worden.

Geschichten von Hanina ben Dossa

Hanina ben Dossa war ein Tannait der ersten oder zweiten Generation und lebte um die Mitte des ersten nachchristlichen Jahrhunderts. Er hatte bei Rabban Jochanan ben Sakkai im Lehrhaus von Jerusalem studiert, stammte aber aus Galiläa, aus Arab bei Sepphoris. Von seinen Lehrsätzen ist nur wenig überliefert. Sie sind meist ethisch-moralischen Inhalts, wie seine Aussprüche im Traktat Avot.[459] Er war besonders als Wundertäter bekannt. Eine seiner Wundergeschichten macht sehr eindrücklich das Verhältnis der Chassidim zu Gott deutlich. Nachdem Rabbi Hanina den Sohn seines Lehrers Rabban Jochanan ben Sakkai geheilt hat, wunderte sich die Frau Rabban Jochanans, daß einem Schüler ihres Mannes

---

459. Rabbi Hanina ben Dossa sagt: Wessen Sündenscheu seiner Weisheit vorangeht, dessen Weisheit hat Bestand; wessen Weisheit aber seiner Sündenscheu vorangeht, dessen Weisheit hat keinen Bestand. Ferner sagt er: Wessen Taten mehr sind als seine Weisheit, dessen Weisheit hat Bestand; aber wessen Weisheit größer ist als seine Taten, dessen Weisheit hat nicht Bestand. Ferner sagt er: Jeden, den die Geschöpfe lieben, den liebt auch Gott; jeden aber, den die Geschöpfe nicht lieben, den liebt auch Gott nicht (Mischna Avot 3,9f.).

etwas gelang, wozu er selber nicht fähig war. Die Antwort des größten Gelehrten seiner Generation an seine Frau lautete: Wir, die Gelehrten, sind wie die Fürsten am Hofstaat Gottes. Er, der Wundertäter, ist wie der Hausknecht, der einen ständigen Zugang zum König hat, der ihn aus- und ankleidet, und den die Fürsten, die ihm an Stellung natürlich weit überlegen sind, bitten müssen, eine Audienz beim König zu vereinbaren.[460]

Rabbi Hanina ben Dossa und der Regen[461]

Rabbi Hanina ben Dossa ging über Land.
Es kam Regen und schüttete über ihm sich aus.
Sprach er vor ihm: Herr der Welt, die ganze Welt ist wohlauf, aber Hanina ist traurig.
Der Regen hörte auf.

---

460. Diese Erzählung steht in bBrachot 34b zusammen mit einer anderen Heilungsgeschichte, die an Heilungsgeschichten Jesu im Neuen Testament erinnert. Beide Erzählungen werden deshalb hier übersetzt: »Unsere Meister lehrten: Es ereignete sich, daß der Sohn Rabban Gamliels erkrankte. Da sandte er zwei Gelehrtenschüler zu Rabbi Hanina ben Dossa mit der Bitte, um Erbarmen für ihn zu flehen. Als er sie sah, stieg er in das Obergemach und flehte um Erbarmen für ihn. Als er herunterkam, sagte er zu ihnen: Geht, denn die Hitze hat ihn verlassen. Sprachen sie zu ihm: Bist du denn ein Prophet? Er antwortete ihnen: *Ich bin kein Prophet und kein Prophetensohn* (Amos 7,14), aber so habe ich es erfahren: Wenn mein Gebet leicht über meine Lippen geht, weiß ich, daß es erhört ist; wenn nicht, weiß ich, daß es zerschlagen wurde. Sie setzten sich, schrieben und vermerkten die genaue Stunde. Als sie zu Rabban Gamliel kamen, sprach er zu ihnen: Fürwahr, ihr habt nichts abgezogen und nichts hinzugefügt, denn das ist geschehen, genau zu jener Stunde hat ihn das Fieber verlassen, und er hat uns gebeten, Wasser zu trinken. – Und noch ein Geschehen von Hanina ben Dossa, als er zu Rabban Jochanan ben Sakkai ging, um Tora zu lernen. Einmal erkrankte der Sohn von Rabban Jochanan ben Sakkai. Da sprach er zu ihm: Hanina, mein Sohn, bitte für ihn um Erbarmen. Er vergrub seinen Kopf zwischen seinen Knien und bat für ihn um Erbarmen. Da sprach Rabban Jochanan ben Sakkai: Auch wenn Ben Sakkai seinen Kopf den ganzen Tag zwischen seine Knie gedrückt hätte, man hätte ihn nicht erhört. Sprach zu ihm seine Frau: Ist denn Hanina größer als du? Er antwortete ihr: Nein, aber er ist wie ein Knecht vor dem König und ich wie ein Fürst vor dem König.«
461. bTaanit 24a.

Als er nach Hause kam, sprach er vor ihm: Herr der Welt, die
ganze Welt ist traurig, und Hanina ist wohlauf.
Es kam Regen.

Eine sehr kurze Geschichte, die uns ratlos zurückläßt. Sie dient uns
hier, um den Helden der nächsten Erzählungen vorzustellen.

Was ist das für ein Mensch, Rabbi Hanina ben Dossa? Eins ist in
allen Geschichten gleich: Rabbi Hanina ben Dossa ist sehr arm.
Wenn es regnet, hat er keinen Grund zur Freude wie alle anderen,
die so sehnlich auf den Regen warten, da ihre Existenz, ihr Leben
und Gedeihen vom Regen abhängt. Er hat keinen Besitz und keine
Felder, für die der Regen unentbehrlich ist. Er hat nur seine eigene
Haut – und die wird naß.

In den meisten Wundergeschichten im Judentum steht die Bitte
um Regen und das wundersame Eintreffen des Regens im Zentrum. All die Geschichten, die von segensreichem Regen sprechen,
werden nun durch diese Erzählung unterbrochen, wo sich einer
nicht über den Regen freuen kann. Sollte er sich nicht doch
wenigstens mit den anderen freuen? Ist das ein Frommer? Oder
sollte das die Versuchung des Frommen sein, die ihn das einfachste
vom Einfachen lehren will: die ganze Welt zu bedenken? Auch im
eigenen Unglück sich mit den Glücklichen zu freuen, und am Ende
der Geschichte: auch im eigenen Glück mit den Unglücklichen zu
trauern? Und noch etwas: Was ist das für eine Gleichstellung, die
ganze Welt und Hanina ben Dossa? Ist das nicht eine Anmaßung?
Kann man denn die Welt so einfach in zwei derart ungleiche Teile
aufteilen? Wenn es eine Versuchung war, ist Rabbi Hanina ben
Dossa gestrauchelt. Und statt des Aufhörens des Regens hätte ein
Wolkenbruch Rabbi Hanina ben Dossa als Strafe hinwegschwem-
men müssen.

Da aber der Regen auf seine Bitte hin aufhört, muß die
Geschichte anders verstanden werden. Fangen wir noch einmal
von vorne an. Rabbi Hanina ben Dossa, der fromme und gottes-
fürchtige Mann, der nichts hat als sein Gottvertrauen, der auch von
den Gütern dieser Welt nichts hat, weil sie ihm unwichtig sind,
geht über Land. Wir wissen nicht, wohin und weshalb. Das ist ganz
nebensächlich. Auf jeden Fall ist es etwas, was zur Ehre Gottes
geschieht, wie das ganze Leben Rabbi Hanina ben Dossas. Wie
entrückt er auch sein mag, wie sehr er auch nicht mehr zu dieser

Welt zu gehören scheint, er ist doch ein Mensch, der friert, der ganz durchnäßt wird, wenn es auf ihn unbarmherzig von oben, von seinem Gott, herunterprasselt. Der Segen für die Welt wird zum Leiden für den Gerechten. Der »Freund Gottes« wird für das Glück der Welt bestraft.

Was Rabbi Hanina ben Dossa dazu sagt, ist nicht viel. Er weist auf diesen Zustand lediglich hin. Auf die Ungerechtigkeit der Welt. Der, der nichts hat zur Ehre Gottes, wird nun auch noch bestraft, wie zum Hohn für die besitzende Welt. Rabbi Hanina ben Dossa bittet auch nicht um das Aufhören des Regens, nicht einmal für die Zeit, wo er unterwegs ist. Er stellt nur die Ungerechtigkeit fest. Das ist alles, was er sagt.

Das ist genug, um Gott aufmerken zu lassen. Sein Gerechter leidet grundlos. Das ist ungerecht. Warum muß es gerade regnen, wenn Hanina ben Dossa unterwegs ist? Hat es nicht Zeit, bis er wieder zuhause im Trockenen ist? So erhört Gott das unausgesprochene Gebet des Rabbi Hanina ben Dossa, und der Regen hört auf.

Hanina ben Dossa kommt nach Hause. Und weil er diese Lektion, sich mit dem Glück der Welt und mit ihrer Trauer zu identifizieren, nicht nötig hat, und er jetzt sieht, daß der Spieß sich umgedreht hat und die ganze Welt leidet, wie er vorher litt, sagt er auch dies, daß die ganze Welt traurig ist. Denn daß es jetzt nicht regnet um des Gerechten willen, ist auch ungerecht, jetzt, wo der Gerechte im Trockenen sitzt. Und so regnet es.

Wie das erste und das zweite Gebet nur ein Gebet sind, so ist auch das Wunder nur eins. Hätte Hanina ben Dossa nicht das gesagt, was er sagte, als er nach Hause kam, es wäre auch nicht das geschehen, was geschah, als er auf dem Wege war. Aber das ist selbstverständlich für den Gerechten.

Kein Mensch ist unwichtig vor Gott. Aber Hanina ben Dossa hat eine besondere Nähe zu Gott. Und Gott läßt ihn nicht grundlos in der Traufe. Nicht umsonst ist die Welt im Gleichgewicht durch die Gerechten, denn in eine Waagschale gelegt, wird die ganze Welt aufgewogen durch das Gewicht des einen Gerechten in der anderen Waagschale.

Rabbi Hanina und das Schlangenreptil[462]

Unsere Meister lehrten: Einst trat ein Schlangenreptil[463] auf,
das den Geschöpfen Schaden zufügte. Da kamen sie und mel-
deten es Rabbi Hanina ben Dossa. Er sprach zu ihnen: »Zeigt
mir sein Loch.« Sie zeigten ihm sein Loch. Er setzte seinen
Fuß davor, es kam heraus, biß ihn und starb. Da nahm er es
auf seine Schultern und brachte es zum Lehrhaus. Er sprach
zu ihnen: »Seht, meine Söhne, nicht das Schlangenreptil tötet,
sondern die Sünde tötet.« Zur selben Stunde sagten sie: Wehe
dem Menschen, der auf ein Schlangenreptil trifft, und wehe
dem Schlangenreptil, das auf Rabbi Hanina ben Dossa trifft.

Auch hier scheiden Welten den Frommen von der übrigen
Schöpfung. Die ganze Schöpfung leidet Schaden, aber Hanina
ben Dossa scheint davon nichts zu merken, jedenfalls kann ihm
das Reptil nichts anhaben. Aber er ist für die Schöpfung erreich-
bar, er scheint auch ihre letzte Hoffnung zu sein. So ruft man
ihn. Ja, man muß ihn rufen, er kommt nicht von alleine. Aber
er kommt.
Rabbi Hanina ist kein Prophet, er kennt nicht das Schlupfloch
des Reptils. Er muß es sich zeigen lassen. Trotzdem kennt er die
Ursache für den Schaden. Seine Umwelt nimmt die Plage des
Schlangenreptils wie eine Naturkatastrophe hin, gegen die man
nichts machen kann. Für Rabbi Hanina gibt es keine Naturkata-
strophen, für ihn gibt es nur das eine Wirken Gottes. Der
Mensch ist den Naturgewalten nicht blind ausgeliefert, er steht
ganz in der Hand Gottes. Die Naturgewalten sind Werkzeuge
Gottes, die zu seinem Ruhme und in seinem Auftrage handeln.
So hat Gott dem Schlangenreptil den Auftrag gegeben, den
Menschen, die Geschöpfe, für ihre Sünde zu bestrafen. Der Sün-
der hat also das Reptil zu fürchten. Das ist aber kein Naturge-

---

462. bBrachot 33a.
463. Das hebräische Wort 'Arwad heißt eigentlich Wildesel, was hier aber
     nicht gemeint sein kann. Normalerweise wird es an unserer Stelle, wo
     es singulär in dieser anderen Bedeutung gebracht wird, mit Schlange
     übersetzt. Um darauf hinzuweisen, daß im Urtext nicht das gewöhnli-
     che Wort für Schlange steht, gebrauche ich hier in der Übersetzung das
     sonderbare Wort »Schlangenreptil«.

setz. Einsicht in diese Verhältnisse ist der erste Weg zur Änderung. Nirgends kann man darüber besser lernen als im Lehrhaus.

Deshalb nimmt Rabbi Hanina wie einer der alttestamentarischen Propheten die Schlange in einer Zurschaustellung auf seine Schultern und geht der atemlosen Menge voran ins Lehrhaus. Der lange Weg vom Schlupfloch der Schlange draußen vor der Stadt bis zum Lehrhaus im Zentrum der Stadt ist eine rechte Vorbereitung auf die Predigt, die da kommen muß und die nur einen Satz enthält und deshalb eindringlicher ist als tausend Worte: »Nicht das Reptil tötet, sondern die Sünde«. Der Mensch alleine ist für das verantwortlich, was er getan hat und hat es selbst verschuldet.

Sicher ist das nicht umkehrbar. Wahrscheinlich hätte auch Hanina dem Volk dieselbe Antwort wie Jesus auf die Frage gegeben: Sind die, auf die der Turm zu Siloa fiel, schuldiger als alle anderen? Diese Frage steht hier aber nicht zur Debatte. Hanina will erklären, daß es nur eine Macht in dieser Welt gibt, die göttliche. Das Wüten des Schlangenreptils hat die Sünde der Schöpfung zur Ursache, so wie die Schlangen die Israeliten in der Wüste hinrafften um ihrer Verfehlung willen.

Darum hört die Geschichte mit dem Tod der Schlange nicht auf. Die Schlange stirbt, weil sie selbst gesündigt hat. Sie hat ihren Auftrag überschritten. Sie hat einen sündlosen Menschen gebissen. Denn daß Hanina ohne Sünde ist, das geht aus der Erzählung hervor. Sie stirbt um ihrer eigenen Sünde willen. Zugleich ist ihr Tod Lehrbeispiel für das Volk. Das Volk soll durch den Tod des Reptils die wahren Zusammenhänge von Sünde und Tod lernen. Das Ganze ist nicht eine Zauberei des Wundermannes Hanina, sondern ist ein Stück des rechten Waltens Gottes. Mit dem Tod der Schlange war das noch nicht deutlich. Hier konnte man immer noch an Zauberei glauben. Gerade dem will die Predigt Haninas entgegenwirken.

Der Schluß der Erzählung ist beißende Ironie.[464] Die Predigt des

---

464. Der Schluß gehört zum ältesten Bestandteil der Erzählung und findet sich bereits in der Tosefta, die sicher das Rohmaterial für die talmudische Ausformulierung ist. Die Tosefta ist Erklärung für die Mischna Brachot 5,1: »Selbst, wenn eine Schlange sich um seine Ferse gewunden hat, soll man nicht (im Gebet) innehalten.« In tBrachot 3,20 heißt es: »Man sagte von Rabbi Hanina ben Dossa: Als er stand und betete, biß ihn ein Schlangenreptil, er aber unterbrach (das Gebet) nicht. Da gingen seine

Hanina ist ein einzigartiger Mißerfolg. Das Volk hat nichts verstanden. Statt jetzt die wahren Hintergründe zu verstehen, statuieren sie ein neues Naturgesetz: Der Spruch, wehe dem Menschen, der einer Schlange begegnet, ist jetzt zu erweitern um den Zusatz, aber wehe der Schlange, die Hanina ben Dossa begegnet. Wie weit gefehlt, und wie mißverstanden die Predigt des Hanina!

Die erste Geschichte von der Frau des Hanina ben Dossa[465]

Es sagte Rav Jehuda im Namen von Rav: An jedem Tag erschallt eine Himmelsstimme und sagt: Die ganze Welt wird um meines Sohnes Hanina willen ernährt, und Hanina, meinem Sohn, genügt eine Schote Johannisbrot von einem Schabbatabend zum anderen.

Seine Frau war es gewohnt, an jedem Schabbatabend etwas Räucherndes in den Ofen zu werfen, wegen der Schande.

Sie hatte nun eine Nachbarin, die sagte: Wir wissen doch, daß sie nichts hat. Ich will hingehen und sehen, was es ist.[466] Sie ging hin und fand den Ofen voller Brot und die Schüssel voller Teig. Da sagte sie zu ihr: Nachbarin, hol eine Schaufel, denn das Brot brennt an.[467] Der Überlieferer lehrt: Um eine Schaufel zu holen war sie gegangen, denn sie war in Wundern erfahren.[468]

Schüler und fanden es tot an seinem Loch. Da sagten sie: Wehe dem Menschen, den ein Schlangenreptil beißt, und wehe dem Schlangenreptil, das Rabbi Hanina ben Dossa beißt.« Der Grundsatz der Mischna, das Gebet nicht zu unterbrechen, auch wenn sich eine Schlange um die Ferse wickelt, ist übrigens eines der wenigen Gesetze der radikalen Frommen, die in die allgemeine Halacha aufgenommen wurden. Die Überlegung ist dabei, daß, wenn jemand im Gebet vor Gott verharrt, er in ganz besonderer Weise unter seinem Schutz steht.

465. bTaanit 24b/25a. Übersetzt nach Handschriften Vatikan 134 und München 95.

466. Im Druck steht hier: Sie ging hin und klopfte an die Tür. Sie aber schämte sich und floh ins Obergemach. Da geschah ihr ein Wunder, und sie fand den Ofen voller Brot.

467. Im Druck ist hier eingefügt: Sie sprach zu ihr: Deshalb bin ich ja nach oben gegangen.

468. Der letzte Satz steht sowohl in den Handschriften als auch im Druck.

Der Vorspann der Geschichte, die Hallstimme aus dem Himmel, ist als Einleitung für beide folgenden Geschichten zu verstehen und benennt die grenzenlose Armut der Familie Hanina ben Dossas. Wie die Geschichte vom Regen, die diesen Geschichten vorangeht, teilt sie die Welt in zwei ungleiche Teile ein: die ganze Welt und Hanina. Nur ist jetzt die Gewichtigkeit gleich zu Anfang ausgesprochen. Die Welt existiert nur aufgrund des Verdienstes Haninas, des Frommen, der hier im Vorspann von der Gottesstimme gleich zweimal »mein Sohn« genannt wird.

Dann beginnt die erste Geschichte. Die kürzere Version der Handschriften ist eindeutig die bessere und gut verständlich. Der fromme Hanina kommt mit einer Johannisbrotbaumschote eine ganze Woche lang aus. Johannisbrotbaumschoten sind die Speise der Armen und das Futter der Schweine. Es hält sich durchs ganze Jahr und ist immer Allgemeinbesitz. Hanina also lebt eigentlich von nichts oder, wie man auch sagen könnte, von der Gnade Gottes. Aber was ist mit seiner Frau? Wie es ausdrücklich in der Geschichte heißt, ist ihr das nicht genug. Sie schämt sich, daß sie nichts haben, anscheinend nicht einmal am Schabbatabend, den man doch besonders feierlich gestalten soll, wozu eine reiche Mahlzeit gehört. Sie kann das nicht ertragen, so vor den Leuten dazustehn. In ihrer Not greift sie zum Betrug. Sie räuchert. Sie tut so, als ob da etwas ist, was es ins Feuer zu legen gibt. Und indem sie von innen nach außen Zeichen sendet, lädt sie die Neugier von außen ins Innere ein.

Wenn dies eine Versuchungsgeschichte wäre, so müßte jetzt die gerechte Strafe kommen. Wie kann sich die Frau eines so gerechten Mannes, um dessentwillen die ganze Welt erhalten wird, schämen, daß sie nichts hat? Sollte es ihr nicht genug sein, an der Seite eines solchen Mannes leben zu dürfen?

Anscheinend nicht, denn sonst würde kein Wunder passiert sein, das die Frau rettet. Wenn auch das Wunder nur im Zusatz des Drucks als solches benannt wird, in den Handschriften ist es auf alle Fälle ebenso vorausgesetzt, ohne als solches bezeichnet zu sein. Das Paradoxe: Die Nachbarin entdeckt das Wunder, ohne überhaupt zu merken, daß es sich um ein Wunder handelt. Es geschieht allerdings auch nur um der Nachbarin willen und verhindert, daß sie über die Frau des Hanina triumphiert. Haninas Frau schämt sich? Ja sie schämt sich und hat ein Recht darauf. Sie ist nicht so genügsam wie ihr Mann. Sie ist keine Heilige. Sie hat menschliche Gefühle, menschliche Bedürfnisse und menschliche Schwächen. Aber sie ist nicht schlecht wie die Umwelt, wie die Nachbarin. So steht sie dazwischen, zwischen der Vollkommenheit ihres Mannes und der Schlechtigkeit ihrer Umwelt. Diese Spannung auszuhalten, ist nicht leicht, und deshalb gibt es keinen anderen Weg, dieser Frau zu helfen, als ein massives übernatürliches und handgreifliches Wunder: ein Ofen voller Brot und eine Teigschale voller Teig, und das im Haus solch armer Leute.

Aber das Wunder ist nicht dazu da, das Problem der Armut zu lösen oder das Essensproblem der Familie Haninas, des Gerechten. Das Brot verbrennt im Ofen, und ob sie irgend etwas von dem Teig für sich haben verwenden können, ist sehr fraglich. Nichts ist davon jedenfalls in der Geschichte erwähnt. Das Wunder ändert auch auf den ersten Blick nichts, weder die Bosheit der Nachbarin noch die Situation der Frau und natürlich nicht den gerechten Hanina, der in dieser wie in der folgenden Geschichte rein als Statist erscheint, als der Mann seiner Frau. Das Wunder hat allein die Aufgabe, die Welt der Frau zu retten und sie nicht auszuliefern an die Unbarmherzigkeit der grausamen Umwelt. Damit hat das Wunder aber wirklich etwas gelöst. Es hat die Frau in ihrer Welt, in ihrer Scham bestätigt. Das Wunder ist einmalig. Die Nachbarin wird nicht wieder kommen, denn sie kam nicht, um sich satt zu essen. Sie ist jetzt die Beschämte. Die nächsten Schabbate wird die Frau weiter räuchern, aber heiter und fröhlich und ohne Angst entdeckt zu werden. Das Wunder hat dafür gesorgt, daß die Welt wieder in Ordnung ist.

Es ist eine phantastische Geschichte, und deshalb paßt sie in die spätere Entwicklung jüdischer Fabulierkunst in Babylonien. Die nachgereichte Weisheit des Tradenten ist Zusatz oder bewußter Hohn gegen den Strich der Geschichte, genauso wie in den folgenden Erzählungen und in der Geschichte von dem Schlangenreptil.

Die andere Geschichte von der Frau des Hanina ben Dossa[469]

Seine Frau sprach zu ihm: Von dem Guten, das für uns verwahrt wird in der kommenden Welt, bitte um Erbarmen, daß er es dir gebe.

Er bat um Erbarmen. Und man warf ihm einen Fuß zu von einem goldenen Tisch.

Da sah er im Traum, daß alle Welt an dreibeinigen Tischen speiste, sie aber an einem mit zwei Beinen.

Sie sprach zu ihm: Bitte inständig um Erbarmen, daß man es wegnehme. Er bat um Erbarmen, und es wurde weggenommen.

Der Tradent lehrte: Das zweite Wunder war größer als das erste, denn es wird gelehrt, daß man gibt, aber nicht nimmt.

In allen Handschriften findet sich am Anfang der Geschichte, daß die Frau entschlossen ist, von den Gütern der kommenden Welt etwas zu erbitten. Diese Kühnheit der Frau entfernt sie weit von dem Idealbild einer Frau eines Frommen und rückt sie in die Nähe des einer Frevlerin. Die Geschichte beginnt also mit einer Dramatisierung, wobei man gespannt ist, wie der Erzähler diese Geschichte zu einem guten Ende führen will.

Nach der Einleitung ist die Erzählung in Handschrift Vatikan 134 in drei gleiche Teile zerlegt: Die Frau bittet um Güter der kommenden Welt. Er träumt und schweigt. Sie bittet um die Rücknahme.

Die Frau weiß, was sie will, und sie zieht ihren Mann mit in die Sache hinein. Hier beginnt die erste Versuchung für den Mann. Weist er seine Frau zurecht? Muß er das nicht? Ist es nicht ganz selbstverständlich, daß man nichts von den Gütern der kommenden Welt verlangen kann? Er aber sagt kein Wort und tut, was seine Frau ihm befiehlt.

Das Erscheinen des goldenen Tischbeins ist im Originaltext sehr knapp dargestellt. Es wird heruntergeworfen und prallt dort mit einem Knall auf. Erbeten und gegeben, aber widerwillig. Der antike Tisch mit drei Beinen, der auch auf unebenem Boden sicher steht, ist besonders geeignet für die hier verlangte Symbolik.

---

469. bTaanit 25a, nach Handschrift Vatikan 134. Die Fassung des Drucks ist am Ende der Interpretation wiedergegeben.

Anschließend träumt Hanina.[470] Dies ist doch wohl nur so zu verstehen, daß er zum zweiten Mal in Versuchung geführt werden soll. Er braucht nur seinen Mund aufzutun, und alles wird wie ein Traum ungeschehen sein. Aber er schweigt. Jemand, der in dieser Welt von einem Schabbat zum anderen mit einer Johannisbrotbaumschote zufrieden ist, ist das auch in der kommenden Welt an einem unvollkommenen Tisch. Er läßt seine Frau alleine entscheiden, er beeinflußt sie nicht. Und sie? Sie erkennt bereits an der Bruchstückhaftigkeit des Beines, das zu nichts taugt, wenn es nicht verkauft wird − aber wie kann man etwas von der kommenden Welt verkaufen? − das Unmögliche der Situation. Und jetzt, ohne Nachhilfeunterricht von ihrem Mann und ohne moralische Appelle ist sie so weit, auf alles zu verzichten und ein Leben in Entbehrung zu führen. In dieser Geschichte verändert sich die Frau. Während der Mann, der zweimal in Frage gestellt wurde und zweimal bestand, unverändert untadelig verharrt, wie es sich für den Frommen gehört, erlebt die Frau eine Verwandlung und tritt aus der Zwischenwelt von Vollkommenheit und Bosheit, in der sie sich in der ersten Geschichte befand, heraus und betritt jetzt die Welt der vollkommenen Gerechten und steht so auf demselben Podest der vollendeten Frommen wie ihr Mann, indem sie bereit war, auf das Glück dieser Welt aus Liebe zu ihm zu verzichten.

Der Tradent versucht die Leserschaft wieder irrezuführen, denn daß er selber die Geschichte so falsch verstanden hätte, ist fast nicht denkbar. Von zwei Wundern kann hier so wenig die Rede sein wie in der Regengeschichte. Denn wenn Hanina nicht zur Rückgabe bereit gewesen wäre, hätte sich die Geschichte niemals so ereignen können.

Interessant ist hier, welch psychologische Zuneigung eine talmudische Geschichte an ein altes frommes Ehepaar verwendet und wie sie das mit so wenigen Worten fertigbringt. Die Kürze, die

---

470. In den Handschriften herrscht hier keine Übereinstimmung. In Handschrift München ist es die Frau, die träumt. Entsprechend anders wird man das zu interpretieren haben: Sie träumt: Sie sieht, wie sie und ihr Mann auch in der kommenden Welt benachteiligt sind. In diesem Fall ist sie bereit, auf dieser Welt noch etwas zu leiden, aber in der kommenden Welt ein vollkommenes Leben zu haben.

Andeutungen, die Weglassungen vermögen es, wie so häufig in der talmudischen Literatur, auch diese Erzählung zu einem literarischen Kleinod umzuformen.

Zum Schluß soll auf die Unterschiede gegenüber dem Druck eingegangen werden. Sie sind in diesem Fall bedeutend. Der Druck hat den Anfang der Geschichte wohl bewußt geändert, weil er ihm zu kühn erschien. Auch sonst hat der Drucker oder seine Vorlage stärker in die Gestaltung der Erzählung eingegriffen, so daß am Ende eine andere Geschichte entstanden ist, die viel plumper ist und von einem Mißverständnis berichtet, das Gott in seiner Güte wieder in Ordnung bringt: In ihrer Not bittet sie um etwas und bekommt es. Sie merkt, daß das Erbetene aus der kommenden Welt stammt. Sie erkennt, daß sie sich geirrt hat, und will es nicht. Da es einfacher ist, dies zu verstehen, wenn man die Geschichte getrennt lesen kann, soll hier auch die Fassung des Drucks separat wiedergegeben werden, wie sie von Goldschmidt übersetzt wurde:

Einst sprach seine Frau zu ihm: Wie lange noch werden wir uns so quälen! Dieser erwiderte ihr: Was sollen wir tun? Flehe um Erbarmen, daß man dir etwas gebe. Hierauf flehte er um Erbarmen. Da ragte eine Art Hand hervor und überreichte ihm den Fuß eines goldenen Tisches. Darauf sah sie im Traum: Dereinst werden die Frommen an goldenen Tischen mit drei Füßen essen, du aber an einem Tisch mit zwei Füßen. Da sprach sie zu ihm: Ist es dir denn recht, daß alle Welt an einem ganzen Tische esse, wir aber an einem defekten!? Dieser erwiderte: Was sollen wir denn tun!? Flehe um Erbarmen, daß man ihn dir abnehme. Darauf flehte er um Erbarmen, und man nahm ihn ihm ab. Es wird gelehrt: Das zweite Wunder ist größer als das erste, denn es ist überliefert, daß man wohl gibt, aber nicht zurücknimmt.

Hanina ben Dossa und seine Tochter[471]

An einem Schabbatabend sah er, daß seine Tochter betrübt war. Fragte er sie: Meine Tochter, warum bist du betrübt? Sie antwortete ihm: Mir vertauschte sich das Essiggefäß mit dem Ölgefäß und ich habe damit das Licht für den Schabbat angezündet. Sprach er zu ihr: Meine Tochter,[472] wer dem Öl befohlen hat zu brennen, kann auch dem Essig befehlen zu brennen. Der Tradent lehrte: Es brannte und brannte den ganzen Tag, so daß man davon noch das Licht für den Unterscheidungssegen[473] anzündete.

Die Erzählung, die hier als Abschluß zu den Geschichten von Rabbi Hanina ben Dossa dienen soll – an dieser Stelle folgen im babylonischen Talmud-Traktat Taanit noch eine ganze Reihe ähnlicher Erzählungen über den »Wundermann« Hanina ben Dossa – fügt einen weiteren Zug zur »Biographie«[474] Hanina ben Dossas hinzu. Er hat auch eine Tochter, und er sieht ihre Betrübnis. Hanina ist kein weltabgewandter Heiliger, der nicht mitbekommt, was um ihn herum geschieht. Wichtiger ist aber noch ein anderer Aspekt dieser Erzählung. Die Geschichte macht sehr schön das rabbinische Grundverständnis des Wunderglaubens deutlich. Es gibt kein Naturgesetz und daneben ein Wundergeschehen, das daran erkennbar wäre, daß es vom Naturgesetz abweicht. Dies hatten die Menschen am Ende der Geschichte von Hanina und dem Schlangenreptil mißverstanden. Die Geschichte vom brennenden Essigdocht will dieses Mißverständnis aufdecken. Es gibt den handelnden Gott, der ständig in Bewegung ist, der alles leitet, der der Schlange den Auftrag gibt, die Sünder zu bestrafen, der

---

471. bTaanit 25a, wieder nach Handschrift Vatikan.
472. Im Druck ist hier der zum Duktus der Geschichte wenig passende Satz eingeschoben: »Das kann dir doch egal sein.«
473. Am Ausgang des Schabbat.
474. Dies ist sicher nicht historisch zu verstehen. Die Geschichten sind von ihrem Duktus her in Babylonien entstanden und dürften wenig historische Tatsachen festgehalten haben. Die Erzähler dieser Geschichten waren auch nicht daran interessiert. Für uns sind sie insofern wichtig, als sie zeigen, wie die Rabbinen sich das Idealbild eines Frommen vorgestellt haben.

dem Öl befiehlt zu brennen, und der, wenn es nötig erscheint, mit demselben Recht dem Essig befehlen kann zu brennen. All das ist das wunderbare Handeln Gottes, das in den sogenannten Naturgesetzen genauso wunderbar ist wie in den sogenannten Wundern. Alles ist nur dazu da, die Größe Gottes zu beschreiben und seinen Ruhm zu verkünden.

»Die Geschichten vom frommen Manne« in Tausendundeine-Nacht

Am Ende dieser Erzählungen von Rabbi Hanina und seiner Frau mag es von Interesse sein, zu sehen, welches Weiterleben sie in der orientalischen Volksfrömmigkeit und Fabulierkunst haben. Sie finden sich nämlich erstaunlicherweise auch in dem großen orientalischen Volksepos Tausendundeine-Nacht, haben hier aber ein ganz neues Gewand angenommen. Es wird von ihnen erzählt, als handle es sich um ein frommes moslemisches Paar. Trotzdem aber hat man die beiden Alten in Überschrift und Einleitungssatz nicht ihrer jüdischen Religion entkleidet. Die Erzählung ist in Tausendundeine-Nacht ein Kuriosum. Von den zahlreichen Geschichten aus dem Talmud ist wenig übernommen worden. Juden kommen in diesem Werk auch selten in so positiver Weise vor wie an dieser Stelle. Vermutlich haben die Nacherzähler keine schriftliche Quelle vorliegen gehabt, sondern haben die Geschichte so nacherzählt, wie sie sie vom Hörensagen kannten. Eindeutig ist auf der anderen Seite, daß die Erzählungen dem Talmud gleichen, wie er im Druck vorliegt und nicht wie in den Handschriften. Ein Urteil über Tiefe und religiösen Wert der einzelnen Versionen soll hier getrost der Leserin und dem Leser überlassen bleiben. Wenn die Erzählung aus Tausendundeine-Nacht hier mitgeteilt wird, so geschieht das in erster Linie um der merkwürdigen Beziehung dieser beiden so verschiedenen Werke willen, Talmud und Tausendundeine-Nacht, die hier so unterschiedlich ein und dieselbe Geschichte wiedergeben. Gerade gegenüber der epischen Breite der Schilderung in Tausendundeine-Nacht wird Form und Inhalt der talmudischen Darstellung deutlich, und damit wird auch dieses Kapitel zur Charakterisierung der talmudischen Erzählweise beitragen.

Der Anfang der Geschichte aus Tausendundeine-Nacht hat eine
weitere talmudische Erzählung verarbeitet, die hier in ihrer wohl-
tuenden Kürze zur Illustration und Einordnung des Folgenden
mitgeteilt werden soll:

»Rav Kahane verkaufte Körbe, einst wollte ihn eine Matrone
verführen. Da sprach er zu ihr: ich will gehen und mich schmük-
ken. Hierauf stieg er aufs Dach und stürzte sich auf die Erde
hinab. Da kam Elijahu und fing ihn auf. Er sprach dann zu ihm:
Du hast mich 400 Parasangen bemüht.[475] Er erwiderte: Was
anderes als meine Armut hat dies verursacht!? Da gab er ihm ein
Gefäß mit Denaren.«[476]

Die Geschichte beginnt in der vierhundertachtundsechzigsten
Nacht.[477]

Die Geschichte von dem frommen Mann unter den Kindern
Israels

»Einst lebte unter den Kindern Israel ein Mann, einer der
Besten unter ihnen; der war eifrig im Dienste seines Herrn, er
entsagte den Dingen dieser Welt und hielt sie von seinem
Herzen fern. Und er hatte eine Frau, die war ihm in allen
Dingen hilfsbereit und gehorsam zu jeder Zeit. Die beiden
verdienten ihres Lebens Notdurft, indem sie Tablette und
Fächer flochten; sie arbeiteten den ganzen Tag, und wenn der
Tag zur Rüste ging, so trug der Mann das, was sie geflochten
hatten, in den Händen fort und zog damit in den Gassen und
Straßen umher und suchte einen Käufer, dem er es verkaufen
konnte. Auch pflegten die beiden oft und lange zu fasten.
Eines Tages verrichteten sie fastend ihre tägliche Arbeit, und
als der Abend nahte, trug der Mann wie gewöhnlich das, was
sie geflochten hatten, fort und suchte jemanden, der es ihm

---

475. Dies soll wohl sagen: Hättest du keinen anderen Ausweg aus deiner
     mißlichen Lage finden können?
476. bQidduschin 40a.
477. In der Übersetzung von Enno Littmann, Die Erzählungen aus den Tau-
     sendundein Nächten. Wiesbaden 1953, Band 3. S. 720 ff.

abkaufte. Da kam er bei der Tür eines der Kinder dieser Welt, eines wohlhabenden und angesehenen Mannes, vorbei, und weil er ein schönes Antlitz und eine anmutige Gestalt hatte, so gewann die Frau des Hausherrn, als sie ihn erblickte, ihn lieb, und ihr Herz ward von heftiger Neigung zu ihm ergriffen. Ihr Gatte aber war abwesend, und so rief sie ihre Dienerin und sprach zu ihr: ›Sieh zu, ob du den Mann dort durch eine List zu uns hereinbringen kannst‹. Da ging die Sklavin zu ihm hinaus, rief ihm nach, als wolle sie das von ihm kaufen, was er in seinen Händen trug, und hielt ihn so auf seinem Wege an. – «

Da bemerkte Schehrezâd, daß der Morgen begann, und sie hielt in der verstatteten Rede an. Doch als die *Vierhundertundneunundsechzigste Nacht* anbrach, fuhr sie also fort: »Es ist mir berichtet worden, o glücklicher König, daß die Sklavin zu dem Manne hinausging, ihn anrief und zu ihm sprach: ›Komm herein! Meine Herrin will etwas von dem, was du in der Hand trägst, kaufen; aber sie möchte es zuvor ansehen und prüfen.‹ Der Mann glaubte, sie spräche die Wahrheit, und weil er nichts Arges darin sah, so ging er hinein und setzte sich nieder, wie sie ihm befahl; sie aber schloß die Tür hinter ihm. Alsbald trat auch ihre Herrin aus ihrem Gemache hervor, ergriff ihn bei seinem Kittel, zog ihn hinein und sprach zu ihm: ›Wie lange soll ich dich bitten, mit mir allein zu sein? Ich kann die Sehnsucht nach dir nicht mehr ertragen! Siehe da, das Zimmer duftet, die Speisen sind bereit gemacht; und der Hausherr ist fern in dieser Nacht. Ich will mich dir hingeben, ich, um deren Gunst die Könige und die Fürsten und die Reichen seit langem werben, ohne daß ich auch nur einen von ihnen anblickte!‹ In dieser Weise redete sie lange auf ihn ein, während der Mann seine Augen nicht vom Boden zu erheben wagte, aus Scheu vor Allah dem Erhabenen und aus Furcht vor den Schmerzen seiner Strafe, wie der Dichter gesagt hat:

Bei mancher edlen Dame war's die Scham,
Die mich ihr fernhielt und dazwischenkam.
Sie ward ein Schutz für sie; und wahrlich, schwände
Die Scham, so wäre auch ihr Schutz zu Ende.

Nun wollte der Mann sich von ihr befreien; aber er vermochte es
nicht. Darum sprach er zu ihr: ›Ich bitte dich um etwas.‹ ›Was ist
das?‹ fragte sie; und er antwortete: ›Ich wünsche etwas reines
Wasser, um es auf den höchsten Ort in deinem Hause hinaufzutra-
gen; dort will ich etwas mit ihm vornehmen und mich von einer
Unreinheit säubern, über die ich nicht mit dir zu sprechen vermag.‹
Doch sie entgegnete: ›Das Haus ist weit ausgedehnt, und es hat
mancherlei Verstecke und Winkel, und der Ort der Reinigung ist
bereit.‹ ›Ich muß aber ganz oben sein‹, erwiderte er; und so gebot
sie ihrer Dienerin: ›Führe ihn zur obersten Aussichtsterrasse des
Hauses!‹ Da führte das Mädchen ihn zur höchsten Stelle im Hause,
gab ihm das Gefäß mit Wasser und stieg wieder hinunter. Der
Mann aber nahm die religiöse Waschung vor, betete zwei Rak'as
und schaute dann auf den Erdboden hinab, in dem Gedanken, sich
hinunterzuwerfen. Als er jedoch sah, daß der Boden tief unten lag,
fürchtete er, daß er dort ganz zerschlagen ankommen würde. Dann
dachte er nach über die Sünde wider Gott und über Seine Strafe,
und es ward ihm leicht, sein Leben zu opfern und sein eigen Blut zu
vergießen; und er betete: ›Mein Gott und mein Herr, du siehst,
was über mich gekommen ist, und meine Not ist dir nicht verborgen; denn du bist mächtig über alle Dinge. Und darüber spricht die
Stimme des Herzens diese Verse:

> *An dich allein verweist des Herzens innre Stimme;*
> *Du kennst geheimer Dinge tief verborgnen Sinn.*
> *Und wenn ich zu dir spreche, ist's ein lautes Rufen:*
> *Doch in der Zeit des Schweigens weis ich auf dich hin.*
> *O du, dem sich kein andrer an die Seite stellet,*
> *Der Arme, der dich liebt, naht dir in seiner Not.*
> *Ich habe ein Herz, das, wie du weißt, zu bersten droht.*
> *Des Lebens Opfer ist das Schwerste hier auf Erden;*
> *Und wenn du es bestimmst, so wird es dennoch leicht.*
> *Willst du in deiner Huld die Rettung mir gewähren,*
> *Durch dich, o meine Hoffnung, ist sie bald erreicht.‹*

Darauf warf der Mann sich hoch von der Terrasse hinunter; doch
Allah sandte ihm einen Engel, der ihn auf seinen Flügeln trug und
ihn sicher bis zur Erde hernieder brachte, ohne daß ihm ein Leid
geschah. Als er nun unten stand, pries er Allah, den Allgewaltigen

und Glorreichen, für den Schutz, den Er ihm bescherte, und die
Gnade, die Er ihm gewährte. Dann begab er sich geradewegs zu
seiner Frau, die schon lange auf ihn gewartet hatte. Wie er nun mit
leeren Händen eintrat, fragte sie ihn, warum er so lange ausgeblie-
ben sei, was er mit dem getan habe, was er in seinen Händen
fortgetragen hatte, und weshalb er mit leeren Händen zurück-
komme. Da erzählte er ihr, in welche Versuchung er geraten sei,
wie er sich von jener Stätte hinuntergeworfen und wie Allah ihn
gerettet habe. Seine Frau aber rief: ›Preis sei Allah, der die
Versuchung von dir wandte und dir Seinen Schutz gegen das
Unheil sandte!‹ Und sie fügte hinzu: ›Lieber Mann, die Nachbarn
sind es von uns gewohnt, daß wir an jedem Abend in unserem
Ofen Feuer machen; wenn sie uns nun heute abend ohne Feuer
sehen, so werden sie wissen, daß wir nichts haben. Es geziemt sich
aber, daß wir aus Dankbarkeit gegen Allah die Not, in der wir uns
befinden, verbergen und daß wir das Fasten des vergangenen
Tages durch Fasten in dieser Nacht fortsetzen; und Allah dem
Erhabenen sei alles anheimgestellt!‹ Darauf ging sie zum Ofen,
füllte ihn mit Brennholz und zündete es an, um dadurch die
Nachbarinnen irrezuleiten; und sie hub an, ihr Werk mit diesen
Versen zu begleiten:

Verbergen will ich Not und Kummer, die ich leide;
Ich zünd mein Feuer an und täusche die Nachbarin.
Ich nehme hin, was mir des Herrn Rat beschieden;
Er nehme meine Demut vor Ihm in Gnaden hin! —«

Da bemerkte Schehrezâd, daß der Morgen begann, und sie hielt in
der verstatteten Rede an. Doch als die *Vierhundertundsiebzigste
Nacht* anbrach, fuhr sie also fort: »Es ist mir berichtet worden,
o glücklicher König, daß die Frau, nachdem sie das Feuer angezündet hatte, um die Nachbarn zu täuschen, sich mit ihrem Gatten
erhob und daß dann beide die religiösen Waschungen verrichteten
und aufstanden, um zu beten. Plötzlich kam eine von ihren Nachbarinnen herein und bat um Erlaubnis, etwas aus ihrem Ofen zu
holen. Die beiden sprachen zu ihr: ›Der Ofen steht zu deiner
Verfügung.‹ Doch als die Nachbarsfrau an den Ofen herantrat, um
das Feuer zu nehmen, rief sie: ›He, du Frau da, hol dein Brot
heraus, ehe es verbrennt!‹ Da sprach die Frau des Mannes zu

ihrem Gatten: ›Hörst du, was die Frau dort sagt?‹ ›Geh hin und
sieh nach!‹ erwiderte er; und sofort ging sie zum Ofen, und siehe
da, er war voll von feinem weißen Brot. Sie nahm die Laibe heraus
und trug sie zu ihrem Gatten, indem sie Allah, dem Allgewaltigen
und Glorreichen, dankte für Seine überreichliche Spende und die
große Güte Seiner Hände. Nun aßen die beiden von dem Brote
und tranken Wasser dazu und priesen Allah den Erhabenen.
Darauf sagte die Frau zu ihrem Manne: ›Komm, laß uns zu Allah
dem Erhabenen beten, Er möge uns etwas schenken, das uns der
Sorge um das tägliche Brot und der mühseligen Arbeit überhebt,
und wodurch Er uns dazu verhilft, uns ganz Seinem Dienste und
dem Gehorsam gegen Ihn zu weihen!‹ ›Gern‹, erwiderte er, und er
betete zu seinem Herrn, und seine Frau sprach das Amen zu
seinem Gebete. Plötzlich aber tat sich das Dach auf, und ein Rubin
fiel herab, der das Haus mit seinem Glanze erleuchtete. Da lobten
und priesen sie Gott noch inbrünstiger und freuten sich gewaltig
über jenen Rubin, und sie beteten nach Herzenslust. Als die Nacht
sich dann ihrem Ende näherte, legten sie sich zum Schlafe nieder,
und die Frau träumte, sie trete in das Paradies ein und sehe dort
viele Throne und Sessel in Reihen aufgestellt. Sie fragte: ›Was sind
das für Throne? Und was sind das für Sessel?‹ Man gab ihr zur
Antwort: ›Das sind die Throne der Propheten, und das sind die
Sessel der Gerechten und der Frommen!‹ Weiter fragte sie: ›Wo ist
wohl der Sessel meines Gatten?‹ und nannte dabei seinen Namen.
Da ward ihr gesagt: ›Der dort!‹ Und als sie auf ihn hinblickte,
entdeckte sie plötzlich ein Loch an einer Seite; sie fragte: ›Was
bedeutet denn dies Loch?‹ und man erwiderte ihr: ›Das ist die
Stelle des Rubins, der duch das Dach eures Hauses auf euch
herabgefallen ist.‹ Da erwachte sie aus ihrem Schlafe, weinend und
betrübt darüber, daß der Sessel ihres Gatten unter den Sitzen der
Frommen ein Fehl hatte. Und sie sprach: ›Lieber Mann, bete zu
deinem Herren, er möge diesen Rubin an seinen Ort zurückkehren
lassen; es ist leichter, in den wenigen Tagen auf Erden Hunger und
Armut ertragen zu müssen, als ein Loch in deinem Sessel unter den
Gerechten zu wissen.‹ Der Mann betete zu seinem Herrn; und
alsbald stieg der Rubin zum Dach empor und flog davon, während
sie ihm nachschauten. Die beiden aber lebten weiter in ihrer
Armut und ihrem Gottesdienste, bis sie vor Allah, den Allgewaltigen und Glorreichen, traten.

Nahum Isch Gamso − Ein radikaler Frommer

Zwei Erzählungen finden sich über Nahum Isch Gamso im babylonischen Talmud, und zwar zusammen im Traktat Taanit.[478] Sehr viel mehr wissen wir von diesem Mann, der auch der Lehrer Rabbi Akibas und anderer wichtiger Gelehrter gewesen sein soll, nicht. Die beiden Erzählungen sind grundverschieden. Während die erste Erzählung ganz den Geist der frühen radikalen Frommen aus dem Land Israel widerspiegelt, ist die zweite eine typische babylonische Diaspora-Geschichte, die einen ganz anderen Charakter trägt. Dies wird hoffentlich auch aus der deutschen Übersetzung ersichtlich sein. Im Urtext ist die erste Geschichte hebräisch abgefaßt, die zweite aramäisch.

Die erste Geschichte[479]

Man erzählt von Nahum Isch Gamso,[480] daß er auf beiden Augen erblindet, an beiden Händen und beiden Füßen verstümmelt und sein ganzer Körper mit Geschwüren bedeckt war, und daß er in einem Haus untergebracht war, das zusammenzubrechen drohte, wobei die Beine seines Bettes in Wasserschüsseln standen, um die Ameisen daran zu hindern, an ihm hochzukrabbeln.

Einmal wollten seine Schüler sein Bett aus dem Haus tragen und danach die Gerätschaften. Er (aber) sagte ihnen: Meine Söhne, tragt zuerst die Gerätschaften heraus und danach mein Bett, denn ihr sollt dessen sicher sein, daß solange ich im Haus bin, das Haus nicht einstürzen wird.

---

478. bTaanit 21a
479. Nach den Handschriften. Der Drucker oder seine Vorlage hat den Text besonders in der zweiten Geschichte wieder reichlich verändert. In den Anmerkungen wird auch der Text des Druckes angegeben, um eine Vergleichsmöglichkeit zu geben.
480. Eigentlich: »Nahum, der Mann gam so«, wobei »gam so« interpretiert wird − vgl. die zweite Geschichte − »auch dies (ist zum Guten)«. Ursprünglich ist Gamso oder Gimso wahrscheinlich eine Ortsangabe, so wie bei Jehuda Isch Kariot, dem Jünger Jesu im Neuen Testament. Jedenfalls gibt es eine Ortschaft in Judäa mit dem Namen Gimso, die auch in der Bibel erwähnt wird.

Sie schafften die Gerätschaften heraus und danach sein Bett. Da
stürzte das Haus zusammen.

(Darauf) sagten seine Schüler zu ihm: Rabbi, nachdem es nun
so ist, daß du ein solch offensichtlicher Gerechter bist, wie ist dir
dieses alles zugestoßen?

Da antwortete er ihnen: Meine Söhne, ich habe es mir selber
zuschulden kommen lassen. Denn eines Tages befand ich mich
auf dem Wege zu meinem Schwiegervater, wobei ich drei Esella-
sten mit mir führte, eine mit Eßwaren, eine mit Getränken und
eine mit verschiedenen Köstlichkeiten. Da kam ein Mann,[481]
stand vor mir auf dem Weg und sprach zu mir: Rabbi, gib mir zu
essen. Ich sagte ihm: Warte, bis ich abgeladen habe von dem
Esel. Ich hatte nicht zu Ende abgeladen von dem Esel, als seine
Seele aus ihm ausfuhr. (Da) ging ich hin, warf mich auf sein
Angesicht und sprach: Meine Augen, die sich nicht über deine
Augen erbarmt haben, sollen blind werden, meine Hände, die
sich über deine Hände nicht erbarmt haben, sollen verstümmelt,
meine Beine, die sich über deine Beine nicht erbarmt haben,
sollen abgehackt werden. Und mein Verstand kam nicht eher
zur Ruhe, bis ich sagte: Mein ganzer Körper möge sich mit
Geschwüren bedecken.

Sprach zu ihm Rabbi Akiba: Wehe mir, daß ich dich so sehe.
Sprach er zu ihm: Glücklich bist du, daß du mich so siehst.[482]

Die Erzählung besteht aus zwei Teilen, der entsetzlichen Wirklichkeit, in der Nahum Isch Gamso zu leben hat, sowie der wunderba-
ren Erfahrung der Schüler des »Gerechten« auf der einen Seite und
der Erzählung des Nahum, die davon berichtet, wie er in diesen
Zustand gekommen ist, auf der anderen Seite. Der anschließende
Wortaustausch zwischen Rabbi Akiba bzw. Schülern und Lehrer
dient als Schlüssel zum Verständnis der Erzählung.

In dieser Beziehung ist die Geschichte typisch palästinisch mit
einer klaren Botschaft, die allerdings in ihrer Radikalität an die
Grenze des Verständlichen führt. Unmittelbar erinnert sie an
radikale Sätze Jesu wie: Wenn dich deine Hand stört, ins Himmel-

481. Im Druck: Ein Armer.
482. Im Druck heißt es: Sprachen sie zu ihm: Wehe uns, daß wir dich so sehen.
     Sprach er zu ihnen: Wehe mir, wenn ihr mich nicht so sehen würdet.

reich zu kommen, hacke sie ab.[483] Diese talmudische Geschichte zeigt den Hintergrund solcher Aussagen im Neuen Testament, an deren Radikalität man sich seit den frühen Tagen des Kindergottesdienstes, wo sie einem schonend und entschärft beigebracht wurden, längst gewöhnt hat, so daß ihre Radikalität nicht mehr anstößig ist und empört.

Zurück zur talmudischen Geschichte: Es ist ein Gebot des rabbinischen Judentums, den Bedürftigen zu geben. In unserer Erzählung wird aber deutlich, daß dies Nahum Isch Gamso auch vorhatte. Seine einzige »Sünde« ist, daß er den kritischen Zustand des Mannes nicht rechtzeitig erkannte und seine Hilfe zu spät kam. Dies ist tragisch, verwickelt den irrenden Nahum aber in keine objektive Schuld. Vor der Halacha, dem religiösen Gesetz, ist er nicht schuldig geworden. Dies aber kümmert den entschiedenen Frommen nicht. Vor seinem Gewissen hat er versagt, und der Tod dieses Mannes ist seine persönliche Schuld, für die es keine Vergebung gibt, es sei denn durch eine solche radikale Tat und Selbstverstümmelung, wie er sie hier vornimmt. Der Schluß zeigt wie auch schon der Anfang des ersten Teils, daß Nahum Isch Gamso ein Begnadigter ist, dem Gott verziehen hat.

Dies ist eine Welt der Frömmigkeit, die mit der normalen Religiosität und Ethik nicht mehr in Einklang zu bringen ist. In dieser Welt ist alles verkehrt. Der in größtem Elend lebende Mensch ist gerade der größte Fromme und Begnadigte. Äußeres Bild und Eigentlichkeit klaffen weit auseinander. Das zu verstehen sind die Schüler nicht in der Lage. In dieser ihrer Schwere, aber auch in dieser Einfachheit ist dies eine typisch palästinische Geschichte. Anders die folgende.

Die zweite Geschichte[484]

Und warum nannte man ihn Nahum Isch Gamso? Weil er zu allem, was ihm zustieß, sagte: Auch dies[485] ist zum Guten.

---

483. Matthäus 5,30.
484. bTaanit 21a, im Anschluß an die vorhergehende Geschichte.
485. Auf Hebräisch: *gam so*.

Einmal wollten die Gelehrten dem König Kaiser[486] ein Geschenk senden. Da sprachen sie: Wer soll gehen? Es soll Nahum Isch Gamso gehen, denn er ist in Wundern erfahren. Da sandten sie ihn damit aus.[487] Als er in jener Herberge[488] einkehrte, kamen in der Nacht die Herbergsleute und nahmen es weg und füllten es mit Erde.[489] Als er dort[490] hin kam, wurde die Kiste geleert und es fand sich darin Erde.[491] Da wollte der König sie alle[492] töten, indem er sprach: Die Juden verspotten mich. Da sagte er: Auch dies ist zum Guten.[493]

Da kam Elijahu in der Gestalt einer der ihren.[494] Er sprach zu ihnen: Vielleicht ist dies Erde von der Erde Abrahams, ihres Vaters; wenn er Erde warf, wurde sie zu Schwertern und Stroh wurde zu Pfeilen, wie es heißt: *Er macht wie Staub sein Schwert und wie verwehtes Stroh seinen Bogen* (Jesaja 41,2).[495] Es war aber ein Land, das sie nicht hatten erobern können. Sie probierten sie[496] aus und eroberten es. Da führten sie ihn in die Schatzkammer und füllten seine Kiste mit Edelsteinen und Perlen.[497]

---

486. Im Druck heißt es: Einmal wollten die Israeliten dem Haus des Kaisers ... Dies ist selbstverständlich eine Glättung des Textes. Der Text der Handschriften zeigt zum ersten, daß nach rabbinischem Verständnis die eigentliche Führung des Volkes die Rabbinen sind, zum anderen macht die Kombination »König Kaiser« deutlich, daß man in Babylonien den Titel »Kaiser« als Eigenname verstand.

487. Im Druck: Da sandten sie ihn mit einer Kiste von Edelsteinen und Perlen.

488. Der Ausdruck »jene Herberge« ist vielleicht ein Aramäismus, vielleicht ist er aber auch mehr als das, deshalb wurde er hier in der Übersetzung belassen. Vgl. das Ende der Geschichte.

489. Hier folgt im Druck völlig irreführend der Satz: Am Morgen, als er es sah, sprach er: Auch dies ist zum Guten.

490. Zum Kaiser.

491. Der Satz »wurde die Kiste ...« fehlt im Druck.

492. Alle Juden.

493. An dieser Stelle fehlt der Satz im Druck.

494. Der Römer.

495. In der Lutherübersetzung heißt es: »Sein Schwert macht sie (Völker und Könige) wie Staub und sein Bogen wie verwehte Spreu.« Die rabbinische Geschichte versteht den Spruch in der wörtlichen Weise wie oben übersetzt.

496. Die Erde.

497. Im Druck noch: Und schickten ihn mit großer Ehrerweisung fort.

Als er zu dem Haus jener Wirtsleute kam, fragten sie ihn: Was hast du ihnen gebracht?[498] Sprach er zu ihnen: Was ich von hier mitnahm, habe ich dorthin gebracht.[499] Da schickten sie von der Erde[500] und sprachen zu ihm: Jene Erde, die man dir brachte, ist von der unsrigen. Sie prüften sie, und es bewahrheitete sich nicht. Da töteten sie jene Wirtsleute.

Mit der Einleitung will die Geschichte den Namen des Helden erklären. Der Ausspruch: *gam so letova,* auch dies ist zum Guten, kommt denn auch im Herzstück der Geschichte vor und ist in ihrem Aufbau der Wendepunkt des Geschehens.[501]

Die Geschichte selbst atmet merklich einen anderen Geist als die vorhergehende Erzählung. Schon die Ausdrücke scheinen aus einer anderen Welt zu stammen. Die Juden befinden sich in der Diaspora, in ständiger Furcht vor der Obrigkeit. Um überhaupt am Leben bleiben zu können, muß man Geschenke an den König senden, um ihn günstig zu stimmen. Aber auch das ist gefährlich und mit normalen Mitteln nicht zu bewerkstelligen. Nur ein Wunder kann die Juden aus dieser Situation retten. Und dieser Wundermann ist der bekannte Nahum Isch Gamso. Wenn man die Geschichte weiter verfolgt, scheint er ja gerade am ungeeignetsten zu sein, in seiner passiven Arglosigkeit. Aber vermutlich liegt hier gerade die Aussage der Geschichte. Menschliche Vorsicht, Klugheit und Stärke nützen hier nichts, sondern allein die — in der Gestalt des Propheten Elia — allgegenwärtige Hilfe Gottes.

Dies ist wohl auch der Sinn des Satzes »Auch dies ist zum Guten« genau an der Stelle, an der nach menschlichem Ermessen alles aus ist, nicht nur das persönliche Schicksal des Gesandten, sondern das Geschick seiner gesamten Nation. Und weil der Gesandte diesen Glauben hat — es ist tatsächlich die einzige Reaktion, die der Wundertäter in der ganzen Geschichte bisher gezeigt hat —, tritt die Wende ein. Dies geschieht in Form des in den Raum gestellten Wortes »Vielleicht«. Vielleicht ist dies gar keine gewöhnliche Erde. Interessant ist nun das Zitatenspiel des

---

498. Im Druck folgt hier: Daß sie dich in solcher Ehrerbietung wegschickten.
499. Im Druck folgt hier: Da rissen sie ihr Haus nieder.
500. Der Druck ergänzt: Zum Haus des Königs.
501. In den Handschriften, nicht im Druck.

großen Gottesmannes Elia, als römischer Edelmann verkleidet, der seine heidnischen Partner mit einem Bibelzitat übertölpeln kann, denn das Zitat meint ja das genaue Gegenteil des Ausgesagten.[502]

Ein Rätsel bleibt das Ende, und es scheint so, als verschwende der Erzähler gerade auf diesen Nebenzug der Geschichte, auf die Charakterisierung der Gegenspieler — die negativen Helden, die eigentlichen Schufte in dieser Geschichte neben dem gottvertrauenden Helden — seine besondere Aufmerksamkeit. Warum kehrt Nahum Isch Gamso in »jener Herberge« wieder ein? Wollte er sich an den Wirtsleuten rächen? Wer sind »jene Wirtsleute«? Der Verdacht liegt nahe, als wolle der Erzähler hier eine Gruppe verantwortungsloser Juden geißeln, die nicht nur nicht davor zurückschrecken, einen armen Juden in seinen sicheren Tod laufen zu lassen, sondern die es auch nicht schert, wenn die ganze eigene Nation dadurch zum Untergang verurteilt wird. »Jene Herberge« ist dann also eine jüdische Herberge, in die man als Jude selbstverständlich einzukehren pflegt.

Die eigentliche Sinngebung der Geschichte wird an diesem Gegensatz von Nahum Isch Gamso auf der einen Seite und den jüdischen Wirtsleuten auf der anderen Seite auch besonders deutlich. Sie wollen nur Edelsteine und Perlen und — nach dem Druck — königliche Ehrungen. Sie verkennen, was der eigentliche Schatz Israels ist: das Gottvertrauen, der Glaube, daß Gott auch in der größten Not hilft. Sie hängen ganz an der Materie und verstehen nicht, daß das Eigentliche das ist, was Gott mit der Materie anfängt. Nur durch Gottes Handeln bekommt die Materie ihren Wert, und dann ist es einerlei, ob es sich um Edelsteine oder um scheinbar wertlose Erde handelt.

---

502. Schwerter werden zu Staub, Pfeile zu verwehtem Stroh und nicht umgekehrt.

Epilog

Vom Sinn des Talmudlesens

Wir sind am Ende einer langen Reise, die die meisten der Leserschaft in ein unbekanntes Land geführt hat. Es ist wie ein Besuch
in einem fremden Land, dessen Sprache man nicht spricht, und
dessen Einwohner ganz unbekannt aussehen. Man läuft durch das
verwirrende Labyrinth von Straßen und Gassen und wirft einen
verstohlenen Blick durch den Spalt einer angelehnten Tür in das
Innere der Häuser. Und doch, zu Hause heil wieder angekommen,
ist man verzaubert, vielleicht auch verstört, in jedem Fall aber
berührt von dieser fernen Welt. Manchmal kann man die Reise
nicht antreten. Man sieht nur ein Bild von diesem Land oder findet
einen Reiseprospekt. Ein solcher Reiseprospekt will diese Einleitung in die Welt des Talmud sein.

Die hier gebotene Textauswahl umfaßt nicht einmal ein Prozent
des Talmud. Auch die Themenwahl ist beschränkt, in der Absicht,
weniges eher gründlich als mehr nur oberflächlich darzubieten.
Aber da jede Einzeldarstellung eines gesetzlichen Problems oder
eine jede talmudische Erzählung eine Welt für sich und in sich
abgeschlossen ist, vermag vielleicht auch diese Auswahl eine Fen-
steröffnung in das große Gebäude des Talmud zu sein.

Es kommt immer darauf an, aus welcher Ursache man etwas
kennenlernen will. Jahrhundertelang haben Christen den Talmud
gar nicht zur Kenntnis genommen und schlimmer, haben ihn
verbrannt, weil er die christliche Wahrheit zu gefährden schien.
Später haben Christen begonnen, den Talmud zu studieren, um ihn
besser bekämpfen zu können, wie Johann Andreas Eisenmenger.
Daneben gab es, seit der Zeit der Humanisten, aber immer auch
Christen, die den Talmud dafür studiert und benutzt haben, das
Christentum und das Neue Testament besser zu verstehen. An
diese Tradition heute anzuknüpfen, ist besonders für Theologen
eine unentbehrliche Notwendigkeit. Wissenschaftlich ist es heute
unhaltbar, das Neue Testament nur von seiner griechischen
Umwelt erklären zu wollen. Das Neue Testament ist ein jüdisches
Buch. Während die drei ersten Evangelien der pharisäischen Welt,
und damit der Welt des Talmud, obwohl dieser viel später erst zu

Ende formuliert wurde, nahesteht, berühren sich die späteren
Schichten des Christentums, der Hebräerbrief, der erste Brief des
Petrus, das johannäische Schrifttum, der Teil des neuen Testa-
ments, den der führende Neutestamentler der letzten Generation
Rudolf Bultmann als »das Kerygma der hellenistischen Gemeinde«
bezeichnet hat, stärker mit Qumran als mit hellenistischem Geist.
Das gilt schließlich sogar für Paulus.[503]

Aber auch für einen Christen, der das heutige Judentum verstehen will, ist das Studium des Talmud unerläßlich. Das Judentum
hat als sein Grundbuch den Talmud. Erst die Talmudlektüre macht
mit den vielen Gebräuchen des Judentum bekannt, die dem Unein-
geweihten bizarr, unlogisch, haarspalterisch oder an den Haaren
herbeigezerrt, immer aber fremd erscheinen mögen. Ein gewisser
familiärer Umgang mit dem Talmud macht auch heimisch in der
weiten Welt des Judentums. Er verbindet die so verschiedenen
Gebräuche und Lebensweisen der Juden, seien sie so weit voneinander entfernt wie die Juden in den Bergen des Atlasgebirges, in
der lybischen Wüste, im Kaukasus, im Jemen oder aber auch in
Manhattan und Brooklyn, in Berlin oder Johannesburg. Judentum
ist ohne Talmud nicht zu verstehen, nicht einmal das profane
Judentum in Israel.

Es gibt natürlich auch noch einen anderen Weg, sich mit dem
Talmud zu beschäftigen. Man kann ihn als Niederschlag einer
großen Literatur ansehen, die es lohnt, um ihrer selbst willen
studiert zu werden, als ein Werk einer reichen Kultur, als Ausdruck einer Zeit, die versucht mit den Fragen, die an die menschliche Existenz gestellt sind, fertig zu werden. Zweifellos ist für den
Außenstehenden die Beschäftigung mit dem Talmud aus dieser
Triebfeder heraus das Aufregendste. Der Talmud ist kein Buch
einer Sekte, einer kleinen Gemeinschaft, die nicht über sich selbst
hinausschauen kann. So sind die Probleme, die die Autoren des
Talmud umgetrieben haben, nicht immer speziell jüdische. Natürlich sahen sich die Rabbinen in einer von Gott abgefallenen Welt,
die in die Irre geht, die es mitsamt der eigenen Gemeinschaft zu
retten galt. Aber in dem grundsätzlichen Infragegestelltsein als
Mensch, in dem Suchen nach dem Sinn des menschlichen Lebens,

---

503. Vgl. David Flusser, Das essenische Abenteuer, Winterthur 1994,
   S. 110 ff., und Michael Krupp, Qumran-Texte, a. a. O., S. 199.

in dem Umgang mit Mitmensch und Umwelt, in seiner Auser-
wähltheit als Mensch vor Gott und Engeln, wie Moses, der in den
Himmel stieg, um die Tora auf die Erde zu holen – erlangt der
Talmud zuweilen Dimensionen, die eine Botschaft für die ganze
Welt enthalten wie die Bibel, die der Hauptgegenstand des Talmud
ist.

Zum Schluß bleiben die zahlreichen Kurzerzählungen, Gleichnisse und Aussprüche, die wie Rätsel anmuten, die in eine Welt
führen mit keinem Ausgang, Gleichnisse, die nicht aufgehen, in
denen die Bilder in eine andere Dimension der Wirklichkeit über-
leiten, wobei manchmal der Eindruck entsteht, daß es dem jüdische Dichter aus Prag, Franz Kafka, noch am ehesten gelungen ist,
sie in ihrem Wesen zu erfassen und nachzuschreiben.

Ein Anhang

Jesus, der Feigenbaum und die Zeichen des Messias

12 Und des anderen Tages, da sie aus Bethanien gingen, hungerte ihn. 13 Und er sah einen Feigenbaum von ferne, der Blätter hatte; da trat er hinzu, ob er etwas daran fände. Und da er hinzukam, fand er nichts als nur Blätter; denn es war nicht die Zeit für Feigen. 14 Und Jesus hob an und sprach zu ihm: Nun esse von dir niemand mehr eine Frucht ewiglich! Und seine Jünger hörten das. 15 Und sie kamen nach Jerusalem. ... 19 Und des Abends gingen sie hinaus aus der Stadt. 20 Und als sie am Morgen an dem Feigenbaum vorübergingen, sahen sie, daß er verdorrt war bis auf die Wurzel. 21 Und Petrus dachte daran und sprach zu ihm: Rabbi, siehe, der Feigenbaum, den du verflucht hast, ist verdorrt.[504]

Diese Begebenheit, die auch bei Matthäus[505] mitgeteilt ist, hat die Ausleger ratlos zurückgelassen. Obwohl in Markus ausdrücklich vermerkt ist, daß es nicht die Zeit der Feigen war, haben die Exegeten einen ganzen botanischen Wald von Feigenbäumen mit ihren verschiedenen Reifestadien heraufbeschworen, um einen Sinn in das Ansinnen Jesu zu bekommen, vor Pessach, Ende März oder Anfang April, reife Feigen zu finden. Im gebirgigen Jerusalem gibt es aber nur den sogenannten »gemeinen Feigenbaum« oder *ficus carica*. Dieser Baum setzt schon im Frühling, bevor die ersten Blätter kommen, kleine Feigenfrüchte an, die sogenannten »Frühfeigen«, die im Niederland ab Juni, in Jerusalem ab Juli reif werden. Danach, wenn die ersten Blätter da sind, entwickelt der Baum ständig neue Früchte, die sogenannten »Spätfeigen«, die ab dem Hochsommer im August bis zum Eintreffen des Winters, Ende November oder Dezember, fast täglich reife Feigen spenden. Diese Eigenart des Baumes hat den Rabbinen zu vielen Gleichnis-

---

504. Markus 11,12-15;19-21. Nach der Luther-Übersetzung.
505. Matthäus 21,18-20. Hier fehlt der Hinweis darauf, daß es nicht die Zeit der Feigen war. Außerdem ist die Szene stark zusammengezogen, der Feigenbaum verdorrt auf der Stelle und vor den Augen der Jünger.

erzählungen gedient. Nach einer Tradition war es auch der Feigenbaum, dessen Früchte Eva und Adam im Paradies zum Fallstrick
wurden, deswegen waren es auch Feigenblätter, die ihre offen-
sichtliche Blöße nach dem Sündenfall bedeckte. Auch im Neuen
Testament kommt der Feigenbaum als Symbol für die heranrei-
fende Zeit vor. So sagt Jesus zu seinen Jüngern, als er von den
Zeichen der Endzeit redet: »An dem Feigenbaum lernet ein
Gleichnis: Wenn sein Zweig jetzt treibt und die Blätter kommen,
so wisset ihr, daß der Sommer nahe ist. So auch ihr: Wenn ihr das
alles sehet, so wisset, daß es nahe vor der Tür ist. Wahrlich, ich
sage euch: Dies Geschlecht wird nicht vergehen, bis daß dieses
alles geschehe.«[506] Dieses Jesuswort ist hintergründiger, als es auf
den ersten Blick ausschaut.

Es ist fraglich, ob die Jünger oder später die Evangelisten die
wahre Bedeutung der Handelsweise Jesu verstanden haben. In
Matthäus und Markus wird das Ereignis im Zusammenhang mit
dem rechten Beten erzählt. Die Jünger sind erstaunt, wie schnell
der Baum vertrocknen konnte, und Jesus sagt ihnen: Wenn ihr
Glauben habt, könnt ihr mehr als das. Wenn die Szene aber
ursprünglich ein Lehrstück über das rechte Beten hätte sein sollen,
so wäre es verständlicher gewesen, wenn Jesus am Feigenbaum zur
Unzeit Frucht gefunden hätte. Denn wenn es dem Glaubenden
möglich sein soll, einen Baum zum Vertrockenen zu bringen, so
doch auch, Früchte frühzeitig reifen zu lassen.[507]

---

506. Matthäus 24,32-34.
507. In den talmudischen Erzählungen gibt es einige, die gerade dies zum
     Thema haben, so in bTaanit 24a, die Geschichte vom Sohn des Rabbi
     Josse aus Joqrat: »Was war mit seinem Sohn? Einmal hatte er Tagelöhner
     auf dem Feld. Es wurde spät, und er hatte ihnen noch nichts zum Essen
     gebracht. Da sprachen sie zu seinem Sohn: Wir haben Hunger. Sie saßen
     gerade unter einem Feigenbaum, da rief er: Feigenbaum, bringe deine
     Früchte empor, damit die Arbeiter meines Vaters zu essen haben. Er
     brachte sie hervor und sie aßen. Darauf kam der Vater und sprach zu
     ihnen: Nehmt mir die Verspätung nicht übel, ich war mit der Ausübung
     eines Gebots beschäftigt, die mich bis jetzt aufgehalten hat. Sie antworte-
     ten: Möge der Barmherzige dich sättigen, wie dein Sohn uns gesättigt hat.
     Er fragte: Wie? Sie antworteten, so und hat es sich zugetragen. Da sprach
     er zu ihm: Mein Sohn, du hast deinen Schöpfer belästigt, Feigen nicht zu
     ihrer Zeit hervorzubringen, so mögest auch du nicht zu deiner Zeit
     eingesammelt werden.« Die Erzählung ist voller Anspielungen, auf die

Wahrscheinlich ist diese Stelle aber auf dem Hintergrund einer talmudischen Aussage anders zu verstehen. Am Ende des Traktats Ketuvot[508] heißt es:

> Rav Hija bar Aschi sagte im Namen Ravs: Zukünftig werden die leeren Bäume im Land Israel Früchte tragen, wie es heißt: *Denn der Baum trägt seine Frucht, Feigenbaum und Weinstock geben ihre Kraft* (Joel 2,22).

Die zukünftige Zeit ist die Zeit des Messias. Im Satz zuvor heißt es: »Im Zeitalter, in dem der Sohn Davids kommen wird«. Das Schriftzitat spricht vom Feigenbaum und vom Weinstock, den beiden symbolischen Fruchtbäumen des Landes Israel. Die Früchte beider gehören zu den sieben Früchten des Heiligen Landes, deren Erstlinge in den Tempel zu bringen sind. Wenn diese Auslegung richtig ist und Jesus diese Tradition gekannt hat, so könnte er davon überzeugt gewesen sein, daß jetzt, wo er als Messias offenbar werden wird, der »leere Feigenbaum« auch zur »Unzeit« Frucht tragen wird, weil die »Zeit« erfüllt ist.

Aus einer ganz anderen Quelle, die wiederum, allein für sich genommen, rätselhaft, zusammen mit der Talmudstelle aber verständlich ist, läßt sich auf die richtige Auslegung dieser nur in Andeutungen redenden Talmudstelle schließen. So ergänzen sich die Stellen gegenseitig. In dem bereits zitierten Buch des dänischen Theologen Ludwig Holberg findet sich folgender merkwürdige Passus:[509] »Wie David, ein Enkel des großen Maimonides, von den vornehmsten Juden wegen der Zeit befragt ward, da der Meßias

---

hier nicht eingegangen werden kann. Ein Schüler des Josse aus Joqrat erzählt sie, um damit zu begründen, warum er seinen Lehrer verlassen hat. Josse aus Joqrat ist ein bekannter Frommer. In der Ausübung einer Gott wohlgefälligen Tat, die nicht aufschiebbar ist, hat er seine Pflicht gegenüber seinen Arbeitern vernachlässigt, die er nach dem Gesetz zu verköstigen hat. Aber der Mensch hat Zeit, um einer höheren Sache willen ist sie zur Not dehnbar. Im Gegensatz dazu hat die Natur und das menschliche Leben eine festgesetzte Zeit, die nicht nach Belieben verrückbar ist bzw. verrückt werden sollte. Der Sohn, der aufgrund der Frömmigkeit seines Vaters ein Wunder bewirkt, hat nach Meinung seines Vaters gegen dieses Gesetz verstoßen. Trotzdem ist das Urteil schroff und radikal.

508. bKetuvot 112b.
509. A. a. O., S. 518.

erscheinen würde; so offenbarte er ihnen verschiedene Geheimnisse. Er verbot ihnen aber bei Strafe des Bannes, dieselben keinem Fremden wieder zu sagen, und bediente sich dabey der Worte der Schrift: Gehet nicht hin, und sagt es zu Gad, und verkündigt es nicht zu Askalon. Er offenbarte ihnen, daß einer, Namens Pinehas, welcher im Jahre 475 lebte, in seinem Alter noch einen Sohn gezeuget, welcher hätte reden können, da er auf die Welt gekommen. Dieser Sohn hätte bis ins zwölfte Jahr gelebet, und vor seinem Ende verschiedene Geheimnisses offenbaret, welche die Erlösung der Nation betroffen. Weil er dieselben aber in verschiedenen Sprachen und unter lauter symbolischen Bildern ausgedrückt, so wären seine Offenbarungen sehr dunkel. Man hätte dieselben in einer alten Mauer in Galiläa gefunden, und bemerkt, daß Gott die Ankunft des Meßias durch die Worte zu erkennen gegeben: **Der Feigenbaum soll Feigen tragen,**[510] wodurch die baldige Erscheinung des Meßias angezeiget würde.«

Dieses Wort ohne die Verbindung mit der Talmudstelle ist tatsächlich ganz dunkel, deswegen verbindet es Holberg auch nicht mit der Erzählung in den Evangelien. Alle Beobachtungen zusammengenommen sind aber geeignet, Licht auf dieses bisher unerklärt gebliebene Jesusereignis zu werfen und machen Jesu Verfluchung des Feigenbaums verständlich. Jesus bestraft den Feigenbaum dafür, daß es seine Messianität nicht anerkannt hatte.

---

510. Im Original durch Fettdruck hervorgehoben.

Verzeichnisse und Register

Verzeichnis der häufig gebrauchten Fachausdrücke

Die Fachausdrücke der rabbinischen Literatur sind in der Regel bei ihrem ersten Auftreten im Text des Buches erklärt. Zur Bequemlichkeit der Benutzerschaft sind hier die wichtigsten aber auch noch einmal gesondert zusammengestellt und erklärt, wobei auf die ausführlichere Erklärung im Buch verwiesen wird.

Aggada:	Ein nichtgesetzliches Überlieferungsstück.
Amoräer:	Lehrer des Talmud.
Bavli:	Der babylonische Talmud.
baraita:	Ein halachisches oder aggadisches Überlieferungsstück aus mischnischer Zeit, das nicht in die Mischna aufgenommen wurde. Es ist hebräisch abgefaßt.
Gemara:	Eigentlich die Erklärung zur Mischna. Kann aber auch für Mischna und Erklärung zusammen gebraucht werden und hat dann die Bedeutung von Talmud.
Haggada:	Dasselbe wie Aggada, im besonderen bezeichnet es das Pessachritual am Pessachabend, Pessach-Haggada.
Halacha:	Das gesetzliche Material der talmudischen Literatur
Jeruschalmi:	Der jerusalemische oder palästinische Talmud.
kriat schema:	Das Glaubensbekenntnis »Höre Israel« mit seinen Einleitungs- und Ausleitungssegenssprüchen.
Mischna:	Die erste Gesetzeszusammenstellung des rabbinischen Judentums, auf der der Talmud fußt.
sugia:	Eine Diskussionseinheit im Talmud zu einem spezifischen Problem.
Talmud:	Die Auslegung zur Mischna.
Tannait:	Mischnalehrer
tefilla:	Achtzehnbittengebet.
Tosefta:	Ergänzungswerk zur Mischna.

Verzeichnis und Erklärung der Schlüsselwörter in der talmudischen Literatur

Diese besonders in den halachischen Stücken vorkommenden Schlüsselwörter bedeuten mehr als ihr einfacher Wortsinn und sind zum Verständnis der Texte wichtig. Sie sind im Text mit Fettdruck hervorgehoben und bei ihrem ersten Auftreten jeweils erklärt. Auch sie sind hier zur Erleichterung des Verstehens zusammengestellt, wobei auf ihr erstes Vorkommen verwiesen ist. Hinter der deutschen Übersetzung in Fettdruck steht die aramäische Originalform in Kursiv.

Die Frage wurde von ihnen gestellt, *ibaja leho*: Einleitung einer halachischen Frage von einer Mehrheit von Gelehrten. S. 137, 146.

Dies ist ja ein Gegensatz, *ureminhi*: Eröffnung einer Mischna oder *baraita*, die im Widerspruch zur verhandelten Mischna oder *baraita* steht. S. 136.

Dies wird gestützt, *dajka nami*: Einleitung für eine Argumentation zugunsten einer vorgebrachten Meinung. S. 139.

Dort wurde gelehrt *tenan hatam*: Einleitung für eine Mischna aus einem anderen Traktat. S. 142, 150, 153 f.

Ein Einspruch wurde erhoben, *metivi*: Ein Einwand wird von der Mehrheit der Rabbinen erhoben. S. 139, 195.

Gemara, *gemara*: Einleitungsformel für eine Gemara nach der Mischna. S. 135, 182.

Komm und höre, *ta schema*: Einleitung für eine Mischna, *baraita* oder Aussage früher Amoräer zur Stützung einer Beantwortung einer gestellten Frage. S. 138, 146 f.

Lehre, *tanja*: Lehre einer Mischna. S. 136.
Lerne das daraus, *schema minha*: Abschluß einer gegebenen Antwort. S. 139.
Mischna, *matnita*: Einleitungsformel für die Mischna des verhandelten Traktats. S. 135, 183.
Unsere Meister lehrten, *tanu rabanan* oder *teno rabanan*: Einleitung einer anonymen *baraita*. S. 148, 179, 187, 200, 206, 210, 215, 222.
Wir haben gelernt, *tenan*: Einleitung einer Mischna aus anderem Zusammenhang. S. 155.

Register der Bibel- und Talmudstellen

Verzeichnis aller erwähnten, übersetzten oder besprochenen Bibel- und Talmudstellen. Übersetzte oder besprochene Stellen sind durch * hervorgehoben. Eine Angabe hinter einem Komma bei Seitenangabe verweist auf die entsprechende Anmerkung.

Namensregister

Ortsregister